KB145220

Azure를 활용한
클라우드 네이티브 인프라

Azure를 활용한 클라우드 네이티브 인프라

확장 가능한 클라우드 애플리케이션 구축과 관리

양준기 · 최지희 옮김   니샨트 싱 · 마이클 케호 지음

에이콘

에이콘출판의 기틀을 마련하신 故 정완재 선생님 (1935-2004)

옮긴이 소개

양준기(javamania@gmail.com)

15년 이상 소프트웨어 아키텍트로서 많은 대규모 IT 시스템 구축 사업에서 아키텍처를 리딩했다. 현재 SK주식회사 C&C에서 SK 주요 멤버사의 클라우드 시스템을 구축하거나 전환하는 사업에서 기술 리딩을 맡고 있다. 특히 클라우드 네이티브 애플리케이션 개발과 이를 위한 플랫폼에 관심이 많다. 또한 2023년 Azure 영역에서 Microsoft MVP에 선정됐다.

최지희(wlgml220@gmail.com)

SK주식회사 C&C에서 SK 주요 멤버사의 클라우드 시스템을 클라우드 네이티브 기반으로 설계, 구축하는 클라우드 아키텍트 역할을 하고 있다. 특히 클라우드 전략을 포함해 마이그레이션, MSA 구축까지 전 영역에서 기술 지원과 프로젝트 수행을 하고 있다. Azure, AWS, GCP, Naver Cloud 등 주요 CSP의 아키텍트 자격증을 보유하고 있으며, 최근에는 GCP AI/Data 프로젝트를 진행하면서 데이터, AI/ML 서비스 기술에도 관심을 갖고 있다.

옮긴이의 말

최근 ChatGPT와 Open AI는 IT 업계의 화두다. 어떤 이는 IT 혁명이라도 하고, 어떤 이는 산업의 혁명이라고도 말한다. 이 화두의 정점에 있는 회사는 다름아닌 Microsoft다. 이 거대한 기업이 IT 시장에서 변화를 이끌어내는 것을 보면 마치 스타트업이 움직이는 것 같이 민첩하고 기민하다. Microsoft의 변화의 기반을 이끌어내는 저변에는 Azure가 있다. IT 업계, 특히 Cloud 업계에서의 3개의 공룡은 시장에서 치열하게 경쟁하고 있는데, 최근의 Microsoft의 행보를 보면 1위 가능성이 없어 보이진 않는다.

2022년 공정거래위원회가 발표한 '클라우드 서비스 분야 실태 조사 연구'에 따르면 한국 내에서 클라우드 시장 점유율은 AWS가 1위, Azure는 그다음을 차지하고 있다. 하지만 Microsoft는 IT 종사자 또는 사용자라면 많이 사용하고 있는 Microsoft 365, GitHub, Visual Studio와 같은 친숙한 서비스를 제공하기 때문에 낯설지만은 않을 것이다. 최근 몇 년 동안 기업에서도 이런 도구들을 활용해 Microsoft Azure와 통합해 사용하는 기업들이 늘어나고 있다. 내가 만난 고객들은 서비스의 수준에 대해서 서비스의 차이는 있지만, 수준은 차이가 나지 않는다고 고백하고 있다.

내가 보는 Azure의 특징을 3가지 정도로 보고 있다(물론 개인적인 생각임을 밝혀 둔다). 첫째, Azure의 서비스는 PaaS, SaaS를 통한 서비스 통합에 중점을 두고 있다. Microsoft는 수십 년 동안 자사의 제품을 개발, 공급하고 있으며, 이 제품은 개발자가 사용하는 개발 도구부터 엔터프라이즈의 대규모 데이터를 처리하는 데이터베이스까지 없는 제품이 없을 정도로 많다. 이런 개발 노하우를 적극적으로 Azure에 반영하고 있다. 특히 자사 제품과의 서비스 통합은 비교할 수 없을 정도로 발군이다. 대표적인 예는 Active

Directory와 Azure Active Directory와의 연계 통합이다.

둘째, Azure는 기존의 Microsoft 제품을 사용하는 고객에게는 비용적으로 이점이 있다. Window Server, SQL Server를 사용하는 고객은 Azure 하이브리드 혜택을 통해 타사 대비 최대 85% 이상 절감할 수 있다. 이 하이브리드 혜택은 RHEL^{Red Hat Enterprise Linux}, SLES^{SUSE Linux Enterprise Server}를 사용하는 Linux VM에 대해 적용할 수 있으며 최대 76%까지 비용을 아낄 수 있다.

셋째, IT 생태계 확장을 통한 서비스의 다양성이다. Microsoft Azure는 Red Hat, VMWare, Oracle과 같은 기존의 IT 강자들을 포함해 많은 오픈소스 생태계를 Azure 서비스에 담고 있다. 위에도 언급했지만 비용적인 측면뿐만 아니라 Azure의 네이티브 서비스에도 각 영역의 시장에서 유력한 제품들을 탑재하고 있다. 이는 비용과 서비스 유지 보수 측면에서 아주 유리하다. 특히 Azure Spring Apps와 같은 서비스는 Azure에서 Spring Boot 애플리케이션을 바로 사용할 수 있게 해주며, VMWare Tanzu와 같은 엔터프라이즈 서비스는 마켓플레이스를 통해서 제공하고 있다.

이런 관점에서 보면 Azure는 클라우드 관련자라면 반드시 알아야 한다. 하지만 현재 국내에서 Azure와 관련된 책은 찾기가 어렵다. 특히 인프라에 초점을 맞춰 작성된 책은 더더욱 드물다. 그런 측면에서 이 책은 가치가 있다. 서문에서도 밝혔지만, 클라우드의 장점을 최대한 활용하기 위해서는 애플리케이션뿐만 아니라 인프라도 그에 맞게 네이티브 인프라로 구축돼야 한다. 이 책에서는 그렇게 하기 위한 대부분의 내용을 설명하고 있으며, 이를 Azure로 구축하기 위한 방법과 다른 컴퓨팅 솔루션을 활용하는 방법까지 폭넓게 밝히고 있다.

하지만 클라우드 시장이 빠르게 변화하는 만큼 가장 최신의 정보를 담지 못하는 점은 아쉽다. 옮긴이 주석에도 남겼지만 실제 실습을 하다 보면 수정돼야 하는 내용도 있다. 그럼에도 불구하고 이 책은 클라우드의 개념은 알면서도 Azure 기반에서 클라우드 네이티브 인프라를 구성하려는 독자에게 훌륭한 책이다. 또한 Azure 기반이 아니더라도 이 책에서 제시하는 다른 클라우드 솔루션과 접근 방법은 클라우드 인프라 담당자에게 도움이 될 수 있다.

마지막으로, 번역 작업을 처음하게 돼 많은 어려움이 있었음에도 묵묵히 작업을 같이 한 같은 팀의 최지희 님에게 감사를 드린다. 또한 이 책을 국내의 클라우드 관련자에게 소개할 수 있는 기회를 준 에이콘출판사 여러분에게 고마움을 전한다.

양준기

최근 클라우드 네이티브라는 용어를 많이 들어봤을 것이다. 많은 기업이 클라우드로 전환하고 있지만 단순히 환경만 바꾼다고 해서 클라우드의 모든 이점을 갖추기는 어렵다. 따라서 클라우드의 확장성과 유연성과 같은 이점을 최대로 활용하기 위해서는 말 그대로 클라우드에서 태어난, 클라우드에 잘 맞는 환경을 함께 갖추는 것이 중요해지고 있다.

그렇다면 클라우드에 잘 맞는 환경이란 무엇일까? 클라우드 네이티브 컴퓨팅 재단CNCF에서는 클라우드 네이티브에 관해 '조직이 현대적이고 역동적인 환경에서 확장 가능한 애플리케이션을 구축하고 실행할 수 있도록 지원하는 것'이라고 정의하고 있다. 이러한 예로 컨테이너, 서비스 메시, 마이크로서비스, 불변 인프라 등을 말하고 있다. 이 책에서는 CNCF의 지침에 따라 클라우드 네이티브 애플리케이션을 구축하고 배포하는 데 필요한 지식을 제공하고 있다. 특히 Azure상에서 쿠버네티스 클러스터를 배포하는 것부터 배포 관리하고 관측하기까지, 설계 단계에서 클라우드 네이티브의 특성을 최대한 활용하는 방법을 배울 수 있다. 또한 Terraform 코드를 통해 리소스를 배포하는 실습을 포함해 이를 사용하고 유지 관리하는 방법을 안내하고 있다.

번역을 진행하면서 독자들이 쉽게 잘 읽을 수 있고 내용이 잘 전달될 수 있게 하는 데 초점을 뒀다. 이러한 노력에도 일부 기술 용어를 설명하는 내용이 어색할 수 있다. 독자들이 이 책을 읽으면서 용어 하나하나 상세하게 이해하기보다는 Azure상에서 클라우드 네이티브 애플리케이션을 배포 및 관리하기 위해 실제 어떤 기술들이 필요한지 기본적인 개념과 큰 흐름을 이해했으면 좋겠다. 또한 독자들이 실습을 직접 따라 해보지 못하더라도 코드로 된 명령어를 눈으로 보면서 실습의 전반적인 흐름과 구성을 따라가기만 해도 책의 목표 절반은 성취했다고 생각한다.

마지막으로, 조용히 관심 가져주시고 응원해주시는 부모님께 감사드리며, 이 책을 번역할 기회를 주신 양준기 팀장님과 에이콘출판사 관계자 여러분께 감사를 전한다.

최지희

지은이 소개

니샨트 싱^{Nishant Singh}

LinkedIn의 선임 사이트 안정성 엔지니어로, 장애에 대한 평균 감지 시간^{MTTD}과 평균 응답 시간^{MTTR}을 줄이는 데 중점을 두고 사이트의 안정성을 개선하고자 노력하고 있다. LinkedIn에 합류하기 전, Paytm과 Gemalto에서 DevOps 엔지니어로 일했고, 클라이언트를 위한 맞춤형 솔루션을 구축하고 퍼블릭 클라우드를 통해 서비스를 관리하고 유지했다. 사이트 신뢰성 엔지니어링과 분산 시스템 구축에 깊은 관심을 가지고 있다.

마이클 케호^{Michael Kehoe}

컨플루언트^{Confluent}의 선임 보안 엔지니어다. 그 전에는 LinkedIn에서 책임 사이트 안정성 엔지니어로 장애 대응, 재해 복구, 가시성 엔지니어링 및 안정성 원칙과 관련된 일을 했다. LinkedIn에서 근무하는 동안 Microsoft Azure로 마이그레이션을 자동화하려는 회사의 노력을 이끌었다. LinkedIn(애플리케이션, 자동화 그리고 인프라)과 University of Queensland(네트워크)에서 작업한 것처럼 대규모 시스템 인프라 유지 관리를 전문으로 한다. 또한 NASA에서 소형 위성을 만들고 Rio Tinto에서 열 환경 소프트웨어를 만들었다.

감사의 글

집필 과정에서 우리를 훌륭하게 도와준 오라일리^{O'Reilly}의 편집자 Rita Fernando, Nicole Taché, Jennifer Pollock에게 감사의 말을 전하고 싶다. 또한 이 책에 귀중한 기여를 해준 기술 검토자에게도 감사의 말씀을 전한다. 이 책은 Matt Franz, Peter Jausovec, Liudmila Sinkevich, Steve Machacz, Alexander Kabonov의 철저하고 놀라운 리뷰와 피드백 없이는 불가능했을 것이다.

또한 Matt Franz가 철저한 리뷰, 제안 그리고 책의 품질 향상에 기여한 점을 강조하고 싶다. Matt는 전체 장에 대해 피드백을 했고, 특히 10장에 기여했다.

Nishant는 작업을 하는 동안 인내와 지원을 아끼지 않은 엄마, 아빠, 아내 Mahek에게 감사의 말을 전한다. 또한 처음부터 아이디어를 지원한 오라일리팀과 LinkedIn 동료에게도 감사를 전한다.

Michael은 그의 꿈을 따르고 결코 포기하지 않도록 격려해준 가족에게 감사의 말을 전한다. 또한 이 책을 집필하는 동안 지원하고 인내를 보여준 가장 친한 친구 Jennifer, 책을 아이디어에서 현실로 가져오는 데 도움을 준 오라일리 직원, 시간을 내준 모든 감수자에게 감사를 전한다.

차례

4장   쿠버네티스 : 그랜드 오케스트레이터   113

9장   분산 데이터베이스와 스토리지: 중앙 은행   317

들어가며

클라우드 컴퓨팅은 성장과 혁신을 이끄는 차세대 디지털 비즈니스 혁신의 모델로 널리 적용됐다. 오늘날 고객은 빠르면서도 기존 서비스와 매끄럽게 통합되는 에코시스템을 원한다. 엔터프라이즈 관점에서 클라우드는 확장 가능하고 안정성이 높으며 가용성이 높은 방식으로 소비자와 기업을 위한 서비스를 제공한다. 그리고 최종 사용자 관점에서 클라우드는 기반 인프라와 기술을 완전히 이해하지 않아도 컴퓨팅 서비스를 얻을 수 있는 간단한 모델을 제공한다.

기존의 많은 애플리케이션은 클라우드 서비스의 속도와 민첩성을 최대한 활용하기 위해 클라우드 네이티브 애플리케이션으로 전환됐으며, 새로운 솔루션은 "cloud first"로 구축되고 있다. 클라우드 네이티브 애플리케이션은 처음부터 급격한 변화, 대규모 및 복원력을 수용하도록 구축된다. 기본적으로 클라우드 네이티브 애플리케이션 인프라는 비즈니스 요구 사항을 효율적으로 제공하는 데 중요한 역할을 한다. 기반 인프라가 올바른 방식으로 설계되지 않으면 최고의 클라우드 네이티브 애플리케이션도 프로덕션 환경에서는 실패할 수밖에 없다.

이 책은 클라우드 네이티브 애플리케이션의 다양한 요구 사항과 설계 고려 사항을 바탕으로, Azure의 최신 클라우드 네이티브 인프라를 프로덕션 환경에서 구축하고 관리할 수 있는 방법을 살펴본다.

이 책의 대상 독자

이 책은 클라우드 네이티브 환경과 이런 환경을 엔지니어가 안정적으로 구축하는 데 사용하는 모든 주요 기술에 대해 간단하면서도 포괄적으로 소개한다. 이 책은 사이트 안정성 엔지니어^{SRE, Site Reliability Engineer}, DevOps 엔지니어, 솔루션 아키텍트, Azure를 좋아하는 사람과 일상적으로 클라우드 네이티브 워크로드 작업을 구축, 마이그레이션, 배포 및 관리하는 데 관련된 모든 사람을 대상으로 한다.

이 책은 독자가 클라우드와 DevOps 문화에 대해 전반적으로 기본 지식을 갖추고 있다고 가정하고 있다. 그러나 클라우드 네이티브와 기타 고급 기술에 대해 더 잘 이해하고 싶은 사람도 이를 시작하는 데 적합하다.

이 책의 목표

이 책을 다 읽고 나면 Microsoft Azure에서 자신의 인프라를 따라가며 구축할 수 있을 것이다. 클라우드 네이티브 세계의 주요 컴포넌트를 순차적으로 소개하고 Azure를 통해 컴포넌트를 사용하고 배포하고 유지 관리하는 방법에 대해서도 차례대로 소개한다. 또한 오늘날 멋진 새로운 세계에서 클라우드 네이티브 기술의 필요성, 해결하는 문제 및 실습 모범 사례에 대해서도 소개한다.

이 책에서는 다음을 수행한다.

- 클라우드 네이티브 컴퓨팅 재단^{CNCF, Cloud Native Computing Foundation}의 클라우드 네이티브 랜드스케이프를 따라 Azure를 활용해 클라우드 네이티브 인프라를 구축하는 방법을 배운다.

- 다양한 설계 단계에서 사용할 기술을 확인한다.

- 클라우드 네이티브 인프라를 관리하고 운영하는 동안 직면할 수 있는 문제를 해결하는 방법과 이러한 문제를 해결하는 데 도움이 되는 기술을 알아본다.

이 책의 구성

이 책은 다음과 같이 구성돼 있다.

- **1장** 클라우드에 관한 기본 소개와 클라우드 네이티브 기술과 적용의 필요성을 설명한다.

- **2장** 테라폼^{Terraform}과 패커^{Packer}로 IaC^{Infrastructure as Code}의 기본 사항을 다루고, 프로비저닝/구성 관리자로 Azure와 Ansible을 소개한다.

- **3장** 컨테이너와 containerd, 도커^{Docker} 및 CRI-O와 같은 컨테이너 런타임을 소개한다. 다양한 유형의 컨테이너 레지스트리에 관해서도 설명한다.

- **4장** 쿠버네티스에 대해 설명하고 5장에서 사용할 인프라의 필요한 세부 정보에 대해 설명한다.

- **5장** 특히 Azure Kubernetes Service와 Helm 패키지 관리자를 다룬다.

- **6장** 최신 클라우드 네이티브 인프라를 관찰할 수 있는 방법에 초점을 맞춘다.

- **7장** 서비스 디스커버리와 서비스 메시에 대해 설명한다. 7장에서는 CoreDNS DNS 서버와 Istio 서비스 메시를 소개한다.

- **8장** 캘리코^{Calico}, 플라넬^{Flannel}, 실리움^{Cilium}과 같은 네트워킹 인터페이스를 포함한 네트워크와 Azure Policy와 Open Policy Agent 등의 정책 관리를 다룬다.

- **9장** Azure Storage, Vitess, Rook, TiKV 등을 중심으로 클라우드 네이티브 인프라에 영구 스토리지 시스템을 배포하는 방법에 관해 설명한다.

- **10장** 주로 NATS와 Azure 메시징 서비스와 같은 메시징과 스트리밍 플랫폼을 중점적으로 다룬다.

- **11장** 클라우드 네이티브 랜드스케이프의 서버리스를 간단히 소개한다.

- **12장** 앞서 소개한 장들에서 논의한 모든 내용을 요약한다.

이 책의 사용 규칙

이 책에서는 다음과 같은 표기 규칙을 사용한다.

이탤릭체

새로운 용어, URL, 이메일 주소, 파일 이름 및 파일 확장자를 나타낸다.

고정 폭

변수나 함수 이름, 데이터베이스, 데이터 유형, 환경 변수, 명령문 및 키워드와 같은
프로그램 요소를 참조하는 단락 내에서 사용하고 프로그램 목록에도 사용된다.

진한 고정 폭

사용자가 문자 그대로 입력해야 하는 명령이나 기타 텍스트를 표시한다.

 이 요소는 팁이나 제안을 나타낸다.

 이 요소는 일반적인 메모를 나타낸다.

 이 요소는 경고 또는 주의를 나타낸다.

코드 예제 사용

추가 자료(코드 예제, 연습 등)는 https://github.com/stormic-nomad-nishant/cloud_
native_azure에서 다운로드할 수 있으며, 에이콘출판사 홈페이지(http://www.acornpub.
co.kr/book/cloud-native-infrastructure)에서도 다운로드할 수 있다.

기술적인 질문이 있거나 코드 예제를 사용하는 데 문제가 있는 경우 bookquestions@ oreilly.com으로 이메일을 보내주길 바란다.

이 책은 독자가 자신의 일을 잘 하기 위해 도움을 준다. 일반적으로 책과 예제 코드가 함께 제공되는 경우 프로그램과 문서에서 사용할 수 있다. 코드의 상당 부분을 복제하지 않는 한 허가를 받기 위해 연락할 필요는 없다. 예를 들어 이 책의 코드를 여러 개를 사용해 프로그램을 작성하는 데는 허가가 필요 없다. 오라일리$^{O'Reilly}$ 책의 예제를 판매하거나 배포하려면 허가가 필요하다. 이 책을 인용하고 예제 코드를 인용해 질문에 답하는 것은 허가가 필요 없다. 이 책의 상당한 양의 예제 코드를 제품 설명서에 포함한다면 허가가 필요하다.

저작자 표시를 높이 평가하지만 일반적으로 요구하진 않는다. 저작자 표시에는 일반적으로 제목, 저자, 발행인 및 ISBN이 포함된다.

예: "Cloud Native Infrastructure with Azure by Nishant Singh and Michael Kehoe (O'Reilly). Copyright 2022 Nishant Singh and Michael Kehoe, 978-1-492-09096-0."

코드 예제의 사용이 공정하게 사용되지 않거나 위에 제공된 권한에 해당하지 않는다고 생각되면 언제든지 permissions@oreilly.com으로 문의하라.

질문

한국어판의 정오표는 에이콘출판사의 도서정보 페이지 http://www.acornpub.co.kr/ book/cloud-native-infrastructure에서 확인할 수 있다.

책의 기술적인 내용에 관한 의견이나 문의는 bookquestions@Oreilly.com으로 보내주길 바란다. 한국어판에 관해 질문이 있다면 에이콘출판사 편집팀(editor@acornpub.co.kr)이나 옮긴이의 이메일로 연락주길 바란다.

표지 설명

이 책 표지에 있는 동물은 스텔러어치^{Cyanocitta stelleri}이며, 북아메리카 서부와 중앙 아메리카에서 발견되는 관모 어치이다. 스텔러어치는 일반적으로 침엽수림에 서식하지만 낙엽수림에서도 볼 수 있다.

1741년 최초로 어치를 기록했던 독일 박물학자인 게오르크 빌헬름 슈텔러^{Georg Wilhelm Steller}의 이름을 따서 명명된 이 푸른색 어치는 북미 동부의 푸른어치와 구별되며 검은 볏이 특징이다.

스텔러어치는 잡식성이며, 먹이는 주로 견과류, 소나무 씨앗, 도토리, 딸기 및 곤충, 작은 설치류의 알, 기타 과일이다.

스텔러어치는 최소 관심사 종으로 분류되어 있지만, O'Reilly 표지에 있는 많은 동물이 멸종 위기에 처해 있다. 그 동물들 모두 세계에서 중요하다.

표지 삽화는 Karen Montgomery가 그렸으며, Lydekker의 Royal Natural History의 조각된 골동품 라인을 기반으로 했다. 표지 글꼴은 Gilroy Semibold와 Guardian Sans이다. 텍스트 글꼴은 Adobe Minion Pro이며, 제목 글꼴은 Adobe Myriad Condensed이다. 그리고 코드 글꼴은 Dalton Maag의 Ubuntu Mono이다.

## 1장

소개: 왜 클라우드 네이티브인가?

애플리케이션의 확장성, 가용성 및 안정성과 관련된 문제를 해결하기 위해 클라우드를 사용하지만 만병통치약은 아니다. 애플리케이션을 클라우드에서 서비스하더라도 무중단으로 실행하는 것은 어렵고, 컨테이너에 패키징해 마이크로서비스로 만드는 것도 어렵다. 클라우드를 최대한 활용하려면 클라우드를 최우선으로 해 인프라와 서비스를 개발해야 한다.

클라우드 네이티브 여정과 중요성을 진정으로 이해하려면 먼저 인터넷 초창기의 인프라와 서비스가 어땠는지 되돌아볼 필요가 있다. 자, 이제 시작해보자.

클라우드의 여정

인터넷 초창기에는 웹 애플리케이션 인프라스트럭처 전체가 물리 서버를 사용해 호스트됐다. 애플리케이션을 서비스하기 전에 물리 서버를 준비해야 했다. IT팀은 물리 서버를 구입해 사내에 설치하고, 서버 운영체제를 설치하고, 환경을 준비한 다음 그 위에 애플리케이션을 배포해야 했다. 이 방법에는 많은 문제가 있다. 예를 들어 서버 사용률이 낮거나(서버를 완전히 사용하지 못했기 때문에), 여러 애플리케이션을 실행하는 것이 어렵고 설정과 유지 보수 비용이 높았다. 가상화는 물리 서버를 더욱 효율적으로 이용할 수 있도록 개발됐다. 가상화는 프로세서, 메모리, 스토리지와 같은 기본 리소스를 분할하고 공유할 수 있는 물리적 하드웨어 위에 추상화 계층을 생성한다.

가상화는 리소스 활용과 멀티 테넌트와 관련된 많은 문제를 해결했지만 애플리케이션을 배포하려면 여전히 하드웨어가 필요했고, 데이터 센터를 운영하는 데 드는 오버헤드도 있었다. 이로 인해 애플리케이션 기반 인프라를 책임지는 서버의 소유권이 서드파티에 있는 IaaS^{Infrastructure as a Service}가 필요해졌다. 이것이 클라우드 컴퓨팅 시대의 시작이었고, 기업은 하드웨어 이슈, 오버헤드 이슈 또는 구성 문제와 같은 걱정 없이 애플리케이션과 기반 환경에 집중할 수 있었다.

이후, 소프트웨어 환경과 런타임을 분리해 작업량을 줄이는 데 중점을 둔 PaaS^{Platform as a Service}가 나오게 됐다. 즉, 개발자는 애플리케이션을 개발하고 종속성^{dependency}을 정의하는 데만 집중하면 되고, 서비스 플랫폼은 애플리케이션을 호스팅, 실행, 관리하기만 하면 된다. "온디맨드 소프트웨어"로 알려진 SaaS^{Software as a Service}의 출현과 함께 PaaS는 완전 관리형 클라우드 서비스의 길로 이끌었다. SaaS는 종량제^{pay-as-you-go} 방식의 서비스로 소비자에게 애플리케이션을 제공한다.

클라우드 컴퓨팅이 인기를 얻으면서, 클라우드 인프라와 관련된 서비스를 최대한 효율적으로 사용하는 클라우드 네이티브 기술에 대한 생각도 갖게 됐다. 또한 클라우드 네이티브 인프라와 클라우드 네이티브 애플리케이션이 개발됐다.

클라우드 네이티브 인프라는 클라우드 공급자의 기반 인프라를 추상화하고 API로 인프라를 노출한다. 이런 인프라 관리 철학은 확장을 쉽게 하고 복잡성을 줄여서 결과적으로 가용성, 탄력성 및 유지 관리성을 향상시킨다. 마찬가지로 클라우드 네이티브 애플리케이션은 상태 점검^{health checks}, 텔레메트리^{telemetry} 및 메트릭과 같은 지원 기능과 탄력성, 마이크로서비스 환경, 자가 치유^{self-healing} 등의 기능을 통합해 애플리케이션과 인프라 간의 가교 역할을 하며 이를 강화한다.

이제 클라우드 컴퓨팅 과제에 관해 살펴보자.

클라우드의 과제

퍼블릭 클라우드 공급자는 산업계 요구와 비즈니스 요구 사항을 만족하는 가장 영향력 있는 엔터프라이즈 솔루션이 됐다. 클라우드 서비스는 애플리케이션을 설계할 수 있는 유연성과 함께 고가용성과 확장성 등의 이점이 있다. 클라우드 솔루션이 처음 도입된 시기에는 보안, 효과적인 비용 관리, 규정 준수, 성능을 비롯한 잠재적인 문제들이 많았다. 클라우드 공급자의 기술과 기업에서 구현하는 클라우드 솔루션 방식이 모두 발전했기 때문에 이러한 초기 과제는 대부분의 기업에서 이제 과거의 일이 됐다.

클라우드는 그동안 많은 진전이 있었지만 완벽하다는 것은 아니다. 클라우드 환경은 클라우드가 처음 등장했을 때와는 다른 도전 과제가 남아 있다. 오늘날 고객은 다음과 같은 과제를 고려해야 한다.

너무 많은 선택지

다양한 서비스를 제공하는 클라우드 공급자가 많다. 즉, 비즈니스 목적에 따라 서비스를 운영하고 사용하는 방법을 알고 있는 전문 아키텍트와 엔지니어링팀을 고용해야 한다. 이러한 엔지니어를 고용하는 것은 어려울 뿐만 아니라 특정 분야의 전문가를 찾는 데 상당한 시간이 필요하다.

클라우드 서비스와 기술의 급속한 성장과 개발

Amazon, Microsoft 및 Google과 같은 클라우드 공급자의 거인들이 엄청나게 많은 새로운 클라우드 서비스를 출시하고 있다. 따라서 이러한 새로운 서비스에 대해 엔지니어를 교육해야 할 필요성이 커지게 된다. 그리고 애플리케이션이 성장함에 따라 향후 이런 서비스를 유지 관리해야 할 필요성이 더 커진다. 종종 이러한 서비스에 대한 투자 수준은 간접적으로 공급자 종속^{lock-in}을 유발해 애플리케이션 설계에서 미래의 제약 조건으로 돼 버리는 결과를 초래하기도 한다.

여러 세대의 기술

클라우드 시대로 오면서 애플리케이션 스택을 가상 머신에서 컨테이너, 서버리스 기술에 이르기까지 다양한 세대의 인프라 솔루션으로 들어올려 이동했다^{lift and shift}. 애플리케이션을 마이그레이션하기 위해서는 기반 기술을 이해하고 향후 이를 지원하기 위해 상당한 노력을 기울여야 한다.

운영 복잡성의 증가

이처럼 빠르게 성장하는 기술과 클라우드로의 워크로드 마이그레이션이 가속화됨에 따라 운영이 점점 복잡해지고 스토리지 시스템, 보안 모델, 거버넌스 모델, 관리 플랫폼 등 지속적으로 고려해야 할 요소가 증가하고 있다.

비즈니스 요구 사항과 기술의 진화

새로운 기술과 문화적 변화도 엔터프라이즈 아키텍처를 빠르게 발전시켰다. 이를테면 DevOps 문화로 한때 새로운 애플리케이션을 개발하는 데 몇 주 또는 몇 달이 걸렸지만, 이제 몇 분만에 롤아웃될 수 있다. 데이터 과학이나 머신러닝과 같이 더 발전된 분야도 등장해 비즈니스 요구 사항과 전반적인 엔지니어링 성숙도가 높아지고 있다.

따라서 클라우드 컴퓨팅의 발전에도 불구하고 기업은 수많은 복잡성을 헤쳐 나가야 했다. 결국 기업은 클라우드의 속도, 규모 및 이익을 원하지만 오버헤드는 원하지 않는다는 것이 분명해졌다. 이를 위해서는 기업이 클라우드를 최대한 활용하는 데 도움이 되는 클라우드 네이티브 방식의 애플리케이션 구축을 받아들여야 했다.

클라우드 네이티브 컴퓨팅 재단

클라우드 네이티브 기술을 채택하고, 자체적으로 소프트웨어를 만들고, 다른 기업과 긴밀하게 협력해 제품을 시장에 신속하게 출시하는 기업이 늘어나면서 클라우드 네이티브 도메인을 개선하기 위한 진전이 이뤄지고 있다. 이러한 노력에 앞장서고 있는 조직 중 하나는 클라우드 네이티브 컴퓨팅 재단^{CNCF, Cloud Native Computing Foundation}(https://cncf.io)이다. CNCF의 미션은 다음과 같다.

클라우드 네이티브 기술은 조직이 퍼블릭, 프라이빗 그리고 하이브리드 클라우드와 같은 동적인 최신 환경에서 확장 가능한 애플리케이션을 개발하고 실행할 수 있게 해준다. 컨테이너, 서비스 메시, 마이크로서비스, 불변(Immutable) 인프라 그리고 선언형(Declarative) API가 이러한 접근 방식의 예시이다.

이 기술은 회복성, 관리 편의성, 가시성을 갖춘 느슨하게 결합된 시스템을 가능하게 한다. 견고한 자동화 기능을 함께 사용하면 엔지니어는 영향이 큰 변경을 최소한의 노력으로 자주 예측 가능하게 수행할 수 있다.

클라우드 네이티브 컴퓨팅 재단은 벤더 중립적인 오픈소스 프로젝트 에코시스템을 육성하고 유지함으로써 해당 패러다임 채택을 촉진한다. 우리 재단은 최신 기술 수준의 패턴을 대중화해 이런 혁신을 누구나 접근 가능하도록 한다.

CNCF는 오늘날의 클라우드 네이티브 솔루션의 전체 범위를 보여주는 클라우드 네이티브 랜드스케이프(https://landscape.cncf.io)를 만들었다. CNCF 랜드스케이프는 클라우드 네이티브 기술의 지도와 같은 역할을 하며, 성공적인 클라우드 네이티브 애플리케이션을 구축하기 위한 지침을 제공한다. 클라우드 네이티브 랜드스케이프는 서비스를 구축하는 방법에 대한 많은 정보를 제공하지만 특히 초보자에게는 함께 사용되는 여러 서비스가 포함돼 있기 때문에 어려움을 겪을 수 있다. 이 책에서는 클라우드 네이티브 세계를 더 잘 탐색하기 위해 CNCF 지침을 따르면서도 사용 가능한 기술 중 최고의 것을 선택했다.

Azure로 클라우드 네이티브 인프라스트럭처 적용

지금까지 클라우드 컴퓨팅의 기원, 클라우드 운영의 어려움, 서비스 개발과 딜리버리 방식을 바꾸기 위한 클라우드 네이티브 오퍼링의 목적를 이해했으니, 이제 이 책이 이후 어떻게 도움이 되는지 논의해보자.

클라우드 네이티브의 동향을 살펴보면서 처음부터 스토리를 만들기 시작하면, 가장 먼저 떠오르는 기술이 쿠버네티스이며, 이를 적용한 사람들을 많이 찾을 수 있다. 표면적으로 많은 회사가 스택 중간에 쿠버네티스를 갖고 있다. 이는 쿠버네티스가 모든 문제를 해결하고 마법처럼 자가 치유 가능하고 내결함성이 있는 환경을 만들 수 있는 필수 도구라는 느낌을 준다. 이러한 오해로 인해 많은 사람들이 깊은 의미를 완전히 이해하지 못한 채 쿠버네티스를 만병통치약silver bullet처럼 생각하게 됐다. 더 큰 그림을 보면서 이러한 솔루션의 필요성을 이해하고 전체 에코시스템에 대한 인사이트를 얻는 것이 중요하다.

2장에서는 CNCF에서 제안한 지침에 따라 클라우드 네이티브 환경을 구축하는 방법에 관한 가이드를 제공한다. 이 책은 클라우드 네이티브 전환을 막 시작하고 클라우드 네이티브 아키텍처의 전반적인 필요성을 알고자 하는 엔지니어와 애호가를 위한 입문서다. CNCF 랜드스케이프를 찾아 Microsoft Azure를 통해 클라우드 네이티브 인프라를 생성하는 실용적인 방법을 배우게 된다. 또한 초보자의 관점에서 클라우드 네이티브 인프라의 원칙을 배우고, Azure[1]를 통해 잘 만들어진 솔루션을 배포한다. Azure는 퍼블릭 클라우드 에코시스템의 핵심 플레이어 중 하나이며, 인프라 스택에 대한 성숙한 이해를 가지고 있다. 클라우드 인프라 기본 사항을 안내하고 다양한 기술을 통해 클라우드 네이티브가 되는 방법을 설명하면서 이러한 기술이 필요한 이유를 강조하겠다. 실제 애플리케이션을 통해 클라우드 네이티브 기술과 Azure 서비스에 대한 폭넓은 개요를 제공하고, 클라우드 기반(Azure 사용)과 클라우드 네이티브의 장점을 보여줄 것이다. 최종 목표는 모든 주요한 클라우드 네이티브 기술과 그 중요성을 보여주는 책을 제공해 이러한 기술을 사용하는 장점 뒤에 숨겨진 논리적 추론을 이해할 수 있도록 하는 것이다.

요약

1장에서 클라우드 컴퓨팅이 무엇이며 클라우드 네이티브 기술이 클라우드 채택을 개선하는 데 어떻게 도움이 되는지에 대해 설명했다. 클라우드가 어떻게 대중화됐고 클라우드 컴퓨팅이 어떻게 물리적 하드웨어에서 서버리스 환경으로 진화했는지 배웠다. 또한 클라우드 컴퓨팅의 문제와 클라우드 네이티브 기술에 적응해야 하는 필요성에 대해서도 익혔다. 클라우드 네이티브의 의미와 이 책의 나머지 부분이 Azure에서 클라우드 네이티브로 가는 길을 어떻게 따라갈 것인지 설명했다. 앞으로의 여정이 흥미롭기를 바라며, 이러한 노력이 클라우드 네이티브 기술을 좀 더 효과적으로 적용하는 데 도움이 되기를 바란다.

---

1   Azure는 Azure에서 서비스를 구축하기 위한 모범 사례를 보여주는 많은 아키텍처 지침을 제공한다. https://docs.microsoft.com/en-us/azure/architecture와 https://azure.microsoft.com/pt-br/blog/azure-application-architecture-guide를 참고하라.

## 2장

코드로서의 인프라: 게이트웨이 설정

클라우드는 거의 손대지 않아도 될 만한 작은 네트워킹에서부터 "글로벌 규모"의 컴퓨팅에 이르기까지 모든 것을 제공하고 다양한 솔루션을 갖추고 있으며, 규모에 관계없이 대부분의 조직에서 사실상의 표준이 되고 있다. 대부분의 클라우드 공급자의 에코시스템은 그 어느 때보다 확장됐고 단순한 가상 머신, 복잡한 관리형 클러스터, 매우 정교한 인프라까지 포함돼 있다. 예를 들어 Microsoft Azure는 최종 사용자를 위해 잘 구축된 다양한 서비스를 제공한다. 이러한 솔루션은 기본적으로 탄력적 인프라 기반으로 구축됐으며 소규모 스타트업에서 대기업에 이르기까지 모든 고객의 요구 사항을 충족하는 잘 정의된 서비스 수준 계약SLA, Service-Level Agreement[1]을 가지고 있다.

클라우드 컴퓨팅의 동적 속성은 조직에 도움이 되지만, 조직이 성장하게 되면 클라우드 환경에서 서비스를 유지 관리하는 것이 어려울 수 있다. 비즈니스 요구 사항이 증가하게 되면 이를 지원하기 위해 점점 더 많은 클라우드 기반 서비스를 활용하게 된다. 하지만 새로운 작업을 수행하려고 하면 이제는 웹 콘솔을 클릭하는 것만으로는 더 이상 애플리케이션과 인프라를 유지 관리할 수 없다는 것을 깨닫게 된다. 클라우드의 진화적 설계는 API 계층 형태로 유연성을 제공하는 프로그래밍 가능한 컨트롤 플레인을 통해, 이전 세대의 하드웨어와 가상화된 인프라를 기반으로 구축됐다. API는 코드형 인프라IaC 도구에서 활용돼 클라우드 실무자가 환경을 쉽게 유지 관리할 수 있게 했다.

---

1   SLA는 가동 시간, 응답성 및 책임과 같은 측정 가능한 메트릭에 대해 클라우드 공급자와 클라이언트 간의 계약이다.

프로덕션 수준의 인프라를 구축하고자 하면 인프라 정의를 코드처럼 다뤄야 한다. 인프라를 수동으로 프로비저닝하고 확장하는 것은 번거롭고 시간이 많이 소요될 뿐만 아니라 오류가 발생하기 쉬운 프로세스다. 같은 수준으로 동일한 인프라를 두 번 구축하기는 무척 어려운 일이다. 인프라를 코드로 다루게 되면 DevOps 전략의 일부로서 버전 제어, 테스트 가능성, 자동화, 개발 속도와 같은 소프트웨어 엔지니어링 원칙도 이어받게 된다. IaC는 일관되고 반복 가능한 방식으로 인프라를 구축할 수 있도록 한다. 많은 소프트웨어 개발 팀이 애자일 방법론을 채택하게 되면서, 이제 기능과 솔루션을 더 자주, 더 빠르게 클라우드로 이동하게 됐다. 이처럼 인프라는 애플리케이션과 밀접하게 연결돼 있으며, 팀은 끊김 없는 프로세스를 통해 애플리케이션과 인프라를 관리해야 한다. 또한 팀은 새로운 기능과 기반 인프라를 더 자주 반복적으로 배포해야 한다. IaC를 빠르게 구현하는 방법은 클라우드 공급자가 제공하는 미리 작성된 템플릿을 사용하는 것이다. Azure는 기본적으로 ARM^{Azure Resource Manager} 템플릿을 지원한다. ARM 템플릿은 인프라 리소스를 정의하고 생성하는 데 사용된다. 이러한 클라우드와 IaC의 조합을 통해 조직에서는 변경 사항을 더욱 빠르고 효율적으로 적용할 수 있다.

2장은 IaC와 Azure를 이해하기 위한 기초 역할을 한다. 먼저 IaC 개념과 클라우드 네이티브 인프라 구축에서의 중요성을 소개한다. 그런 다음 책 전체에서 사용하게 되는 Microsoft Azure를 소개한다.

다음으로 IaC를 구현하기 위한 도구인 테라폼^{Terraform}에 관해 알아본다. 또한 주로 머신 이미지를 구축하는 도구인 패커^{Packer}와 클라우드 네이티브 애플리케이션을 구축할 때 필요한 구성 관리 도구인 앤서블^{Ansible}에 관해서도 다룰 것이다.

마지막으로 Azure DevOps를 살펴본다. 시작해보자.

코드로서의 인프라와 클라우드 네이티브 세계에서의 중요성

예전에는 IT팀이 애플리케이션 배포를 위해 새 하드웨어를 구매하려고 할 때 먼저 하드웨어 구매 요청을 해야 했으며 완료하는 데 며칠에서 몇 주가 걸렸다. 하드웨어가 마침내 온프레미스로 배달된 후에도 애플리케이션을 배포하려면 하드웨어를 작동 상태로 만드는 데 며칠이 더 걸릴 것이다. 오늘날 DevOps와 클라우드의 성장과 함께 이러한 느린 프로세스는 사라졌다. 릴리스 주기가 짧아지고 비즈니스 요구 사항을 제공하는 속도가 빨라졌다.

그러나 클라우드를 도입해도 인프라 관리는 여전히 문제다. 물리적 서버가 가상 서버로 대체되고 복잡한 인프라 관리가 클라우드 공급자의 책임이 됐지만 인프라를 확장하고 늘리는 일은 여전히 어렵고 오류가 발생하기 쉬운 작업이다. 엔지니어링팀은 기존 인프라를 계속 유지하면서 새로운 인프라와 소프트웨어 스택을 지속적으로 구축해야 했다. 이런 지루한 작업과 피로함을 완화하기 위해 클라우드 기반 시스템 구축 및 관리가 자동화됐고, 그 결과 강력한 인프라와 애플리케이션 환경이 구현됐다.

결국 코드로 컴퓨팅, 네트워킹 및 스토리지 계층을 프로비저닝함에 따라 코드로 인프라를 처리하는 이점이 분명해졌다. 이는 클라우드 환경에서 IaC를 적용하는 움직임으로 이어졌다.

코드로서의 인프라는 인프라를 프로그래밍 가능한 명령어로 다루는 개념이다. 소스 파일을 체크인하는 것처럼, 인프라 정의도 체크인한다. 인프라를 코드로 처리하면 다음과 같은 많은 이점이 있다.

- 인프라 정의의 버전 체크인과 문제가 발생할 경우 특정 버전으로 롤백하는 기능
- 최소한의 노력으로 정확히 동일한 인프라를 재현하는 멱등성idempotence
- 스택 전반에 걸쳐 표준화된 로깅, 모니터링 및 문제 해결
- 엔지니어링팀의 단일 장애점SPOF, Single Point Of Failure 감소(즉, 한 명의 엔지니어만 특정 유형의 시스템을 구축하는 방법을 알고 있는 경우)
- 개발자 생산성 향상(사이트 신뢰성 엔지니어SRE 및/또는 DevOps 엔지니어는 개발자가 테스트 환경을 구축하는 데 사용하는 코드 작성에 집중할 수 있음)
- 최소한의 수동 작업, 이를 통해 인프라의 오류를 줄일 수 있음
- 장애 발생 시 MTTRMean Time To Recover, 평균 복구 시간 대폭 단축
- 인프라 생성 전 인프라 테스트 기능

IaC의 이점으로 인해 이러한 도구가 애플리케이션을 바로바로 변경해야만 하는 최신 클라우드 네이티브 환경에서는 중요한 역할을 한다는 것이 분명해졌다. 변경 사항은 새 구성 정보 태그를 추가하는 것과 같이 사소한 것일 수도 있고, 용량 요구 사항을 유지하기 위해 새 클러스터를 추가하는 것과 같이 중요할 수도 있다. 신뢰할 수 있는 IaC 전략을 통해 개발자는 소프트웨어 개발 프로세스의 속도를 저하시키지 않으면서도 이러한 변경 사항을 쉽게 관리할 수 있다. IaC가 인프라 구축 프로세스의 핵심에 포함되면 안티프래질antifragile 인프라 구축에 도움이 된다.

안티프래질 인프라

안티프래질 인프라는 스트레스를 견딜 수 있는 복원력을 가진 탄력적인 시스템이다. 안티프래질은 예측할 수 없고 불규칙한 이벤트를 처리하면서도 더 강력하게 처리할 수 있는 인프라를 구축하는 것을 목표로 한다.

기반 인프라가 계속 변경되고 업그레이드되기 때문에 오늘날의 클라우드 네이티브 애플리케이션은 움직이는 애플리케이션으로 여겨진다. 클라우드를 사용하면 인프라를 영구적이 아닌 단기적 엔티티로 다룰 수 있다. 클라우드 네이티브 접근 방식은 인프라가 문제가 생겼을 때 수정하지 않고 교체하도록 한다. 클라우드 네이티브 접근 방식에서는 애플리케이션이 인프라와 분리되기 때문에, 엔지니어가 쉽게 롤백하고 진행할 수 있다는 것을 인지하면서 확신을 갖고 인프라를 변경할 수 있다.

클라우드 네이티브 인프라 철학

클라우드 네이티브 인프라를 구축할 때는 항상 기반 인프라를 오래 지속되고 유지 관리 가능한 시스템이 아닌 단기 엔티티로 다룬다. 즉, 서버가 다운되면 수정하기보다는 즉시 서버를 종료하고 새 서버를 불러오는 것이 쉽다.

모놀리식 아키텍처에서 마이크로서비스로의 전환으로 최신 애플리케이션은 "twelve factor app" 방법론(https://12factor.net)을 따르게 됐고, 이는 애플리케이션 개발과 인프라 결정을 독립적으로 내릴 수 있게 해줬다. 이 또한 IaC가 추진력을 얻는 데 도움이 됐다. 클라우드 네이티브 인프라 구축에서 IaC의 또 다른 중요한 이점은 변경 불가능한 인프라를 가능하게 한다는 것이다.

즉, 인프라가 배포되면 변경하거나 구성할 수 없다. 일반적인 변경 가능한 애플리케이션 배포 시나리오에서는 애플리케이션이 개발된 다음 기반 인프라에 배포되고, 마지막으로 기반 인프라에 구성된다(그림 2-1). 이 프로세스는 구성 드리프트를 도입해 초기 상태에서 전환되기 시작하는 인프라를 발생시킨다. 반면 변경 불가능한 인프라는 새로운 변경 사항이 적용될 때마다 인프라와 애플리케이션을 재배포하는 데 중점을 두며, 이는 인프라를 정확한 상태로 단단히 유지한다. 불변성은 미리 만들어진(예: 머신 이미지) 상태에서 애플리케이션을 개발 및 구성한 다음 배포함으로써 이뤄진다(그림 2-2).

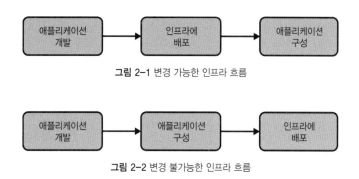

그림 2-1 변경 가능한 인프라 흐름

그림 2-2 변경 불가능한 인프라 흐름

변경 불가능한 인프라 구축의 주요 이점은 다음과 같다.

- 사후 대응형 인프라/시스템이 아닌 예측 가능한 인프라/시스템

- 본질적으로 원자 단위의 배포

- 인프라를 더 많이 제어함에 따라 텔레메트리가 향상됨

이제 클라우드 네이티브 인프라 구축 시 IaC와 그 가치에 대해 논의했으므로, 클라우드 네이티브 인프라에서 Microsoft Azure를 사용하는 방법을 살펴본다.

Azure 시작하기와 환경 설정

Microsoft Azure는 전 세계에 수십 개의 리전이 있는 클라우드 공급자다. Azure를 사용하면 이 책 전반에 걸쳐 설명하듯이 수동 및 자동 방법을 통해 신속하게 인프라를 만

들고 배포할 수 있다. Azure에서 제공하는 PaaS^{Platform as a Service}는 애플리케이션을 혁신하고 생성하고 배포하는 많은 기능을 유연하게 개발자 커뮤니티에 제공한다. Azure는 속도, 유연성, 보안, 재해 복구 및 짧은 학습 곡선과 같은 장점이 있고 이 때문에 Azure를 클라우드 환경으로 선택한다.

이 절에서는 Azure에 대한 기본 개념과 Azure 계정을 만드는 방법에 관해 설명한다.

Azure 기본 사항과 환경 준비하기

Azure를 시작하기 전에 기본 개념(https://oreil.ly/4XZ1K) 중 일부는 이해해야 한다. 이러한 개념을 이해하면 향후 정책 결정에 도움이 된다.

테넌트(Tenant)

> Azure 테넌트는 조직의 AAD^{Azure Active Directory}를 표현한 것이다. 독자는 이미 기존 AD^{Active Directory} 서비스에 익숙할 것이다. 조직에서 Microsoft 계정을 만들면 AAD 인스턴스가 만들어진다.
>
> 모든 AAD 인스턴스는 모든 ID(사용자 또는 서비스 계정)와 마찬가지로 서로 완전히 분리돼 있다. 이미 Microsoft 테넌트(예: Office 365용)가 있는 경우, 이를 Azure 공간으로 활용할 수 있다. Azure 포털(https://oreil.ly/4bqpi)을 통해 자신만의 AAD 테넌트를 만들 수도 있다. 테넌트에서 다단계 인증(https://oreil.ly/9VoEI)^{MFA2}을 사용하도록 설정한다.

구독(Subscriptions)

> Azure 구독은 기본적으로 리소스에 대한 청구 컨테이너다. 구독 수준에서 특정 Azure 정책을 설정할 수 있다.

관리 그룹(Management groups)

> Azure 관리 그룹은 구독을 구성하고 관리하는 방법을 제공한다. 관리 그룹을 사용해

---

2   MFA는 로그인 프로세스에 보호 계층을 추가한 계정이나 앱에 액세스할 때 사용자는 지문 스캔이나 휴대전화로 받은 코드 입력과 같은 추가 신원 확인을 제공한다.

관리 그룹 내의 모든 리소스(구독 포함)에 정책이나 거버넌스를 적용할 수 있다. 관리 그룹 내의 모든 구독은 기본적으로 관리 그룹 정책을 상속한다.

리소스 그룹(Resource groups)

리소스 그룹은 Azure 솔루션에 대한 관련 리소스를 보유하는 컨테이너다. 리소스 그룹에는 그룹으로 관리하려는 리소스가 포함된다. 조직에 가장 적합한 것을 기반으로 리소스 그룹에 속하는 리소스를 결정한다. 또한 리소스는 리소스 그룹과 다른 지역에 있을 수 있다.

리전(Regions)

Azure 리전에는 두 개 이상의 가용성 영역availability zones이 있다. 가용성 영역은 하나의 리전 내에서 물리적으로 분리된 데이터 센터다.

그림 2-3은 이러한 기본 개념이 서로 어떻게 연관돼 있는지 보여준다.

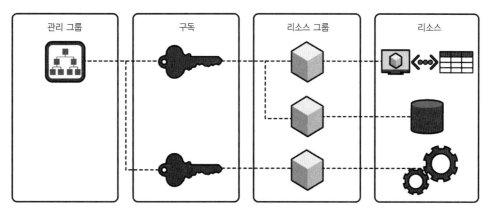

그림 2-3 Azure 기본 개념

Azure 계정 생성

https://azure.microsoft.com으로 이동하고 무료 플랜을 사용해 Azure 계정을 생성할 수 있다. Microsoft 계정으로 로그인해야 한다. Hotmail, Outlook 또는 Office 365 계정이 잘 작동하며, MFA를 사용하는 것을 권장한다. Azure 웹사이트의 지침에 따라 계정을 생성한다. 계속하려면 오른쪽 상단 모서리에 있는 내 계정 링크를 클릭하거나 Microsoft Azure 포털(https://portal.azure.com)로 바로 이동한다.

이제 Azure CLI를 사용하는 방법에 관해 논의해보자.

Azure CLI 설치

Azure CLI는 Azure 리소스를 생성하고 관리하는 명령어 집합이다. Azure 포털의 웹 브라우저에서 CLI를 사용하거나 로컬 컴퓨터에 적절한 버전(https://oreil.ly/O4cIJ)을 다운로드해 설치할 수 있다. 예를 들어 macOS에서는 brew install azure-cli 명령을 사용해 Azure CLI를 설치할 수 있다.

다음과 같이 az 명령을 사용해 포털을 통해 Azure와 상호작용할 수 있다.

```
$ az account show
{ "environmentName": "AzureCloud",
  "id": "b5627140-9189-4305-a94c-3b199afe86791",
  "isDefault": true,
  "name": "Visual Studio Enterprise",
  "state": "Enabled",
  "tenantId": "baeb0498-d28a-41cd-a20d-d9409814a06k",
  "user": {
    "name": "cloudnative@xyz.com",
    "type": "user"
  }
}
```

Azure CLI를 사용해 클라우드 인프라를 선언적으로 스크립팅할 수도 있다. 이런 스크립트는 PowerShell이나 Bash에서 실행할 수 있다. Azure 스크립트는 인프라 생성, 해체 및 재배포와 같은 작업에 잘 작동하지만, 기존 환경을 업데이트하는 작업의 경우 Azure CLI 명령에는 멱등성이 없기 때문에 간단하지 않다.

Azure 외에도 클라우드 환경을 생성하고 관리하는 데 사용하는 다른 도구가 있다. 다음에 조금 더 눈에 띄는 몇 가지를 살펴보자.

주요 IaC 도구

앞서 언급했듯이 IaC 접근 방식을 따르면 추가로 도구를 사용해 클라우드 네이티브 인프라를 구축할 수 있다. 이 책에서는 여러 클라우드 공급자와 함께 사용하는 가장 인기있는 세 가지 오픈소스 도구에 중점을 둘 것이다.

- CLI 기반 IaC 도구인 테라폼^{Terraform}
- 머신 이미지 구축을 위한 CLI 도구인 패커^{Packer}
- 구성 관리 도구인 앤서블^{Ansible}

CI/CD(지속적 통합/지속적 배포) 설정에도 이런 도구를 사용할 수 있다. 이 시나리오에서는 새 구성을 작성하는 즉시 배포 파이프라인에 지속적으로 통합한다.

테라폼

테라폼^{terraform}은 Go 프로그래밍 언어로 작성된 HashiCorp의 오픈소스 IaC 도구다. 테라폼이라는 단어의 의미는 행성의 환경을 지구의 대기와 비슷하게 바꿔 사람이 살 수 있게 하는 것이다. 클라우드를 최대한 활용해 진정한 잠재력을 발휘하도록 지원하고 필요한 인프라를 관리 가능하게 전환해야 하는 환경으로서 클라우드 공급자를 바라본다면 이러한 단어의 비유는 적합하다.

테라폼은 클라우드에서 안전하고 효율적인 방식으로 인프라를 구축하고 변경하고 버전화하는 데 도움이 된다. 테라폼은 선언적 구문을 사용한다. 즉, 빌드 방법이 아니라 빌드하려는 내용을 알려주기만 하면 된다는 것이다. 테라폼의 주요 장점은 HCL^{HashiCorp} $^{Configuration\ Language}$이라고 하는 이해하기 쉬운 DSL(도메인별 언어)을 지원한다는 점이다. 이 언어는 사람이 비교적 쉽게 해석할 수 있다. 대안으로는 JSON을 동일한 목적으로 사용할 수 있다. 또한 테라폼은 클라우드에 구애받지 않아 여러 클라우드 공급자를 지원하므로, 다른 클라우드 공급자에 대해 언어(HCL/JSON)를 다시 배울 필요가 없기 때문에 정말 쉽다. 이 절에서는 Azure 환경의 인프라를 구축하기 위해 IaC 철학을 사용해 테라폼을 활용하는 방법에 관해 설명한다.

테라폼의 작동 방식을 이해하려면 먼저 몇 가지 기본 용어를 알아야 한다.

공급자(Providers)

테라폼의 공급자는 (항상 그런 것은 아니지만) 일반적으로 클라우드 공급자다. 공급자의 책임은 리소스(예: 클라우드 리소스)를 노출하고 API를 해석하는 것이다. 테라폼에서 지원하는 공급자 중 대표적인 것은 Azure, Amazon Web Services[AWS], Google Cloud Platform[GCP] 및 PagerDuty이다.

계획(Plan)

terraform plan 명령을 사용해 인프라를 생성하려고 하면, 테라폼은 테라폼 구성(.tf) 파일을 통해 작성한 코드를 기반으로 실행 계획을 생성한다. 실행 계획에는 요청된 인프라를 구축하기 위해 테라폼이 수행할 단계가 포함된다.

적용(Apply)

테라폼이 생성한 계획에 만족하면, terraform apply 명령을 사용해 인프라를 생성하며, 인프라는 결국 원하는 상태에 도달한다(충돌이나 오류가 없는 경우).

상태(State)

테라폼은 인프라 상태를 관리하기 위해 저장하는 방법이 필요하다. 상태는 클라우드 리소스를 구성에 매핑하는 텍스트 기반 상태 파일에 저장된다. 일반적으로 테라폼이 인프라 상태를 저장하는 방법은 두 가지가 있다. 초기화하는 시스템의 로컬에 저장하거나 원격으로 저장할 수 있다. 상태를 원격으로 저장하면 인프라 상태를 백업할 수 있어 권장되는 방법이며, 인프라의 현재 상태를 알 수 있는 단일 소스가 있기 때문에 더 많은 엔지니어가 함께 인프라를 구축할 수 있다. 상태 파일은 시크릿을 포함할 수 있어 Git 리포지터리에 체크인하면 안 된다. 대신 Azure Blob Storage를 활용할 수 있다. 테라폼은 기본적으로 상태 파일에 대한 잠금도 지원한다.

모듈(Module)

테라폼 모듈은 함께 사용되는 리소스의 그룹이다. 모듈은 한 번 구성되고 여러 번 사용되는 리소스를 추상화해 재사용 가능한 인프라를 만드는 데 필요하다. 모듈 사용의 주요 이점 가운데 하나는 나중에 다양한 프로젝트를 위해 팀 간 공유할 수 있는 코드를 재사용할 수 있다는 것이다.

백엔드(Backend)

백엔드는 상태가 로드되는 방법을 설명한다. 최종적으로 상태 파일이 저장되는 곳이다. 이를 위해 로컬 파일 저장소나 Azure Blob storage를 사용할 수 있다.

그림 2-4는 공급자^{provider}와 리소스 블록을 보여준다. 공급자 블록에는 Azure 리소스 관리자의 버전이 있으며, 두 리소스 블록에서는 Azure 리소스 그룹과 가상 네트워크를 생성한다.

```
provider "azurerm" {
  version = "2.0.0"
  features {}
}

resource "azurerm_resource_group" "example" {
  name     = "dummy-resource-group"
  location = "West Europe"
}

resource "azurerm_virtual_network" "example" {
  name                = "example-network"
  resource_group_name = azurerm_resource_group.example.name
  location            = azurerm_resource_group.example.location
  address_space       = ["10.0.0.0/16"]
}
```

그림 2-4 리소스 생성과 Azure 공급자를 나타내는 간단한 테라폼 파일

이제 테라폼의 기본 사항을 소개했으니, Azure에서 클라우드 네이티브 인프라를 프로비저닝하는 방법을 살펴보자. 그림 2-5는 일반적인 작업 흐름을 보여준다.

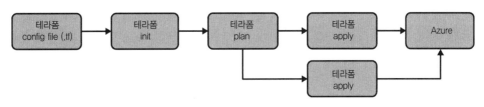

그림 2-5 테라폼 워크플로우

테라폼을 사용하려면 다음 단계를 따른다.

1. `terraform init` 명령으로 테라폼을 초기화한다. 디렉터리를 초기화하지 않은 경우 `plan`과 `apply`를 실행할 수 없다.

2. 테라폼을 성공적으로 초기화한 후 `terraform plan` 명령을 사용해 실행 계획 또는 테스트 실행^{dry run}을 생성한다.

3. 계획 결과에 만족하면, `terraform apply` 명령을 사용해 인프라를 생성한다.

사용하는 공급자에 따라, 해당 클라우드 공급자의 환경(이 경우 Microsoft Azure)에 인프라가 프로비저닝된다. 인프라를 없애려면 `terraform destroy` 명령을 실행하면 된다. 그러면 현재 디렉터리에 해당하는 인프라가 삭제된다. 테라폼으로 인프라를 삭제하는 경우 매우 조심해야 한다.

 테라폼으로 인프라를 삭제할 때는 특히 주의해야 한다. 인프라가 삭제되면 상태 파일이 업데이트된 값으로 업데이트된다. 인프라를 삭제하기 전에 중요한 정보를 실수로 삭제하지 않도록 `terraform destroy`의 출력을 눈으로 확인해야 한다.

이제 워크플로우와 운영 세부 사항에 대해 전반적으로 이해했으니 테라폼에 관해 더 자세히 알아보자.

테라폼 설치

시스템에 테라폼을 설치하려면[3] 먼저 운영체제에 적합한 바이너리 패키지(https://oreil.ly/EXXrX)를 찾아야 한다. Azure Cloud Shell을 사용하는 경우 기본적으로 최신 버전의 테라폼이 제공된다. 이 글을 쓰는 시점에서 테라폼의 현재 버전은 0.12.28이다.[4] 적절한 바이너리 패키지를 찾으려면 다음과 같이 명령어를 실행한다.

```
# For Linux-based systems:
```

---

3 Azure Cloud Shell은 최신 버전의 Cloud Shell로 제공된다. Cloud Shell에서 테라폼을 시작하는 방법에 관한 자세한 내용은 https://docs.microsoft.com/en-us/azure/developer/terraform/get-started-cloud-shell을 방문한다.

4 2022년 10월 현재 버전은 1.3.3이다. – 옮긴이

```
$ wget https://releases.hashicorp.com/terraform/0.12.28/terraform_0.12.28_linux_amd64.
zip

# For macOS-based systems:
$ wget https://releases.hashicorp.com/terraform/0.12.28/terraform_0.12.28_darwin_amd64.
zip
```

ZIP 파일을 가져오면 바이너리의 압축을 풀고 한 개의 바이너리를 /usr/local/bin으로 옮긴다. 셸에서 테라폼의 도움말을 사용해 테라폼이 설치됐는지 확인할 수 있다.

```
$ ~ terraform --version
Terraform v0.12.28
$ ~ terraform --help
Usage: terraform [-version] [-help] <command> [args]

The available commands for execution are listed below.
The most common, useful commands are shown first, followed by
less common or more advanced commands. If you're just getting
started with Terraform, stick with the common commands. For the
other commands, please read the help and docs before usage.

Common commands:
    apply              Builds or changes infrastructure
    console            Interactive console for Terraform interpolations
    destroy            Destroy Terraform-managed infrastructure
    env                Workspace management
    fmt                Rewrites config files to canonical format
    get                Download and install modules for the configuration
    graph              Create a visual graph of Terraform resources
    import             Import existing infrastructure into Terraform
    init               Initialize a Terraform working directory
    login              Obtain and save credentials for a remote host
    logout             Remove locally-stored credentials for a remote host
    output             Read an output from a state file
    plan               Generate and show an execution plan
    providers          Prints a tree of the providers used in the configuration
    refresh            Update local state file against real resources
    show               Inspect Terraform state or plan
    taint              Manually mark a resource for recreation
```

```
  untaint           Manually unmark a resource as tainted
  validate          Validates the Terraform files
  version           Prints the Terraform version
  workspace         Workspace management

All other commands:
  0.12upgrade       Rewrites pre-0.12 module source code for v0.12
  debug             Debug output management (experimental)
  force-unlock      Manually unlock the terraform state
  push              Obsolete command for Terraform Enterprise legacy (v1)
  state             Advanced state management
$ ~
```

Microsoft Azure 계정에 대한 테라폼 액세스 설정

이제 Azure 계정을 설정하고 로컬에 테라폼을 설정했으니, Azure 계정에 액세스하도록 테라폼을 구성할 수 있다.

1. Azure 포털 계정의 오른쪽 상단 모서리에 있는 Cloud Shell 아이콘을 클릭한 다음 **스토리지 만들기**를 클릭한다. 그러면 새 스토리지 계정이 만들어지며 몇 분 정도 걸릴 것이다.[5]

2. Cloud Shell을 실행하면 Bash 또는 PowerShell을 선택할 수 있다. 원하는 경우 나중에 셸을 변경할 수도 있다. 이 책에서 우리는 Bash 셸을 사용할 것이다. 설정이 완료되면 다음이 표시된다.

```
Requesting a Cloud Shell.Succeeded.
Connecting terminal...

Welcome to Azure Cloud Shell

Type "az" to use Azure CLI
Type "help" to learn about Cloud Shell
```

---

5 Azure 포털은 실습을 원활하게 하기 위해 영문 기준으로 설명한다. Azure 포털 계정의 오른쪽 상단 모서리에 '설정' 아이콘을 클릭하고 왼쪽 메뉴에서 '언어 + 지역'을 선택한 다음, 언어를 'English'로 변경 뒤 '적용'을 클릭한다. – 옮긴이

```
$
```

3. 이제 구독 ID와 테넌트 ID의 값 목록을 가져와야 한다. 이를 위해서는 Cloud Shell 에서 다음 명령을 실행해 모든 Azure 계정 이름, 구독 ID 및 테넌트 ID를 출력 한다.

```
$ az account list --query "[].{name:name, subscriptionId:id, tenantId:tenantId}"

[
  {
    "name": "Visual Studio Enterprise",
    "subscriptionId": "b1234567-89017-6135-v94s-3v16ifk86912",
    "tenantId": "ba0198-d28a-41ck-a2od-d8419714a098"
  }
]
$
```

4. 반환된 JSON 출력에서 subscriptionId 값을 기록해둔다. 그런 다음 Cloud Shell 에서 다음 명령어의 subscriptionId를 해당 값으로 바꾼다.

```
$ az account set --subscription="b1234567-89017-6135-v94s-3v16ifk86912"
```

앞의 명령은 반환 출력 없이 실행된다.

5. Cloud Shell에서 다음 명령을 사용해 테라폼에서 사용할 서비스 주체service principal[6] 를 생성한다.

```
$ az ad sp create-for-rbac --role="Contributor" \
 --scopes="/subscriptions/b1234567-89017-6135-v94s-3v16ifk86912"

Creating a role assignment under the scope of \
  "/subscriptions/b1234567-89017-6135-v94s-3v16ifk86912"
  Retrying role assignment creation: 1/36
{
  "appId": "b0b88757-6ab2-3v41-1234-23ss224vd41e",
```

---

6   Azure 서비스 주체는 Azure 리소스에 액세스하기 위해 애플리케이션, 호스팅된 서비스 및 자동화된 도구에서 사용하도록 만들어 진 ID이다. 이 액세스는 서비스 주체에 할당된 역할에 의해 제한되므로 액세스할 수 있는 리소스와 수준을 제어할 수 있다.

```
  "displayName": "azure-cli-2020-07-03-18-24-17",
  "name": "http://azure-cli-2020-07-03-18-24-17",
  "password": "aH2cK.asfbbashfbjafsADNknvsaklvQQ",
  "tenant": "ba0198-d28a-41ck-a2od-d8419714a098"
}
$
```

이 명령은 appId, displayName, name, password 및 tenant를 반환한다.

6. 다음 데이터를 사용해 로컬 시스템에서 테라폼 환경 변수를 구성한다.

```
ARM_SUBSCRIPTION_ID=<subscription>
ARM_CLIENT_ID=<appId>
ARM_CLIENT_SECRET=<password>
ARM_TENANT_ID=<tenant>
```

7. .bash_profile(또는 원하는 경우, envvar.sh)에서 앞의 코드의 변수를 다음과 같이 바꾼다.[7]

```
#!/bin/sh
echo "Setting environment variables for Terraform"
export ARM_SUBSCRIPTION_ID=b1234567-89017-6135-v94s-3v16ifk86912
export ARM_CLIENT_ID=b0b88757-6ab2-3v41-1234-23ss224vd41e
export ARM_CLIENT_SECRET=aH2cK.asfbbashfbjafsADNknvsaklvQQ
export ARM_TENANT_ID=ba0198-d28a-41ck-a2od-d8419714a098

# Not needed for public, required for usgovernment, german, china
export ARM_ENVIRONMENT=public
```

8. 터미널에서 source .bash_profile을 실행해 현재 셸 환경을 파일로부터 읽고 실행할 수 있도록 한다.

이제 Cloud Shell을 사용해 Azure 리소스와 상호작용할 수 있다. 또는 원하는 경우에는 로컬 컴퓨터에서 Azure CLI를 사용해 Azure와 상호작용할 수 있다.

7　Cloud Shell에서 code .bash_profile을 입력하면 /bash_profile을 수정할 수 있다. – 옮긴이

이제, 명령줄을 사용해 Azure에 로그인한다. 그러면 자신을 인증하기 위해 브라우저로 리디렉션된다.[8] 브라우저에 인증에 성공하면 다음과 같이 로그인할 수 있다.

```
$ ~ az login
You have logged in. Now let us find all the subscriptions to which you have access...
[
  {
    "cloudName": "AzureCloud",
    "id": "b1234567-89017-6135-v94s-3v16ifk86912",
    "isDefault": true,
    "name": "Visual Studio Enterprise",
    "state": "Enabled",
    "tenantId": "ba0198-d28a-41ck-a2od-d8419714a098",
    "user": {
      "name": "nishant7@hotmail.com",
      "type": "user"
    }
  }
]
```

이제 Azure에 성공적으로 로그인하고 인증했으니, 인증과 권한 부여 정보가 있는 ~/.azure 디렉터리를 확인할 수 있다.

```
$ ls -al
total 44
drwxr-xr-x 1 nsingh nsingh  270 Apr 13 21:13 .
drwxr-xr-x 1 nsingh nsingh  624 Apr 13 21:13 ..
-rw------- 1 nsingh nsingh 7842 Apr 13 21:13 accessTokens.json
-rw-r--r-- 1 nsingh nsingh    5 Apr 13 21:13 az.json
-rw-r--r-- 1 nsingh nsingh    5 Apr 13 21:13 az.sess
-rw-r--r-- 1 nsingh nsingh  420 Apr 13 21:21 azureProfile.json
-rw-r--r-- 1 nsingh nsingh   66 Apr 13 21:21 clouds.config
-rw-r--r-- 1 nsingh nsingh 5053 Apr 13 21:13 commandIndex.json
drwxr-xr-x 1 nsingh nsingh  318 Apr 13 21:21 commands
-rw------- 1 nsingh nsingh   51 Apr 13 21:13 config
```

---

8 az login을 입력하면 웹 브라우저에서 https://microsoft.com/devicelogin 페이지에 방문해 인증 코드를 입력하라는 출력 메시지를 볼 수 있다. – 옮긴이

```
drwxr-xr-x 1 nsingh nsingh    26 Apr 13 21:13 logs
drwxr-xr-x 1 nsingh nsingh    10 Apr 13 21:13 telemetry
-rw-r--r-- 1 nsingh nsingh    16 Apr 13 21:13 telemetry.txt
-rw-r--r-- 1 nsingh nsingh   211 Apr 13 21:13 versionCheck.json
```

테라폼의 기본 사용법과 인프라 설정

이제 Azure와 통신하도록 성공적으로 테라폼을 설정했으니 몇 가지 기본 인프라를 구축할 수 있다. 이 단계를 진행하면 전체적으로 이해하면서 테라폼을 효과적으로 사용할 수 있다.

2장과 관련된 모든 테라폼 코드는 책의 깃허브 리포지터리(https://bit.ly/3GRlnx7)에서 사용할 수 있으며 로컬 컴퓨터에 복제[clone9]할 수 있다.

Test 디렉터리로 이동하면 test.tf라는 파일을 찾을 수 있다. 예제 2-1은 이 파일의 내용을 보여준다. 이 예에서는 로컬 상태[state] 파일을 사용해 인프라의 현재 상태를 저장한다.

예제 2-1 test.tf 파일

```
provider "azurerm" {
}
resource "azurerm_resource_group" "rg" {
  name = "testResourceGroup"
  location = "westus"
}
```

코드는 westus에 testResourceGroup이라는 리소스 그룹을 생성한다.

이 파일을 실행하려면 다음 단계를 따른다.

1. terraform init를 실행해 테라폼을 초기화하고 AzureRM Provider를 다운로드한다.[10]

---

9   Cloud Shell의 사용자의 홈 디렉터리에서 git clone(https://github.com/stormic-nomad-nishant/cloud_native_azure.git)을 입력해 코드를 복제하며, 각 장에 있는 파일을 참고한다. - 옮긴이

10 아래 명령어는 Cloud Shell의 ~/cloud_native_azure/Chapter2/1.2.1.3/Test 로 이동해 실행한다. - 옮긴이

```
$ Test git:(master) terraform init[11]

Initializing the backend...

Initializing provider plugins...
- Checking for available provider plugins...
- Downloading plugin for provider "azurerm" (hashicorp/azurerm) 2.17.0...

The following providers do not have any version constraints in configuration,
so the latest version was installed.

To prevent automatic upgrades to new major versions that may contain breaking
changes, it is recommended to add version = "..." constraints to the
corresponding provider blocks in configuration, with the constraint strings
suggested below.

* provider.azurerm: version = "~> 2.17"

Terraform has been successfully initialized!

You may now begin working with Terraform. Try running "terraform plan" to see
any changes that are required for your infrastructure. All Terraform commands
should now work.

If you ever set or change modules or backend configuration for Terraform,
rerun this command to reinitialize your working directory. If you forget, other
commands will detect it and remind you to do so if necessary.
```

2. 초기화에 성공하면 terraform plan을 실행한다.

```
$ Test git:(master) ✗ terraform plan[12]
Refreshing Terraform state in-memory prior to plan...
The refreshed state will be used to calculate this plan, but will not be
persisted to local or remote state storage.

-------------------------------------------------------------------------
```

---

11 terraform init 명령어를 입력한다. – 옮긴이
12 Cloud Shell의 ~/cloud_native_azure/Chapter2/1.2.1.3/Test 디렉터리에서 terraform plan 명령어를 입력한다. – 옮긴이

```
An execution plan has been generated and is shown below.
Resource actions are indicated with the following symbols:
  + create
Terraform will perform the following actions:

# azurerm_resource_group.rg will be created
+ resource "azurerm_resource_group" "rg" {
  + id = (known after apply)
  + location = "westus"
  + name = "testResourceGroup"
}

Plan: 1 to add, 0 to change, 0 to destroy.
------------------------------------------------------------------------
Note: You didn't specify an "-out" parameter to save this plan, so Terraform
can't guarantee that exactly these actions will be performed if
"terraform apply" is subsequently run.
```

3. 앞의 출력에서 볼 수 있듯이, testResourceGroup이라는 이름의 리소스 그룹을 생성하려고 한다. 이제 terraform apply를 실행해 리소스를 생성할 수 있다. 계속하려면 yes를 명시적으로 입력해야 한다.

```
$ Test git:(master) ✗ terraform apply13

An execution plan has been generated and is shown below.
Resource actions are indicated with the following symbols:
  + create

Terraform will perform the following actions:
  # azurerm_resource_group.rg will be created
  + resource "azurerm_resource_group" "rg" {
    + id = (known after apply)
    + location = "westus"
    + name = "testResourceGroup"
  }
```

---

13 Cloud Shell의 ~/cloud_native_azure/Chapter2/1.2.1.3/Test 디렉터리에서 terraform apply 명령어를 입력한다. – 옮긴이

```
Plan: 1 to add, 0 to change, 0 to destroy.

Do you want to perform these actions?
  Terraform will perform the actions described above.
  Only 'yes' will be accepted to approve.

  Enter a value: yes

azurerm_resource_group.rg: Creating...
azurerm_resource_group.rg: Creation complete after 3s
[id=/subscriptions/b5627140-9087-4305-a94c-3b16afe86791/resourceGroups/ \
  testResourceGroup]

Apply complete! Resources: 1 added, 0 changed, 0 destroyed.
$ Test git:(master) ✗
```

그러면 그림 2-6과 같이 리소스 그룹이 생성된다. Azure 포털을 통해 확인할 수 있다.

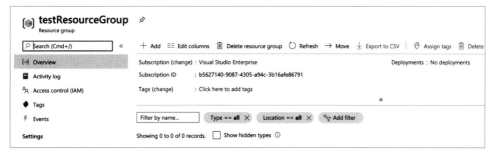

그림 2-6 테라폼으로 간단한 리소스 그룹 생성

또한 CLI에서도 확인할 수 있다. 셸 작업은 특정 리전에 국한되지 않는다. 여러 위치에서 리소스를 볼 수 있다. 다음 명령을 사용해 리소스 그룹을 리스트한다.

```
$ az group list --output table
Name                      Location    Status
------------------------- ----------  ---------
testResourceGroup         westus      Succeeded
```

Test 디렉터리에서, 리소스 그룹이 프로비저닝된 후에 생성된 terraform.tfstate라는 파일을 볼 수 있다. 이 파일은 인프라의 현재 상태를 담고 있는 상태 파일이다.

테라폼으로 Azure 인프라 살펴보기

이제 테라폼으로 기본 인프라를 만들었으니, 더 깊이 파고들어 추가적으로 인프라를 생성해보자.

예제 2-1에서 상태를 로컬에 저장하는 방법을 보여줬다. 권장하는 절차는 아니지만 리소스 그룹 생성 예시(test.tf)와 같이 기본적인 사용법으로는 충분하다. 인프라 구성에는 내구성이 있고 안전한 Azure Blob 스토리지와 같은 원격 저장소를 사용하는 것이 좋다.

 Terraform 상태(state)는 사실상 소스이며 항상 Consul이나 Amazon DynamoDB, Azure 스토리지와 같은 백엔드에 저장해야 한다. 왜냐하면 재해 발생 시 더 쉽게 관리하거나 롤백을 위해 버전 제어와 함께 인프라 상태를 안전하게 저장하기 때문이다. 상태(state)에는 시크릿이 포함될 수 있기 때문에, Git 버전 제어 시스템에서 체크인하면 안 된다.

다음 하위 절에서는 Azure 계정에 Blob 스토리지를 만들어 모든 인프라 상태state를 저장한다. 또한 테라폼의 모듈을 사용해 "반복하지 마세요DRY, Don't Repeat Yourself" 원칙을 따를 것이다. 이제 가상 네트워크와 가상 머신 생성에 대해 알아본다. 2장의 깃허브 리포지터리(https://bit.ly/2ZSvSze)에서 모듈을 찾을 수 있다.

Azure Blob 스토리지 생성   Azure Blob 스토리지를 생성하려면 https://bit.ly/3bM6jCx 모듈을 사용한다.[14]

---

14   해당 모듈은 ~cloud_native_azure/Chapter2/1.2.1.4/A_blob_storage_account/ 경로에 있다. – 옮긴이

이제 52페이지의 '테라폼의 기본 사용법과 인프라 설정'에 설명된 단계에 따라 스토리지 계정을 배포한다. terraform plan 명령을 실행[15]하면 모듈과 관련된 계획plan에 대한 많은 정보를 볼 수 있다. 또한 모듈(예: Storage_accounts)은 추상화돼 있지만 리소스 파일은 다음과 같다.[16]

```
module "CloudNativeAzure-strg-backend" {
  source = "../Modules/Services/Storage_accounts"
  resource-grp-name = "CloudNativeAzure-group"
  storage-account-name = "cnabookprod"
  azure-dc = "westus"
  storage-account-tier = "Standard"
  storage-replication-type = "LRS"
  storage-container-name = "cloud-native-devs"
  storage-container-access = "private"
  blob-name = "cloud-native-with-azure"
}
```

이것은 모듈 뒤에 있는 반복 가능한 인프라를 추상화하는 힘을 보여준다. terraform apply를 사용하면 프로그램이 실행되고 몇 분 후에 cnabookprod라는 스토리지 계정과 cloud-native-with-azure라는 blob을 볼 수 있다.

```
.
.
module.CloudNativeAzure-strg-backend.azurerm_storage_container.generic-container:
Creation complete after 3s [id=https://cnabookprod.blob.core.windows.net/cloud-
```

---

15 terraform plan 명령어를 실행하면 output.tf 파일에 민감 데이터가 있어

> If you do intend to export this data, annotate the output value as sensitive by adding the following argument:
>   sensitive = true

라는 에러 메시지가 출력될 수 있다. 이때, output.tf를 열어 "Primary-Access-Key" 항목을 다음과 같이 수정한다.

```
output "Primary-Access-Key" {
  value = "${module.CloudNativeAzure-strg-backend.Storage-Primanry-Access-key}"
  sensitive = true
}
```

– 옮긴이

16 스토리지 계정 이름은 Azure 내에서 고유해야 한다. 따라서 cnabookprod라는 이름을 그대로 사용하면 이미 사용된 이름이라고 에러가 나올 수 있다. 적절히 이름을 변경해야 하는데, 옮긴이의 경우 계정명을 추가했다. 예를 들면, 〈계정명〉cnabookprod 같은 형식이다. 스토리지 계정의 이름은 소문자와 숫자만 가능하며 3자에서 24자 이내로 설정해야 한다. – 옮긴이

```
native-devs] module.CloudNativeAzure-strg-backend.azurerm_storage_blob.generic-blob:
Creating... module.CloudNativeAzure-strg-backend.azurerm_storage_blob.generic-blob:
Creation complete after 4s [id=https://cnabookprod.blob.core.windows.net/cloud-native-
devs/cloud-native-with azure]
Apply complete! Resources: 4 added, 0 changed, 0 destroyed.
Outputs:
Blob-ID = https://cnabookprod.blob.core.windows.net/cloud-native-devs/cloud-native with-
azure
Blob-URL = https://cnabookprod.blob.core.windows.net/cloud-native-devs/cloud native-
with-azure
Primary-Access-Key =
Bfc9g/piV3XkJbGosJkjsjn13iLHevR3y1cuPyM8giGT4J0vXeAKAKvjsduTI1GZ45ALACLAWPAXA=
```

그림 2-7은 Azure 스토리지 계정과 Blob을 보여준다.

그림 2-7 Azure 스토리지 계정과 Blob

이전 단계에서 수행한 terraform apply 출력을 기록하고, 기본 액세스 키[primary access key] 값을 복사한다. 다음과 같이 로컬 시스템의 .bash_profile에 있는 동일한 기본 키 값을

업데이트해야 한다.[17]

```
#!/bin/sh
echo "Setting environment variables for Terraform"
export ARM_SUBSCRIPTION_ID=b1234567-89017-6135-v94s-3v16ifk86912
export ARM_CLIENT_ID=b0b88757-6ab2-3v41-1234-23ss224vd41e
export ARM_CLIENT_SECRET=aH2cK.asfbbashfbjafsADNknvsaklvQQ
export ARM_TENANT_ID=ba0198-d28a-41ck-a2od-d8419714a098

# Not needed for public, required for usgovernment, german, china
export ARM_ENVIRONMENT=public
export
ARM_ACCESS_KEY=Bfc9g/piV3XkJbGosJkjsjn13iLHevR3y1cuPyM8giGT4J0vXeAKAKvjsduTI1GZ45AL
ACLAWPAXA==
```

이제 이후 인프라를 안전하게 만들고 Blob 스토리지에 인프라 상태^{state}를 저장할 수 있다.

Azure 가상 네트워크와 인스턴스 생성　이제 https://bit.ly/3bHE342에 있는 테라폼 구성에 따라 Azure에 가상 네트워크를 생성한다.

또한 코드의 단순함을 더 잘 이해할 수 있도록 가상 네트워크 모듈의 구문 흐름을 설명할 것이다.

/Modules/Services/Virtual_network 디렉터리의 `Virtual_network` 모듈을 자세히 살펴보면, 가상 네트워크 생성의 단계별 프로세스를 볼 수 있다.[18]

1. `azurerm_network_security_group`을 사용해 네트워크 보안 그룹을 생성한다.

2. 보안 규칙을 추가하고 1단계에서 생성한 보안 그룹에 연결한다.

3. DDoS 방어 계획을 생성한다.

4. 가상 네트워크를 생성한다.

17　위에서 Primary-Access-Key를 sensitive=true로 설정했기 때문에, terraform apply 출력에 기본 액세스 키 값이 나오지 않는다. terraform.tfstate 파일에는 값이 저장돼 있으니 이 파일을 열어 값을 기록한다. – 옮긴이

18　해당 모듈은 ~cloud_native_azure/Chapter2/1.2.1.4/B_virtual_network/ 디렉터리에 있다. – 옮긴이

5. 가상 네트워크 내부에 4개의 서로 다른 서브넷을 생성한다.

6. 네트워크 인터페이스를 생성하고 서브넷(프라이빗)에 연결한다.

7. 퍼블릭 IP를 생성한다.

8. 퍼블릭 IP를 연결해 퍼블릭 서브넷을 생성한다.

테라폼의 최종 apply 결과는 다음과 같다.[19]

```
Apply complete! Resources: 12 added, 0 changed, 0 destroyed.
Releasing state lock. This may take a few moments...
Outputs:


private-nic-id = /subscriptions/b5627140-9087-4305-a94c-3b16afe86791/resourceGroups/
CloudNativeAzure-group/providers/Microsoft.Network/networkInterfaces/private-
nic private-subnet-a-id = /subscriptions/b5627140-9087-4305-a94c-3b16afe86791/
resourceGroups/ CloudNativeAzure-group/providers/Microsoft.Network/virtualNetworks/cna-
prod/subnets/ linkedin-private-a
private-subnet-b-id = /subscriptions/b5627140-9087-4305-a94c-3b16afe86791/
resourceGroups/ CloudNativeAzure-group/providers/Microsoft.Network/virtualNetworks/cna-
prod/subnets/ linkedin-private-b
pub-nic-id = /subscriptions/b5627140-9087-4305-a94c-3b16afe86791/resourceGroups/
CloudNativeAzure-group/providers/Microsoft.Network/networkInterfaces/public-nic public-
subnet-a-id = /subscriptions/b5627140-9087-4305-a94c-3b16afe86791/resourceGroups/
CloudNativeAzure-group/providers/Microsoft.Network/virtualNetworks/cna-prod/subnets/
linkedin-public-a
public-subnet-b-id = /subscriptions/b5627140-9087-4305-a94c-
3b16afe86791/resourceGroups/CloudNativeAzure-group/providers/Microsoft.Network/
virtualNetworks/cna-prod/subnets/linkedin-private-b
vpc-id = /subscriptions/b5627140-9087-4305-a94c-3b16afe86791/resourceGroups/
CloudNativeAzure-group/providers/Microsoft.Network/virtualNetworks/cna-prod
```

그림 2-8에서처럼 Azure 포털에서 생성된 가상 네트워크를 볼 수 있다.

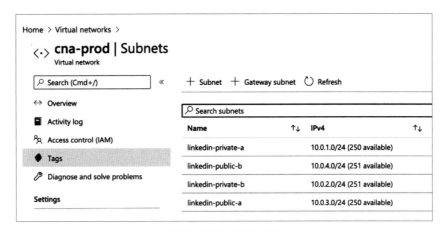

그림 2-8 가상 네트워크 생성

그림 2-9와 같이 테라폼은 앞에서 생성한 Blob 스토리지 계정에 가상 네트워크 상태^{state} 를 저장했다.

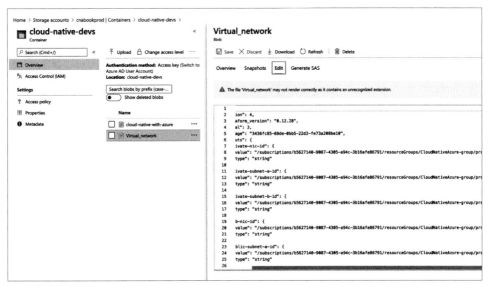

그림 2-9 스토리지 계정에 테라폼에서 업로드한 가상 네트워크 상태(state)

마찬가지로 https://bit.ly/3bQjTEV의 테라폼 모듈을 사용해 이전 단계를 수행하고 서브넷 중 하나 내에서 가상 머신을 시작할 수 있다.[20]

 이 예제에서 리소스 생성을 완료한 다음 Azure 계정에 대해 청구가 활성화된 경우에는 각 리소스 디렉터리 내에서 terraform destroy 명령을 사용해 리소스를 제거해야 한다.

테라폼과 ARM 템플릿

다음 절로 이동하기 전에 코드로서의 인프라를 구현하기 위해 Azure가 기본적으로 제공하는 것을 살펴보자. 앞서 언급했듯이 Azure는 ARM 템플릿을 사용해 Azure 기반 워크로드에 대한 코드로서의 인프라를 구현한다. ARM 템플릿은 프로젝트의 인프라와 구성을 정의하는 JSON[21] 파일로 제공된다. 이 파일은 테라폼과 유사한 선언적 구문을 사용하므로, 의도한 인프라 구성을 명시할 수 있다. 선언적 구문 외에도 ARM 템플릿은 멱등성을 상속한다. 즉, 동일한 템플릿을 여러 번 배포하고 동일한 상태에서 동일한 리소스 유형을 가져올 수 있다. 리소스 관리자는 ARM 템플릿을 REST API 작업으로 변환하는 역할을 한다. 이를테면 다음 ARM 템플릿을 배포하는 경우는 다음과 같다.

```
"resources": [
```

---

20 이 모듈을 사용하려면 여러 가지를 수정해야 한다. 먼저 backend-pull.tf, backend-push.tf에서 storage_account_name을 위에서 만든 스토리지 계정 이름으로 변경한다. 그런 다음 ~/cloud_native_azure/Chapter2/1.2.1.4/Modules/Services/Virtual_machine 디렉터리로 이동해 main.tf 파일을 열어

```
os_profile_linux_config {
    disable_password_authentication = true
    ssh_keys {
        key_data = file("/Users/.ssh/your_public_key_here_ssh_key.pub")
        path = "/home/${var.account_name}/.ssh/authorized_keys"
    }
}
```

이 블록을 찾아 key_data의 값을 변경해야 한다.
이 책에서는 SSH 키를 생성하지 않았기 때문에 먼저 SSH 키를 생성한다. 자세한 내용은 https://learn.microsoft.com/ko-kr/azure/virtual-machines/ssh-keys-azure-cli를 참고해 생성한다.
SSH 공개 키를 생성한 후, key_data의 값을 해당 파일의 위치로 변경한다. 예를 들면 key_data = file("/home/〈Cloud Shell의 계정명〉/.ssh/7777777777_9999999.pub") 이런 식으로 변경한다. – 옮긴이

21 Azure는 ARM 템플릿 작성을 위해 기본적으로 JSON(JavaScript Object Notation)을 제공한다. Azure는 또한 선언적 구문을 사용해 Azure 리소스를 배포하는 Bicep이라는 도메인 특화 언어도 제공한다. Bicep은 복잡성을 줄이고 전반적으로 개발과 관리 경험을 향상시키기 때문에 JSON 대신 사용할 수 있다.

```
  {
    "type": "Microsoft.Storage/storageAccounts",
    "apiVersion": "2019-04-01",
    "name": "teststorageaccount",
    "location": "eastus",
    "sku": {
      "name": "Standard_LRS"
    },
    "kind": "StorageV2",
    "properties": {}
  }
]
```

리소스 관리자는 JSON을 REST API 작업으로 변환하고, 다음과 같이 `Microsoft.Storage` 리소스 공급자에게 전송된다.

```
PUT
https://management.azure.com/subscriptions/{subscriptionId}/resourceGroups/ \
  {resourceGroupName}/providers/Microsoft.Storage/storageAccounts/ \
  teststorageaccount?api-version=2019-04-01
REQUEST BODY
{
  "location": "eastus",
  "sku": {
    "name": "Standard_LRS"
  },
  "kind": "StorageV2",
  "properties": {}
}
```

테라폼을 사용해 AzureRM 공급자의 `azurerm_resource_group_template_deployment` 리소스를 사용해 ARM 템플릿을 배포할 수도 있다.

패커

2장의 시작 부분에서 변경 불가능한 인프라^{immutable infrastructure}라는 용어를 소개했는데, 이는 클라우드 네이티브 애플리케이션의 프로비저닝과 배포의 변화를 나타낸다. 미리 구워진[22] 머신 이미지를 구축하는 데 가장 널리 사용되는 도구 중 하나는 패커[Packer]다. 머신 이미지는 기본적으로 모든 구성, 메타데이터, 아티팩트 및 관련 파일이 사전 설치/구성된 컴퓨팅 리소스다. 패커(https://packer.io)는 정의된 구성에서 머신 이미지를 생성하는 데 사용되는 HashiCorp의 오픈소스 도구다. 머신 이미지 생성의 전체 프로세스를 자동화해 인프라 배포 속도를 높인다. 테라폼이 인프라를 구축하는 데 사용되는 것처럼 패커는 모든 필수 소프트웨어, 바이너리 등을 머신 이미지에 베이킹해 머신 이미지 구축을 지원한다.

또한 머신 이미지의 모든 소프트웨어는 이미지가 빌드되기 전에 설치 및 구성되기 때문에 패커는 인프라의 전반적인 안정성을 개선하는 데 도움이 된다. 또한 다양한 클라우드 공급자를 지원하기 때문에 여러 플랫폼에서 동일한 머신 이미지를 생성한다. 패커를 사용해 Azure에서 이미지를 빌드하는 방법에 관해 좀 더 자세히 알아보자.

패커 설치

패커를 시작하려면 로컬 머신[23]에 적합한 패커 바이너리(https://oreil.ly/ Sprhk)를 다운로드한다. 바이너리의 압축을 풀고 /usr/local/bin으로 옮긴다. 이렇게 하면 시스템에 패커가 설치된다. 셸에서 `packer --help`를 실행해 이를 확인할 수 있다.

```
$ ~ packer --help
Usage: packer [--version] [--help] <command> [<args>]

Available commands are:
    build       build image(s) from template
    console     creates a console for testing variable interpolation
    fix         fixes templates from old versions of packer
    inspect     see components of a template
    validate    check that a template is valid
    version     Prints the Packer version
```

22　'미리 구워진(Prebaked)'이라는 용어는 컴퓨터 이미지에 소프트웨어를 미리 설치하는 것을 가리키는 것으로, 나중에 더 많은 인스턴스나 컨테이너를 시작시키는 데 사용될 수 있다.

23　패커는 기본적으로 Azure Cloud Shell에서 사용할 수 있다.

Azure에서 Linux 이미지 구축

패커는 머신 이미지를 정의하는 구성 파일을 사용한다. 구성 파일은 패커 템플릿이라고 하며 JSON으로 작성된다. 템플릿에는 빌더builders와 프로비저너provisioners가 포함된다. 빌더는 구성과 인증 키를 읽어 플랫폼에 대한 머신 이미지를 생성한다. 프로비저너는 이미지를 변경할 수 없게 되기 전에 머신 이미지 위에 소프트웨어를 설치하고 구성하는 역할을 한다. 그림 2-10은 패커 이미지 생성 프로세스를 보여준다.

그림 2-10 패커를 사용한 이미지 생성 프로세스

https://bit.ly/3GRgswf에서 패커 머신 이미지 생성과 관련된 코드를 찾을 수 있다. 이 코드를 실행하려면 먼저 example.json 파일의 인증 세부 정보를 업데이트해야 한다. bash_profile 파일에서 Azure 계정에 대한 인증 세부 정보를 사용한다.[24] 실행 결과는 다음과 같아야 한다.

```
$ 1.2.2.2 git:(master) ✗ packer build example.json
azure-arm: output will be in this color.

==> azure-arm: Running builder ...
==> azure-arm: Getting tokens using client secret
==> azure-arm: Getting tokens using client secret
    azure-arm: Creating Azure Resource Manager (ARM) client ...
==> azure-arm: WARNING: Zone resiliency may not be supported in East US, checkout the
docs at https://docs.microsoft.com/en-us/azure/availability-zones/
==> azure-arm: Creating resource group ...
==> azure-arm: -> ResourceGroupName : 'pkr-Resource-Group-k9831ev1uk'
==> azure-arm: -> Location          : 'East US'
==> azure-arm:
.
.
```

---

24 example.json 파일에서 "client_id", "client_secret", "tenant_id", "subscription_id" 값을 변경한다. – 옮긴이

```
    .
    .
    .
==> azure-arm:
Build 'azure-arm' finished.

==> Builds finished. The artifacts of successful builds are:
--> azure-arm: Azure.ResourceManagement.VMImage:

OSType: Linux
ManagedImageResourceGroupName: CloudNativeAzure-group
ManagedImageName: myfirstPackerImage
ManagedImageId: /subscriptions/b1234567-89017-6135-v94s-3v16ifk86912/resourceGroups/
   CloudNativeAzure-group/providers/Microsoft.Compute/images/myfirstPackerImage
ManagedImageLocation: East US
```

그림 2-11은 생성된 이미지를 Azure 포털에서 보여준다. 이미지를 사용한 가상 머신을 시작해 이미지에 Nginx 웹 서버와 HAProxy 로드 밸런서 및 프록시 서버가 포함돼 있는지 확인할 수 있다.

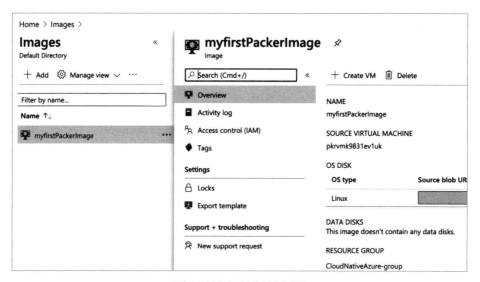

그림 2-11 패커로 머신 이미지 생성

이제 이미지 구축 도구로서의 패커의 역할을 이해했으니, 복잡한 클라우드 네이티브 환경 관리에 있어서 큰 추가 기능을 가진 앤서블을 살펴보자.

앤서블

앤서블^{Ansible}은 서버를 프로비저닝하고 구성하고 관리할 수 있는 간단한 구성 관리 도구다. 앤서블은 사전 설치된 에이전트가 없는 서버를 쉽게 관리할 수 있다. 하지만 앤서블을 에이전트 기반으로 구성할 수도 있다. 또한 테라폼을 사용해 인프라를 생성하고 패커를 사용해 미리 구워진 머신 이미지를 생성하고 나서 앤서블을 도구로 활용할 수 있다.

앤서블의 기본 개념은 다음과 같다.

플레이북(Playbooks)

앤서블 플레이북은 인스턴스에서 실행해야 하는 작업 또는 플레이의 목록이다. 간단한 예는 다음과 같다.

- Nginx 리포지터리 추가

- Nginx 설치

- 루트 디렉터리 생성

이 정렬된 목록은 다음과 같이 앤서블 플레이북으로 변환할 수 있다.

```
---
- hosts: local
  vars:
    - docroot: /var/www/serversforhackers.com/public
  tasks:
    - name: Add Nginx Repository
      apt_repository: repo='ppa:nginx/stable' state=present

    - name: Install Nginx
      apt: pkg=nginx state=installed update_cache=true

    - name: Create Web Root
```

```
    file: dest=/etc/nginx
          mode=775
          state=directory
          owner=www-data
          group=www-data
notify:
  - Reload Nginx
```

컨트롤 노드(Control node)

일반적으로 앤서블 플레이북을 실행할 노드이며, 앤서블이 설치된 모든 노드일 수도
있다. 앤서블 플레이북을 실행하려면 터미널에서 다음 명령을 실행한다.[25]

```
ansible-playbook -vi path_to_host_inventory_file playbook.yaml
```

관리 노드(Managed nodes)

관리하려는 노드나 호스트를 관리 노드라고 한다. 이러한 노드는 일반적으로 원격
서버다. 앤서블의 가장 좋은 점은 원격 인스턴스를 관리하기 위해 에이전트를 설치
할 필요가 없다는 것이다. 호스트에 파이썬이 설치돼 있고 수신 대기 중인 SSH[Secure
Shell] 데몬만 있으면 된다. 앤서블은 플레이북을 실행하기 위해 SSH 연결을 생성한다.

인벤토리 파일(Inventory file)

인벤토리 파일에는 앤서블이 관리하는 모든 호스트 목록이 있다. 인벤토리에는 일반
적으로 IP 주소, 호스트 이름, SSH 사용자 이름과 원격 시스템에 연결하기 위한 키가
들어 있다. 다음은 인벤토리의 예다.

```
mail.example.com

[webservers]
foo.example.com
bar.example.com

[dbservers]
```

---

25 Azure에서 앤서블을 학습하려면 https://learn.microsoft.com/ko-kr/azure/developer/ansible/을 참고한다. - 옮긴이

```
one.example.com
two.example.com
three.example.com

[midtierrservers]
10.0.1.2
10.2.3.4
```

앤서블은 오버헤드가 크지 않고 YAML로 작성됐기 때문에 훌륭한 포스트 구성post-configuration 도구 역할을 한다. 우리는 때때로 이 책에서 앤서블을 사용해 서비스의 일부를 프로비저닝할 것이다.

2장을 마무리하기 전에 Azure DevOps를 간단히 살펴보겠다. Azure DevOps는 이러한 모든 도구를 자동화된 방식으로 결합해 CI/CD 파이프라인을 만드는 데 도움이 된다.

Azure DevOps와 코드로서의 인프라

Azure는 애플리케이션 개발과 배포를 위한 엔드-투-엔드 DevOps 툴 체인을 제공하고 주로 CI/CD 파이프라인 배포를 위한 호스팅 서비스인 Azure DevOps를 제공한다. 테라폼, 앤서블과 패커도 함께 사용하면서, 프로젝트를 위한 다단계 파이프라인을 구축할 수 있다. Azure DevOps에는 CI/CD 파이프라인을 빌드, 테스트 및 배포하는 데 주로 사용되는 Azure Pipeline을 비롯한 다양한 서비스가 있다. Azure DevOps는 이 책의 범위를 벗어나므로 자세히 다루지는 않겠지만 공식 문서(https://oreil.ly/9sRem)에서 Azure DevOps 설정에 관한 자세한 내용을 읽을 수 있다.

요약

2장에서는 Azure를 사용해 최신 클라우드 네이티브 환경을 구축하기 위한 디딤돌을 소개했다. Azure 계정을 만들었는데 이 계정은 클라우드 네이티브 기술에 대해 더 깊이 이해할 수 있는 3장에서 유용하게 사용할 수 있다. 또한 테라폼, 패커와 앤서블도 소개했다. 클라우드 인프라 배포와 관리를 지원하는 세 가지 유용한 클라우드 네이티브 오케스트레이터다. 테라폼은 처음부터 코드로서의 인프라를 개발하기 위한 클라우드에 구애받지 않는 도구이고, 패커는 변경 불가능한 아티팩트 개발을 위한 머신 이미지를 생성하는 데 사용되며, 앤서블은 구성 관리 도구다.

Azure와 관련 기술에 대한 기본적인 이해를 기반으로 3장으로 넘어간다. 3장에서는 컨테이너, 컨테이너 레지스트리 및 애플리케이션 컨테이너화에 관해 알아본다.

애플리케이션 컨테이너화: Box 그 이상

지난 몇 년 동안 컨테이너는 인기를 얻었다. 컨테이너는 낮은 오버헤드, 상당한 보안과 높은 이식성을 제공할 뿐만 아니라 불변성, 임시성, 오토스케일링과 같은 클라우드의 모범 사례 원칙을 따른다.

3장에서는 컨테이너가 무엇인지 설명하며, 인기 있는 컨테이너화 플랫폼에 대해 논의한다. 또한 일반적인 업계의 과장 광고를 살펴보고 컨테이너를 사용하는 이유를 설명한다. 특히 클라우드의 몇 가지 이점을 강조한다.

왜 컨테이너인가?

컨테이너는 호스트 운영체제 위에서 실행되고 일반적으로는 도커(3장 뒷부분에서 논의할 것이다)나 쿠버네티스(그림 3-1 참조)와 같은 소프트웨어를 사용해 오케스트레이션된다.

컨테이너의 가장 중요한 이점 중 하나는 가상 머신처럼 격리isolation를 제공하지만, 각 컨테이너에 대해 호스트 운영체제 인스턴스를 실행하는 오버헤드가 없다는 것이다. 규모가 커지게 되면, 상당한 양의 시스템 리소스를 절약할 수 있다.

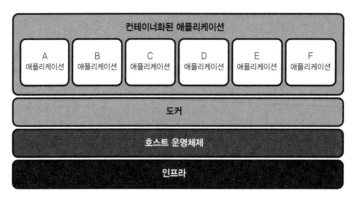

그림 3-1 컨테이너 운영 패러다임

격리

컨테이너는 관리자가 유연하게 구성할 수 있는 다양한 방법을 통해 격리를 제공한다. 컨테이너는 다음과 같은 방법으로 격리할 수 있다.

시스템 리소스

> 격리는 CPU, 메모리 및 디스크 cgroup을 통해 이뤄진다.

네임스페이스

> 격리는 각 컨테이너에 대해 별도의 네임스페이스를 할당해 이뤄진다.

POSIX 제한

> 이 방법으로 격리하면 컨테이너에 rlimits를 설정할 수 있다.

이러한 메커니즘을 사용하면 리소스 경합이나 시스템 간 방해할 염려 없이 여러 워크로드를 안전하게 실행할 수 있다. 컨테이너 오케스트레이터가 있는 경우, 성능 저하 없이 호스트 시스템의 모든 리소스를 효율적으로 활용할 수 있다(bin packing이라고 한다). 규모에 맞게 잘 수행하면 인프라 효율성을 높이면서도 상당한 비용 절감 효과를 얻을 수 있다.

보안

컨테이너 격리 기능을 정의하고 있는 OCI 컨테이너 런타임 스펙(https://oreil.ly/dZ6GT) (3장 뒷부분에서 설명한다)은 컨테이너 내부의 애플리케이션이 손상되는 경우 네트워크에서의 측면 이동[1] 위험을 크게 줄일 수 있는 많은 런타임 보안 기능을 제공한다.

이러한 기능 중 일부는 다음과 같다.

리눅스 기능

컨테이너의 커널 API 액세스를 줄인다.

사용자/그룹 속성

컨테이너의 사용자 및 그룹 속성을 설정해 파일 시스템 리소스에 대한 액세스를 제한할 수 있다.

기기(Devices)

컨테이너가 액세스할 수 있는 장치를 제어한다.

SELinux 레이블

Linux 시스템의 다른 컴포넌트(파일, 프로세스, 파이프)와 마찬가지로 SELinux 레이블은 컨테이너에 적용할 수 있다.

Sysctl

이렇게 하면 컨테이너에 (제한적으로) 추가적인 컨트롤이 추가된다.

런타임 계층의 보안 기능은 호스트 인프라와 애플리케이션에 대한 위험을 현저히 감소시키면서도 애플리케이션을 배포하는 중요한 관리 방법을 제공한다. 컨테이너 에코시스템에는 아티팩트 보안 패러다임 제품군도 있으며, 이에 대해서는 3장 뒷부분에서 다룰 것이다.

---

[1] 측면 이동(Lateral Movement)은 사이버 킬 체인(Cyber Kill Chain) 단계 중 하나로 공격자가 초기 침투 이후 장악하는 대상을 늘려나가는 과정을 의미한다. – 옮긴이

오케스트레이션 메커니즘(Puppet/Chef 등)을 통해 시스템 정책을 적용하려는 경우, 컨테이너가 제공하는 기능을 사용하는 것보다 애플리케이션별로 구현하는 것이 훨씬 더 많은 작업이 들어간다.

패키징과 배포

이 책의 뒷부분에서 논의하겠지만 컨테이너 이미지의 표준화와 이미지의 이식성은 매우 유용하다. 데스크톱에서 실행 중인 컨테이너를 운영 환경에 배포하는 것은 중요한 운영 오버헤드가 발생하거나 추가 구성과 어드민 작업을 수행할 필요가 없을 정도로 비교적 간단하다. 도커의 구호^{mantra}는 "Build, ship, and run"으로, 컨테이너화가 소프트웨어 개발 수명 주기에 영향을 끼친 desktop-to-production 사고방식을 강조한다.

또한 3장의 뒷부분에서 논의할 이미지의 OCI 스펙을 고려할 때, 컨테이너 레지스트리를 사용할 수 있는 한 배포 시스템은 문제없을 것이라고 확신할 수 있다.

기본 컨테이너 기본 요소

컨테이너가 Linux에서 중요한 개념이 아니라는 사실에 놀랄 수도 있다. 사실 2017년 OCI 스펙이 만들어질 때까지(https://oreil.ly/77ITn) 컨테이너에 대한 공식적인 정의가 없었다(스펙에 관한 자세한 내용은 3장 뒷부분에서 설명한다). 기본 컨테이너는 일반적으로 다음과 같은 기본 요소로 구성된다.

- Cgroups
- Namespaces
- Copy on Write^{CoW}
- Seccomp-BPF

Linux 컨테이너는 FreeBSD jails[2], Solaris zone 및 가상 머신과 같은 유사한 기술의 자연스러운 진화다. 여러 면에서 컨테이너는 이러한 기술의 장점을 결합했다.

컨테이너는 기본 요소 개념이 아니기 때문에 여러 컨테이너 소프트웨어 플랫폼을 사용할 수 있다. 3장 뒷부분에서 살펴본다. 지금은 각각의 기본 컨테이너 기본 요소를 살펴본다.

Cgroup

제어 그룹^{cgroup}은 cgroup 내의 프로그램 그룹이 액세스/할당할 수 있는 리소스를 제한하는 기능을 제공하는 Linux 기본 요소다. 이는 "시끄러운 이웃$^{noisy\ neighbor}$" 문제를 해결한다. 다음은 cgroup이 제공하는 컨트롤 목록이다.

CPU

CPU 서브 시스템 제어를 사용하면 특정 CPU 사용 시간(cpuacct)이나 특정 코어 수 (cpuset)를 cgroup에 할당할 수 있기 때문에, 한 프로세스가 물리적 시스템의 모든 CPU 리소스를 차지하지 않도록 할 수 있다.

메모리

메모리 서브 시스템을 사용하면 cgroup에서 메모리 사용을 제한하고 사용되는 리소스 보고서를 생성한다. 사용자 메모리와 스왑 메모리 양쪽에서 작동한다.

Blkio

blkio(block-i-o로 발음) 컨트롤러 서브 시스템은 cgroup에서 블록 장치로의 IOPS (초당 입/출력 작업)나 대역폭(bps)을 제한하는 메커니즘을 제공한다.

PID

PID(프로세스 식별자) 컨트롤러는 cgroup에서 실행할 수 있는 최대 프로세스 수를 설정한다.

---

2   자세한 사항은 https://admion.net/how-to-manage-jail/을 참고한다. – 옮긴이

기기(Devices)

cgroup v1에만 적용할 수 있으며, 관리자는 cgroup이 호스트 시스템에서 액세스할 수 있는 장치의 허용/거부 목록을 설정할 수 있다.

네트워크

네트워크 분류기(net_cls) cgroup은 클래스 식별자(classid)로, 네트워크 패킷에 태그를 지정하는 인터페이스를 제공한다.

네트워크 우선순위(net_prio) cgroup은 다양한 애플리케이션에서 발생하는 네트워크 트래픽의 우선순위를 동적으로 설정하는 인터페이스를 제공한다.

최신 Linux 커널 버전의 eBPF(https://ebpf.io)에서는 대부분의 경우 네트워크 제어 기능을 제공한다.

Namespace

네임스페이스(https://oreil.ly/zG7JO)는 한 프로세스 그룹에는 한 세트의 리소스가 표시되고 다른 프로세스 그룹에는 다른 리소스 세트가 표시되도록 비계산noncompute 리소스를 제한할 수 있는 Linux의 기능이다. 이 글을 쓰는 시점에서 Linux에는 다음과 같은 네임스페이스 유형이 있다.

마운트(mnt)

컨테이너에서 사용할 수 있는 파일 시스템 마운트를 제어한다. 즉, 다른 마운트 네임스페이스의 프로세스가 디렉터리 계층 구조의 다른 보기view를 볼 수 있다는 것이다.

PID(pid)

컨테이너에 독립적으로 번호가 매겨진 PID 집합을 제공한다. 이는 자체 PID 네임스페이스가 있는 컨테이너 내의 첫 번째 프로세스의 PID가 1임을 의미한다. PID 1의 모든 하위 항목은 일반 Unix 시스템처럼 작동한다.

네트워크(net)

네트워크 인프라를 가상화할 수 있는 매우 유용한 기능이다. 각 네임스페이스에는 프라이빗 IP 주소 세트(https://oreil.ly/eVndv)와 자체 라우팅 테이블(https://oreil.ly/lddmv), 소켓(https://oreil.ly/tI1Bd) 목록, 연결 추적 테이블, 방화벽(https://oreil.ly/yAZgF) 및 기타 네트워크 관련 리소스가 있다.

프로세스 간 통신(ipc)

프로세스를 Linux 프로세스 간 통신(IPC)에서 분리한다. 예를 들어 파이프와 신호가 포함된다.

Unix Time Sharing(UTS)

단일 시스템이 서로 다른 프로세스에 대해 서로 다른 호스트(https://oreil.ly/ZGBIE) 및 도메인 이름(https://oreil.ly/5hnkt)을 갖는 것처럼 보이도록 허용한다.

사용자 ID(User ID)

PID 네임스페이스와 유사하다. 전체 시스템이 아닌 컨테이너 내에서 상승된 권한을 가질 수 있다. 사용자 네임스페이스로 네임스페이스 간의 사용자 식별 분리를 할 수 있다. 사용자 네임스페이스에는 컨테이너의 관점에서 시스템의 관점으로 사용자 ID를 변환하는 매핑 테이블이 포함돼 있다. 예를 들면 이를 통해 루트 사용자는 컨테이너에 사용자 ID 0을 가질 수 있지만, 소유권 확인을 위해 시스템에서 사용자 ID 1,400,000으로 처리할 수 있다.

Control group(cgroup)

프로세스가 구성원인 제어 그룹(https://oreil.ly/rrv3c)의 ID를 숨긴다(이는 cgroup 기본 요소는 별개다).

시간(time)

프로세스가 UTS 네임스페이스와 유사한 방식으로 다른 시스템 시간을 볼 수 있도록 한다.

Copy on Write

CoW^Copy on Write는 리소스가 수정(또는 쓰기)될 때만 메모리를 복사하는 메모리 관리 기술이다. 이 기술은 필요한 메모리 양을 줄인다.

Capabilities

Linux capabilities를 사용하면 관리자가 호스트 시스템에서 프로세스나 cgroup이 갖는 기능을 더욱 엄격하게 제어할 수 있다. 매뉴얼 페이지 capabilities(7)(https://oreil.ly/VMEN4)에서 capabilities 목록을 확인할 수 있다. 예를 들어 포트 80에서 웹 서버를 실행하려면 cgroup/process에 `CAP_NET_BIND_SERVICE` capability만 제공하면 된다. 웹 서버가 손상된 경우 프로세스에 다른 관리 명령을 수행할 수 있는 시스템 권한이 없기 때문에 공격자의 작업이 제한된다.

Seccomp-BPF

Seccomp^SECure COMPuting는 시스템 전반에 걸쳐 절대적 제한을 만드는 데 유용하다. Seccomp-BPF는 애플리케이션별로 세분화된 제어가 가능하며, (strict 모드에서) 스레드별 세분화된 제어가 가능하다. 버전 3.5(2012)에서 커널에 추가됐다.

Seccomp-BPF를 사용하면 BPF^Berkeley Packet Filter 프로그램(커널 공간에서 실행되는 프로그램)이 시스템 호출(및 해당 인수)을 필터링하고 Seccomp-BPF 프로그램이 종료된 후 발생하는 값을 반환할 수 있다.

컨테이너 실행의 컴포넌트

3장 앞부분에서 논의한 것처럼, 컨테이너는 Linux에서 핵심 개념이 아니므로(Linux 컨테이너 기본 요소가 없음) 정의하기가 어렵다. 즉, 과거에는 컨테이너를 이식하는 것이 어려웠다. 그럼에도 컨테이너를 실행하려면 컨테이너 구성과 운영체제 소프트웨어 (또는 호스트 소프트웨어) 사이에 일종의 정의된 인터페이스가 필요하다.

이 절에서는 컨테이너 런타임(컨테이너를 실행하는 소프트웨어), 컨테이너 플랫폼 및 컨테이너 오케스트레이터 등 컨테이너 소프트웨어의 세부 사항에 대해 설명한다.

먼저 컨테이너 에코시스템의 추상화 계층을 간단히 살펴본다(그림 3-2).

그림 3-2 컨테이너 추상화 계층

이 절에서는 이러한 추상화 계층을 위에서 아래로 살펴보고 깔끔하게 오케스트레이션된 컨테이너에서 컨테이너가 작동할 수 있도록 하는 낮은 수준의 Linux 개념에 이르기까지 작업하는 방법을 확인한다.

컨테이너 오케스트레이터

맨 위 계층에는 컨테이너를 매력적으로 만드는 컨테이너 에코시스템의 오토스케일링, 인스턴스 교체 및 모니터링을 관리하는 마법을 수행하는 컨테이너 오케스트레이터가 있다. 4장과 5장에서 논의하겠지만 쿠버네티스는 CNCF의 점진적 스케줄링과 오케스트레이션 플랫폼이다.

컨테이너 오케스트레이터는 일반적으로 다음 기능을 제공한다.

- 인스턴스 로드에 따른 클러스터 인스턴스 오토스케일링

- 인스턴스 프로비저닝 및 배포

- 기본 모니터링 기능

- 서비스 검색

그밖에 다음과 같은 CNCF 컨테이너 오케스트레이터가 있다.

- AKS^Azure Kubernetes Service

- Azure Service Fabric

- Amazon Elastic Container Service[ECS]

- 도커 스웜[Docker Swarm]

- 아파치 메소스[Apache Mesos]

- HashiCorp Nomad

좋은 컨테이너 오케스트레이터를 사용하면 컴퓨팅 클러스터를 간단하게 구축하고 유지 관리할 수 있다. 이 글을 쓰는 시점에서는 컨테이너 오케스트레이터에 대한 표준 구성 이 없다.

컨테이너 소프트웨어

오케스트레이터 바로 아래에 있는 컨테이너 데몬은 데몬을 실행하는 소프트웨어를 제 공한다. 사용 중인 오케스트레이터에 따라 투명성을 가진다. 기본적으로 컨테이너 데몬 은 컨테이너 런타임의 수명 주기를 관리한다. 대부분의 경우 이것은 컨테이너를 시작하 거나 중지하는 것처럼 간단하지만 실리움[Cilium](이 부분에 관해서는 8장에서 설명한다)과 같 은 플러그인과 상호작용할 경우엔 복잡하다.

일반적인 컨테이너 소프트웨어 플랫폼에는 다음이 포함된다.

- 도커

- 메소스 에이전트(Mesos)

- Kubelet(쿠버네티스)

- LXD(LXC)

- Rkt

3장의 뒷부분에서 논의하겠지만, 도커를 사용하면 이미지를 가져온 다음 컨테이너 인 스턴스를 생성할 수 있으며 기본적으로 사용자 인터페이스를 오케스트레이션되지 않은 작업으로 제공한다. 메소스 에이전트 또는 kubelet은 CLI 또는 REST API에 의해 구동 된다는 점에서 약간 다르다.

컨테이너 런타임

컨테이너 런타임은 컨테이너 인스턴스를 실행하기 위한 인터페이스를 제공한다. 업계에서 보면 인터페이스에는 두 가지 범주의 표준이 있다.

- 컨테이너 런타임^{runtime-spec}
- 이미지 스펙^{image-spec}

컨테이너 런타임은 컨테이너의 구성(예: 기능, 마운트, 네트워크 구성)을 지정한다. 이미지 스펙에는 파일 시스템 레이아웃과 이미지 내용에 대한 정보가 포함돼 있다.

각 컨테이너 데몬이나 오케스트레이터에는 고유한 구성 스펙이 있지만, 컨테이너 런타임은 이미지 전반에 걸쳐 표준이 있는 영역 중 하나다.

가장 중요한 세 가지 컨테이너 런타임은 다음과 같다.

- Containerd
- CRI-O
- 도커(Kubernetes v1.2까지)

Containerd

Containerd는 도커에서 사용되는 OCI 호환 컨테이너 런타임이다. Containerd는 컨테이너를 작동시키는 모든 Linux 시스템 호출과 컨테이너를 구성하는 표준 OCI 구성 사이의 추상화 계층 역할을 한다. Containerd에는 etcd와 같은 다른 시스템이 시스템 변경 사항을 구독하고 그에 따라 작동할 수 있도록 하는 이벤트 서브 시스템을 가지고 있다. 특히, Containerd는 OCI와 도커 이미지 형식을 모두 지원한다. "Containerd란 무엇인가?(https://oreil.ly/X6tog)"는 더 많은 정보를 제공하고 있는 훌륭한 게시물이다.

CRI-O

CRI-O는 OCI 호환 런타임인 쿠버네티스 CRI^{Container Runtime Interface}(https://oreil.ly/ew1G5)의 구현체다. 도커와 containerd의 경량화된 대안으로 고려되기도 한다. 또한

CRI-O는 Kata Containers(VMware에서 만든 가상 머신과 유사한 컨테이너) 실행을 지원하며, 다른 모든 OCI 호환 런타임으로 확장할 수 있다. 따라서 다양한 사례에 사용할 수 있는 매력적인 런타임이다.

도커

완전한 도커 플랫폼과 혼동하지 않도록, 도커에는 실제로 아이러니하게도 기본적으로 컨테이너화된 런타임 엔진을 포함하고 있다. 쿠버네티스는 Kubernetes v1.20 릴리스(https://oreil.ly/1jUM1)까지 컨테이너 런타임으로 도커를 지원했다.

컨테이너

컨테이너 인스턴스는 컨테이너 스펙에 의해 정의된 소프트웨어의 배포와 운영이다. 컨테이너는 여러 설정과 제한에 의해 정의된 소프트웨어(일반적으로 이미지에 의해 제공된다)를 실행한다.

운영체제

운영체제는 컨테이너가 실행되는 가장 낮은 구성 요소다. 대부분의 컨테이너 런타임에서 커널은 모든 컨테이너 인스턴스 간 공유된다.

오픈 컨테이너 이니셔티브 스펙

앞서 언급했듯이 컨테이너는 처음부터 잘 정의된 개념이 아니었다. 오픈 컨테이너 이니셔티브[OCI](https://opencontainers.org)는 앞서 언급한 런타임(https://oreil.ly/QNMkq)과 이미지(https://oreil.ly/ZHY8z) 스펙을 공식화하기 위해 2015년에 설립됐다.

컨테이너의 런타임 구성은 컨테이너 런타임에서 컨테이너의 작동 매개변수를 구성하는 데 사용되는 config.json 파일에 명시된다. OCI 호환 컨테이너를 사용하면 동일한 컨테이너 이미지/구성을 아무것도 수정할 필요 없이 여러 컨테이너 오케스트레이터(예: 도커와 Rkt)에서 실행할 수 있다.

OCI 이미지 스펙

OCI 이미지 스펙(https://oreil.ly/ZHY8z)은 컨테이너의 계층이 정의되는 방법을 설명한다. 다음은 이미지 속성의 일부다.

- 작성자

- 아키텍처 및 운영체제

- 컨테이너를 실행할 사용자/그룹

- 컨테이너 외부에 노출되는 포트

- 환경 변수

- 진입점 및 명령

- 작업 디렉터리

- 이미지 레이블

다음은 컨테이너 이미지의 예시이다.

```
{
  "created": "2021-01-31T22:22:56.015925234Z",
  "author": "Michael Kehoe <michaelk@example.com>",
  "architecture": "x86_64",
  "os": "linux",
  "config": {
    "User": "alice",
    "ExposedPorts": {
      "5000/tcp": {}
    },
    "Env": [
      "PATH=/usr/local/sbin:/usr/local/bin:/usr/sbin:/usr/bin:/sbin:/bin",
    ],
    "Entrypoint": [
      "/usr/bin/python"
    ],
    "Cmd": [
      "app.py"
```

```
    ],
    "Volumes": {
      "/var/job-result-data": {},
      "/var/log/my-app-logs": {}
    },
    "WorkingDir": "/app,
    "Labels": {
      "com.example.project.git.url": "https://example.com/project.git",
      "com.example.project.git.commit": "45a939b2999782a3f005621a8d0f29aa387e1d6b"
    }
  },
  "rootfs": {
    "diff_ids": [
      "sha256:c6f988f4874bb0add23a778f753c65efe992244e148a1d2ec2a8b664fb66bbd1",
      "sha256:5f70bf18a086007016e948b04aed3b82103a36bea41755b6cddfaf10ace3c6ef"
    ],
    "type": "layers"
  },
  "history": [
    {
      "created": "2021-01-31T22:22:54.690851953Z",
      "created_by": "/bin/sh -c #(nop) ADD File:a3bc1e842b69636f9df5256c49c5374fb4eef1e
      281fe3f282c65fb853ee171c5 in /"
    },
    {
      "created": "2021-01-31T22:22:55.613815829Z",
      "created_by": "/bin/sh -c #(nop) CMD [\"sh\"]",
      "empty_layer": true
    }
  ]
}
```

OCI 런타임 스펙

런타임 구성 스펙은 상위 수준에서 다음과 같은 컨테이너 속성에 대한 제어를 제공한다.

- 기본 파일 시스템

- 네임스페이스

- 사용자 ID와 그룹 ID 매핑

- 장치

- 제어 그룹 구성

- Sysctl

- Seccomp

- Rootfs 마운트

- 마스크 및 읽기 전용 경로

- 마운트 SELinux 레이블

- 후크[Hook] 명령

- 기타 특수 속성(예: 특성, 통합, 및 인텔 RDT)

또한 OCI 스펙은 컨테이너의 상태를 정의하는 방법과 컨테이너의 수명 주기를 다룬다 (https://oreil.ly/QNMkq). 컨테이너의 상태는 상태 함수(containerd에서 in과 runc)로 쿼리하며 다음 속성을 반환한다.

```json
{
  "ociVersion": "0.2.0",
  "id": "oci-container1",
  "status": "running",
  "pid": 4422,
  "bundle": "/containers/redis",
  "annotations": {
    "myKey": "myValue"
  }
}
```

OCI 컨테이너의 수명 주기(https://oreil.ly/bJWIg)는 런타임 스펙이 이미지 스펙과 상호작용하는 방식을 포함해 모든 런타임 스펙을 함께 제공한다. 컨테이너가 시작되고 구성되는 방법, 그리고 나서 이미지 시작/중지 후크와 상호작용하는 방법을 정의한다.

도커

도커(https://docker.com)는 사용자가 데스크톱에서 컨테이너형 애플리케이션을 단순하고 표준화된 방식으로 실행할 수 있도록 지원하는 PaaS^{Platform as a Service}를 제공한다. 도커는 OCI와 호환되는 이미지를 실행하며, 운영 환경에 배포하기 전에 코드 배포를 테스트하는 수단으로도 종종 사용된다. 또한 도커의 데스크톱 소프트웨어는 개발자에게 코드 패키징과 배포를 테스트할 수 있는 손쉬운 메커니즘을 제공하기 때문에 개발자에게 매력적이다.

첫 번째 도커 이미지 빌드

도커 이미지 자체는 도커와 도커 런타임^{containerd}을 지원하는 시스템에서 실행되는 비OCI 호환 이미지(해당 구조는 OCI 스펙과 다르다)이다. 도커 이미지의 장점은 빠르고 간단하게 생성할 수 있다는 점이다. 각 컨테이너 이미지는 도커파일^{Dockerfile}에 의해 정의된다. 이 파일은 이미지를 빌드하고, 애플리케이션을 실행하고, 네트워크에 노출하며, 상태 확인을 수행하기 위한 속성과 명령으로 구성된다. 컨테이너 이미지에 복사되는 종속성과 파일뿐만 아니라 컨테이너 내에서 애플리케이션을 시작하기 위해 실행되는 명령도 정의한다. 도커 이미지를 간단한(필수적인) 셸 스크립트와 같은 형식(명령어 뒤에 명령어를 실행하는)으로 빌드하는 이러한 접근 방식은 RPM이나 DEB(또는 tarball)에서 고통스러운 패키지 관리나 번들 애플리케이션을 처리하는 개발자들이 선호했다.

도커는 전체 구성에 대한 참조(https://oreil.ly/0vUIt)를 제공하고 있으며, 자체 컨테이너를 구축하는 데 도움이 된다.

나만의 컨테이너 만들기
컨테이너가 어떻게 작동하는지 이해하는 가장 좋은 방법은 자신만의 기본 컨테이너를 만드는 것이다. rubber-docker 워크샵(https://oreil.ly/3DfJe)을 사용해보길 권장한다. 컨테이너의 기본 컴포넌트와 구현 방법에 대해 살펴볼 수 있다.

도커파일은 복잡하게 설정할 수도 있지만, 단 몇 줄만으로도 이미지를 만들 수 있다. 다음 예제에서는 Python Flask 웹 애플리케이션을 실행해 포트 5000을 노출하는 것을 보여준다.

1. requirements.txt 파일을 생성한다.

```
Flask >2.0.0
```

2. app.py 파일을 생성한다.

```python
from Flask import flask

app = Flask(__name__)

@app.route('/')
def index():
    return "Hello, World"
```

3. Dockerfile이라는 도커파일을 생성한다.

```dockerfile
FROM ubuntu:18.04     ❶
COPY . /app     ❷
WORKDIR /app     ❸
RUN pip3 install -r requirements.txt     ❹
ENTRYPOINT ["python3"]     ❺
CMD ["app.py"]     ❻
EXPOSE 5000     ❼
```

❶ 사용할 기본 이미지를 가져온다. 이 경우에 도커 허브 레지스트리에서 Ubuntu 18.04를 사용한다.

❷ 현재 디렉터리를 app이라는 새 이미지 디렉터리에 복사한다.

❸ 현재 작업 디렉터리를 /app으로 설정한다.

❹ pip를 사용해 애플리케이션의 정의된 종속성을 설치한다.

❺ 엔트리포인트 애플리케이션을 python3로 설정한다(이는 Docker/Python 모범 사례다).

❻ app.py를 실행해 애플리케이션을 시작한다.

❼ 컨테이너 외부에 포트 5000 서비스를 노출한다.

전체적으로 보면 이 컨테이너 이미지는 애플리케이션을 복사한 다음 애플리케이션의 요구 사항을 설치하고 자체적으로 시작하며 포트 5000(기본 Flask 포트)에서 네트워크 연결을 허용한다.

사용자나 다른 애플리케이션이 컨테이너에 액세스할 수 있도록 도커파일에는 컨테이너 네트워크 스택이 런타임에 지정된 포트에서 수신 대기할 수 있도록 하는 EXPOSE (https://oreil.ly/orq5d) 지시자가 포함돼 있다. 네트워크 연결에 대해서는 8장에서 설명할 것이다.

 도커파일은 기술적으로 컨테이너 런타임과 이미지 스펙을 합친 것이다. 이미지 내용과 실행 방식(예: CPU 또는 메모리 cgroup 제한)에 대한 의미 체계를 제공하기 때문이다.

도커파일을 만든 후에는 docker build 명령을 사용해 컨테이너 이미지를 빌드할 수 있다. 이 작업은 일반적으로 현재 파일 경로(예: docker build)에서 수행되지만 URL(예: docker build https://github.com/abcd/docker-example)을 사용할 수도 있다. docker build 사용 방법에 대한 전체 참조 문서(https://oreil.ly/uCDIy)에서 확인할 수 있다.

이미지를 빌드할 때 나중에 빠르고 쉽게 참조할 수 있도록 이미지에 대한 태그를 만들어야 한다. 빌드할 때 --tag 옵션을 추가해 이를 수행할 수 있다.

```
docker build --tag example-flask-container
```

docker build를 실행하면 다음과 유사한 출력이 표시된다.

```
[internal] load build definition from Dockerfile
=> transferring dockerfile: 203B
[internal] load .dockerignore
=> transferring context: 2B
[internal] load metadata for docker.io/library/ubuntu:18.04
[1/6] FROM docker.io/libraryubuntu:18.04
[internal] load build context
=> transferring context: 953B CACHED
[2/6] WORKDIR /app
```

```
[3/6] COPY requirements.txt requirements.txt
[4/6] RUN pip3 install -r requirements.txt
[5/6] COPY . .
[6/6] CMD [ "python3", "app.py"]
exporting to image
=> exporting layers
=> writing image sha256:8cae92a8fbd6d091ce687b71b31252056944b09760438905b726625831564c4c
=> naming to docker.io/library/example-flask-container
```

도커 사용 모범 사례

Twelve-Factor 앱(https://12factor.net)은 도커화된 애플리케이션과 클라우드 기반 애플리케이션의 여러 특성을 정의한다. 이는 애플리케이션이 문제를 일으키지 않고 배포, 시작, 중지 및 폐기될 수 있어야 한다는 것이다. 컨테이너 스토리지 솔루션에 대해 이 책의 뒷부분에서 설명할 것이지만, 영구 볼륨에서 데이터를 읽거나 클라우드 네이티브 데이터 서비스를 사용하지 않는 한 현실적으로 가능한 선에서 데이터를 보존하지 않도록 해야 한다(자세한 내용은 9장을 참조한다).

따라야 할 몇 가지 모범 사례가 더 있다.

- docker build 옵션(https://oreil.ly/RqjNp)을 활용한다. 이러한 옵션을 사용하면 도커 이미지를 사용자 지정해 cgroup 컨트롤, 태그, 네트워크 구성 등과 같은 기능을 추가할 수 있다.

- .dockerignore 파일을 활용한다. .gitignore와 유사하게 .dockerignore는 특정 파일이나 폴더가 이미지 빌드에 포함되지 않도록 한다.

- 복잡성, 종속성, 파일 크기와 빌드 시간을 줄이려면 추가 패키지나 불필요한 패키지를 설치하지 않는다.

- 다단계[multistage] 빌드를 사용한다(https://oreil.ly/ONlyS). 애플리케이션을 컴파일하기 위해 종속성을 설치해야 하는 경우, 이미지 빌드 과정 중에 이 작업을 수행할 수 있지만, 컨테이너 이미지에 결과만 복사할 수 있다. 이렇게 하면 이미지 빌드의 크기가 줄어든다.

도커 웹사이트(https://oreil.ly/PeUBE)에서 도커파일 모범 사례에 대한 자세한 정보를 찾을 수 있다.

다른 컨테이너 플랫폼

도커 플랫폼과 OCI 이미지는 여전히 업계 선두주자이지만 여전히 많은 다른 컨테이너 제품들이 있다.

카타 컨테이너

카타 컨테이너^{Kata Containers}는 보안 강화를 목표로 하는 OCI 호환 컨테이너다. 카타 컨테이너에는 다음과 같은 경량 컨테이너 기능이 있다.

- Cgroups

- 네임스페이스

- 기능 필터

- Seccomp 필터링

- 필수 액세스 제어

카타 컨테이너는 또한 일부 가상 머신 개념, 특히 컨테이너당 별도의 게스트 커널과 더나은 하드웨어 격리를 보유하고 있다. `kata-runtime` 프로세스는 OCI 호환 컨테이너의 인스턴스화를 제어한다. 가장 큰 차이점은 컨테이너 인스턴스 간에 공유 커널 대신 컨테이너별로 별도의 게스트 커널이 있다는 것이다.

LXC와 LXD

LXC^{Linux Containers}(https://oreil.ly/lj7Gc)는 가장 초기에 출시된 컨테이너 메커니즘 중 하나다. LXC는 주로 커널의 cgroup 및 네임스페이스 기능과 표준 라이브러리 API 세트를 사용해 컨테이너를 제어한다.

LXD(https://oreil.ly/lYXYP)는 LXC API를 오케스트레이션하는 데 도움이 되는 컨테이너 관리 소프트웨어 및 도구다. LXD 데몬은 제공된 명령줄 도구를 사용하거나 직접 빌드할 수 있는 Unix 소켓/네트워크를 통해 REST API를 제공한다.

LXC와 LXD의 에코시스템은 개발과 배포 도구가 부족해 애플리케이션 개발보다는 실행 인프라에 더 중점을 두고 있다.

컨테이너 레지스트리

컨테이너 이미지를 구축한 후에는 이미지를 저장하고 제공할 장소가 필요하다. 이를 컨테이너 레지스트리라고 한다. 컨테이너 레지스트리는 DEB와 RPM 패키지 리포지터리에 필요한 까다로운 rsync 설정을 대체하는 간편한 배포 메커니즘과 내장된 복제 메커니즘으로 인해 인기가 높아졌다.

컨테이너를 배포할 때 컨테이너 배포 시스템은 레지스트리에서 호스트 시스템으로 이미지를 다운로드한다. 기본적으로 컨테이너 레지스트리는 고가용성 컨테이너 이미지 파일 서버(일부 보호 포함) 역할을 한다. 모든 공통 컨테이너화 플랫폼을 사용하면 공개 또는 비공개 리포지터리를 컨테이너 이미지의 소스로 구성할 수 있다.

이러한 책임은 당연하게 들릴지 모르지만, 안전한 컨테이너 배포의 중요한 부분인 컨테이너 레지스트리의 많은 기능을 간과하고 있다. 이러한 기능은 다음과 같다.

이미지 복제
    다른 컨테이너 레지스트리에 이미지 복제(전역)

인증
    인증된 사용자만 레지스트리 및 해당 내용에 액세스할 수 있도록 허용

역할 기반 액세스 제어
    레지스트리 내에서 이미지 및 데이터를 수정할 수 있는 사람을 제한

취약점 스캔

이미지에 알려진 취약점이 있는지 확인

가비지 컬렉션

정기적으로 오래된 이미지 제거

감사

정보 보안을 위해 컨테이너 레지스트리 변경에 대한 신뢰할 수 있는 정보 제공

현재 클라우드 네이티브 제품에는 다음이 포함된다(자세한 내용은 CNCF 랜드스케이프 (https://oreil.ly/nzdGw) 참조).[3]

- Harbor

- Dragonfly

- Alibaba Container Registry

- Amazon Elastic Container Registry(Amazon ECR)

- Azure Registry

- Docker Registry

- Google Container Registry

- IBM Cloud Container Registry

- JFrog Artifactory

- Kraken

- Portus

- Quay

---

3   이 주소는 https://landscape.cncf.io/card-mode?category=container-registry&grouping=category를 참고한다. – 옮긴이

이러한 시스템 중 상당수는 특정 공급자와 연결돼 있다. 그러나 Harbor는 가장 인기 있는 오픈소스 컨테이너 레지스트리 시스템 중 하나이므로 더 자세히 살펴보겠다.

Harbor로 안전하게 이미지 저장

Harbor는 최고의 오픈소스 클라우드 네이티브 컨테이너 레지스트리 플랫폼이다. 2016년에 만들어진 Harbor는 컨테이너 이미지를 저장하고 서명 및 보안 검색 기능을 제공한다. 또한 Harbor는 고가용성과 복제 기능은 물론 사용자 관리, 역할 기반 액세스 제어 및 활동 감사를 포함한 다양한 보안 기능을 지원한다. Harbor의 장점은 오픈소스임에도 최상위 기능을 제공하기 때문에 활용하기 좋은 플랫폼이라는 점이다.

Harbor 설치

Harbor를 활용할 경우 기본적으로 빌드 및 배포 파이프라인에서 중요한 컴포넌트가 된다. 다음 권장 스펙을 만족하는 호스트에서 실행해야 한다.

- Quad-core CPU

- 8GB 메모리

- 최소 160GB 디스크

- Ubuntu 18.04/CentOS7 이상

 원하는 성능과 일치하는지 디스크 SKU나 구성의 성능을 평가하고 싶을 것이다. Harbor는 기본적으로 파일 서버이며, 디스크의 성능은 빌드와 배포 시간에 상당한 영향을 준다.

Harbor는 쿠버네티스와 Helm을 포함해 다양한 설치 방법을 지원한다. 우리는 아직 쿠버네티스를 살펴보지 않았기 때문에 Harbor를 수동으로 설치할 것이다.

Harbor에는 두 가지 릴리스(또는 설치 유형)가 있다. 온라인 설치 프로그램과 오프라인 설치 프로그램이다. 온라인 설치 프로그램은 크기가 더 작으며 인터넷 연결을 사용해 도커 허브에서 전체 이미지를 다운로드한다(인터넷에 직접 연결한다). 오프라인 설치 프로그램은 크기가 더 크며 인터넷 연결이 필요하지 않다. 보안이 제한적인 경우 오프라인 설치 프로그램이 더 나은 선택일 수 있다.

Harbor 릴리스는 깃허브(https://oreil.ly/1BRQz)에 나열돼 있다.

설치 프로그램 확인

다운로드한 패키지의 무결성을 확인하는 것이 좋다. GPG 키 서버에 연결하려면 TCP/11371 포트에 대한 아웃바운드 인터넷 액세스를 열어야 한다. 설치 프로그램을 확인하려면 다음을 수행한다.

1. 설치 프로그램 버전에 해당하는 *.asc 파일을 다운로드한다.

2. Harbor 릴리스에 대한 공개 키를 얻는다.

   ```
   gpg --keyserver. hkps://keyserver.ubuntu.com --receive-keys 644FF454C0B4115C
   ```

3. 다음을 실행해 패키지를 확인한다.

   ```
   gpg -v -keyserver hkps://keyserver.ubuntu.com -verify <asc-file-name>
   ```

앞의 명령의 출력에서 gpg: Good signature from "Harbor-sign (The key for signing Harbor build)가 표시돼야 한다.

설치를 위해 Harbor 구성

Harbor를 구성하기 전에 자체 인증 기관(CA)이나 Let's Encrypt와 같은 퍼블릭 CA를 통해 SSL^{Secure Sockets Layer} 인증서를 설치해 HTTPS를 활성화해야 한다. 이를 수행하는 방법에 관한 자세한 정보는 Harbor 문서(https://oreil.ly/39ISm)에서 확인할 수 있다.

Harbor의 모든 설치 매개변수는 Harbor.yml이라는 파일에 정의돼 있다. 이 파일에 정의된 매개변수는 Harbor를 처음 사용하거나 install.sh 파일을 통해 재구성할 때 Harbor를 구성한다. 모든 구성 옵션에 대한 세부 정보는 깃허브(https://oreil.ly/x9TsD)에서 확인할 수 있다. 시작하려면 다음의 필수 매개변수(https://oreil.ly/86JTs)를 사용한다.

```
hostname: container-registry.example.com
```

```
http:
```

```
  # port for http, default is 80. If https enabled, this port will redirect to https port
  port: 80

https:
  port: 443
  certificate: /your/certificate/path
  private_key: /your/private/key/path

harbor_admin_password: Harbor12345

# DB configuration
database:
  password: root123
  max_idle_conns: 50
  max_open_conns: 100

# The default data volume
data_volume: /data

clair:
  updaters_interval: 12

jobservice:
  max_job_workers: 10

notification:
  webhook_job_max_retry: 10

chart:
  absolute_url: disabled

log:
  level: info
  local:
    rotate_count: 50
    rotate_size: 200M
    location: /var/log/harbor

proxy:
  http_proxy:
  https_proxy:
```

```
no_proxy: 127.0.0.1,localhost,.local,.internal,log,db,redis,nginx,core,portal, \
    postgresql,jobservice,registry,registryctl,clair
```

패커 이미지 구축

2장에서 얻은 지식을 사용해 Harbor를 배포하기 위한 패커 이미지를 구축할 것이다. 다음 Harbor.json 파일을 사용할 수 있다.

```json
{
  "builders": [{
    "type": "azure-arm",

    "client_id": "<place-your-client_id-here>",
    "client_secret": "<place-your-client_secret-here>",
    "tenant_id": "<place-your-tenant-id-here>",
    "subscription_id": "<place-your-subscription-here>",

    "managed_image_resource_group_name": "CloudNativeAzure-group",
    "managed_image_name": "harborImage",

    "os_type": "Linux",
    "image_publisher": "Canonical",
    "image_offer": "UbuntuServer",
    "image_sku": "16.04-LTS",

    "azure_tags": {
        "env": "Production",
        "task": "Image deployment"
    },

    "location": "East US",
    "vm_size": "Standard_DS1_v2"
  }],
  "provisioners": [{
    "execute_command": "chmod +x {{ .Path }}; {{ .Vars }} sudo -E sh '{{ .Path }}'",
    "inline": [
      "apt-get update",
      "apt-get upgrade -y",
      "/usr/sbin/waagent -force -deprovision+user && export HISTSIZE=0 && sync"
```

```
    ],
    "inline_shebang": "/bin/sh -x",
    "type": "shell"
  },
  {
  {
      "type": "shell",
      "inline": [
        "wget https://github.com/goharbor/harbor/releases/download/v2.1.3/ \
          harbor-online-installer-v2.1.3.tgz -O /tmp/harbor-online-installer-
          v2.1.3.tgz",
        "tar -xvf /tmp/harbor-online-installer-v2.1.3.tgz"
      ]
  },
  {
      "type": "file",
      "source": "{{template_dir}}/harbor.yml",
      "destination": "/tmp/harbor"
    },
    {
      "type": "shell",
      "inline": [
        "sudo chmod 0777 /tmp/harbor/install.sh",
        "sudo /tmp/harbor/install.sh"
      ]
    }
  ]
}
```

packer build Harbor.json을 실행하면 Harbor가 설치되고 구성된 이미지가 빌드된다. HTTPS를 사용하는 경우 (그리고 사용해야 하는 경우) 인증서와 개인 키 파일의 복사본을 포함하도록 패커 파일을 수정해야 한다.

Azure 컨테이너 레지스트리로 안전하게 이미지 저장

Azure는 Azure 컨테이너 레지스트리라고 하는 자체 컨테이너 레지스트리를 제공한다. 레지스트리는 Azure에서 제공하므로, 초기 설정과 지속적인 유지 관리에 있어서 Harbor와 같은 소프트웨어를 실행할 때보다 훨씬 적은 시간이 소요된다.

Azure 컨테이너 레지스트리 설치

컨테이너 인스턴스 배포는 매우 간단하다.

1. 그림 3-3과 같이 Azure 포털에 로그인하고 "Create a resource"를 클릭한다.

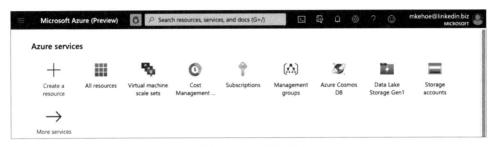

그림 3-3 Azure 포털 홈페이지

2. 검색창에서 "container registry"를 검색하고, Microsoft에서 제공하는 Container Registries를 클릭한다(그림 3-4 참조).[4]

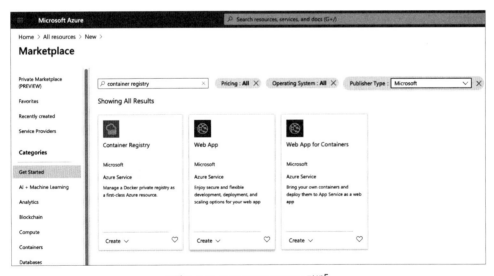

그림 3-4 Azure Container Registry 검색[5]

---

4 검색창에서 container registry를 치면 가장 상단에 Azure에서 제공하는 Container registries가 검색되며, 이를 선택한다. - 옮긴이
5 Marketplace에서 검색했을 때 화면이다. - 옮긴이

생성할 레지스트리에 대한 기본 정보를 입력하는 양식이 표시된다(그림 3-5).

그림 3-5 컨테이너 레지스트리 생성에 대한 첫 페이지

3. 다음의 컨테이너 레지스트리의 기본 세부 정보를 제공한다.

Subscription(구독)

배포할 구독을 선택한다.

Resource group(리소스 그룹)

기존 리소스 그룹을 사용하거나 새로 만들 수 있다. 이 경우, `rg-container-registry`라는 새 항목을 만든다.[6]

---

6   Resource group 항목을 선택할 수 있는 콤보 박스 아래에 Create new를 클릭하면 새 항목을 만들 수 있다. – 옮긴이

Registry name(레지스트리 이름)

이렇게 하면 레지스트리에 액세스하는 데 사용되는 URL이 구성된다. 우리는 cloudnativeinfra.azurecr.io를 사용할 것이다. 이 URL은 전 세계적으로 고유하므로 직접 선택하고 이미 사용됐다는 오류 메시지가 표시되지 않도록 해야 한다.

Location(위치)

리전을 선택한다. 우리는 East US 2 리전에 배포한다.

SKU

세 가지 계층을 사용할 수 있다. Container Registry 가격 책정 페이지(https://oreil.ly/smNPa)에서 비교할 수 있다. 우리는 Standard(표준) 등급을 사용할 것이다.

4. Networking네트워킹 구성을 선택한다(그림 3-6). 표준 계층을 사용하고 있기 때문에 여기서 구성을 변경할 수 없다. 따라서 생성될 컨테이너 레지스트리는 Azure 네트워크 내에서만이 아니라 인터넷을 통해 사용할 수 있다.

그림 3-6 컨테이너 레지스트리 네트워킹 구성

5. Encryption^{암호화} 구성을 선택한다(그림 3-7). 표준 계층은 저장된 데이터에 대해 미사용 시 암호화를 제공하며, 프리미엄 계층은 사용자가 자신의 암호화 키를 설정할 수 있다.

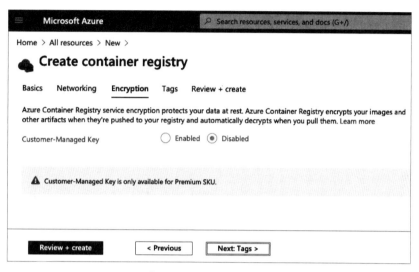

그림 3-7 컨테이너 레지스트리 암호화

6. Review + create^{검토 + 만들기}를 클릭해 컨테이너 레지스트리를 생성한다. 배포하는데 2분 미만이 소요된다.

프라이빗 엔드포인트

프라이빗 엔드포인트는 퍼블릭 IP 대신 RFC1918 주소 공간을 통해 클라우드 리소스를 사용할수 있도록 하는 Azure의 개념이다. 즉, 리소스는 인터넷이 아닌 로컬로 연결된 네트워크를 통해서만 사용할 수 있다.

테라폼을 통해 컨테이너 레지스트리를 배포하려는 경우, 다음 코드를 사용해 배포할 수있다.

```
resource "azurerm_resource_group" "rg" {
    name = "example-resources" location = "West Europe"
}
```

```
resource "azurerm_container_registry" "acr" {
    name = "containerRegistry1"
    resource_group_name = azurerm_resource_group.rg.name
    location = azurerm_resource_group.rg.location
    sku = "Premium"

    identity {
        type = "UserAssigned"
        identity_ids = [ azurerm_user_assigned_identity.example.id ]
    }
    encryption {
        enabled = true
        key_vault_key_id = data.azurerm_key_vault_key.example.id
        identity_client_id = azurerm_user_assigned_identity.example.client_id
    }
}

resource "azurerm_user_assigned_identity" "example" {
    resource_group_name = azurerm_resource_group.example.name
    location = azurerm_resource_group.example.location name = "registry-uai"
}

data "azurerm_key_vault_key" "example" {
    name = "super-secret"
    key_vault_id = data.azurerm_key_vault.existing.id
}
```

레지스트리에 도커 이미지 저장

이전에 논의한 바와 같이 컨테이너 이미지를 안정적으로 저장하고 제공할 수 있어야 한다. 사용자 지정 이미지를 구축했으면 레지스트리에 푸시해야 한다.

또한 이전에 논의한 것처럼 도커 레지스트리와 다양한 클라우드 공급자(예: Azure Container Registry)의 컨테이너 레지스트리를 포함해 이미지를 저장하기 위한 옵션은 다양하다. 이 경우 3장 앞부분에서 만든 Harbor 레지스트리를 활용한다.

먼저 레지스트리에 로그인한다.

```
$ docker login <harbor_address>
```

예를 들면,

```
$ docker login https://myharborinstallation.com
```

이제 이미지에 태그를 지정한다.

```
$ docker tag example-flask-container <harbor_address>/demo/example-flask-container
```

이제 이미지를 푸시한다.

```
$ docker push <harbor_address>/demo/example-flask-container
```

이 작업이 완료되면 Harbor는 이미지를 다운로드하는 모든 컨테이너에 이미지를 제공할 수 있다.

Azure에서 도커 실행

Azure에서는 Azure 컨테이너 인스턴스를 사용하거나 도커가 설치된 자체 가상 머신을 실행하는 두 가지 방법으로 도커 컨테이너 이미지를 실행할 수 있다. 이 절에서는 이 두 가지 방법을 모두 보여줄 것이다.

Azure 컨테이너 인스턴스

ACI^Azure Container Instances를 사용하면 기반 인프라를 관리할 필요 없이 Azure에서 컨테이너 인스턴스를 빠르게 시작할 수 있다. 이는 도커와 유사한 서비스를 제공하지만 퍼블릭 클라우드에서 제공된다. ACI를 사용하면 프라이빗이나 퍼블릭 리포지터리에서 Azure 컨테이너 레지스트리 이미지나 도커 이미지를 배포할 수 있다.

또한 ACI를 사용하면 컨테이너 이미지의 사용에 따라 이러한 인스턴스를 프라이빗이나 퍼블릭 네트워크에 배치할 수 있다.

ACI의 몇 가지 추가적인 기능은 다음과 같다.

- OCI 런타임 스펙을 구성할 필요가 없다.

- 컨테이너에 환경 변수를 전달하는 기능

- 기본 방화벽 관리

- 관리형 컨테이너 재시작 정책

간단히 말해서, ACI는 Azure에서 컨테이너 실행을 시작하는 가장 쉬운 방법이다! 또한 ACI는 완전히 분리된 환경이 없어도 새 컨테이너 이미지를 테스트할 수 있는 기능을 제공한다.

ACI를 실행할 때 주의해야 할 몇 가지 중요한 참고 사항이 있다.

- 단일 컨테이너 인스턴스에 대한 쿼드 코어/16GB 제한이 있다.

- CPU와 메모리에 대한 ACI 설정은 컨테이너 이미지에 적용한 모든 런타임 설정보다 우선한다.

Azure 컨테이너 인스턴스 배포

Azure 컨테이너 인스턴스 배포는 매우 간단하다. 먼저 그림 3-8과 같이 Azure 포털에 로그인한 다음 "Create a resource^{리소스 만들기}"를 클릭한다.

그림 3-8 Azure 포털 홈페이지

왼쪽에 있는 컨테이너를 클릭하면 컨테이너 관련 제품을 볼 수 있다(그림 3-9 참조). Container Instances컨테이너 인스턴스 링크를 클릭한다.

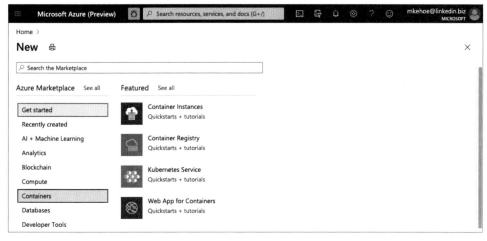

그림 3-9 컨테이너 제품 검색

생성할 컨테이너 인스턴스에 대한 기본 정보를 입력하는 양식이 표시된다(그림 3-10).

다음 필드를 채운다.

Subscription(구독)

배포할 구독을 선택한다.

Resource group(리소스 그룹)

기존 리소스 그룹을 사용하거나 새로 만들 수 있다. 여기서는 `rg-aci-test`라는 새 항목을 만든다.

Container name(컨테이너 이름)

컨테이너 인스턴스의 이름을 지정한다. 여기서는 `aci-demo`로 한다.

Region(지역)

리전을 선택한다. East US(미국 동부) 리전에 배포한다.

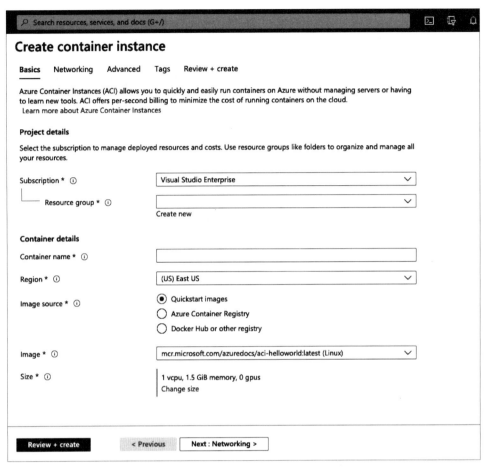

그림 3-10 Azure 컨테이너 인스턴스에 대한 기본 구성

Image source(이미지 원본)

여기에서 컨테이너 이미지를 선택한다. 세 가지 옵션이 제공된다.

- Quickstart image: Azure에서 제공하는 빠른 시작 이미지를 사용한다.

- Azure Container Registry: Azure 컨테이너 레지스트리에 업로드된 이미지를 사용한다.

- Other registry: Docker Hub 또는 다른 레지스트리에 업로드된 이미지를 사용한다. Harbor를 배포한 경우, 여기에서 구성할 수 있다. 여기서는 Nginx 빠

른 시작 이미지(https://oreil.ly/dOCN9)를 선택한다.[7]

Size(크기)

여기에서 원하는 가상 머신의 종류를 선택한다. 가상 머신이 클수록 실행하는 데 더 많은 비용을 지불해야 한다. 여기서는 "1 vcpu, 1.5GiB 메모리, 0 gpus" 구성을 실행할 것이다. 이는 하나의 가상 코어, 1GB의 메모리와 그래픽 카드가 없음을 의미한다.

이것이 구성되면 Next:Networking^{다음: 네트워킹} 버튼을 클릭해 네트워킹을 구성한다(그림 3-11).

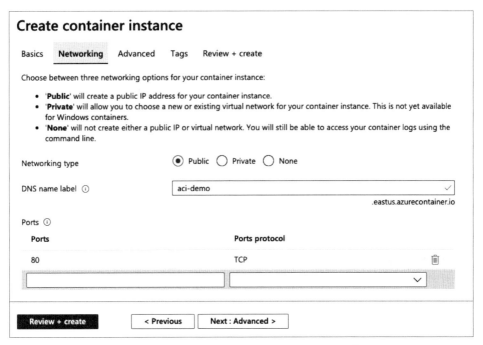

그림 3-11 Azure 컨테이너 인스턴스에 대한 네트워크 구성[8]

---

7   이 링크는 유효하지 않다. mcr.microsoft.com/oss/nginx/nginx:1.9.15-alpine (Linux)를 선택한다. – 옮긴이
8   현재 Azure 포털에서 제공하는 화면과는 다르다. 이 글을 번역하는 시점에서는 DNS name label scope reuse 항목이 추가됐으며, 이 예제에서는 기본값인 Tenant로 한다. – 옮긴이

이 데모에서는 인터넷에서 액세스할 수 있도록 컨테이너 인스턴스에 퍼블릭 IP를 할당한 다음 IP 주소에 aci-demo.eastus.azurecontainer.io의 DNS 이름을 지정할 것이다 (이에 대해 고유한 이름을 사용하고 싶을 것이다). 그런 다음 컨테이너 외부에서 TCP 또는 UDP 포트를 사용할 수 있도록 하는 옵션이 있다.

Nginx 컨테이너를 사용하고 있으므로 포트 80이 자동으로 열린다. 프라이빗 IP 주소를 사용하는 경우 가상 네트워크(또는 기존 네트워크 사용-)와 서브넷을 생성할 수도 있다.

Next : Advanced^{다음: 고급} 버튼을 클릭하면 오류 정책과 환경 변수를 다루기 위해 적용할 수 있는 몇 가지 다른 설정이 표시된다. 이 예에서는 변경하지 않을 것이다(그림 3-12).

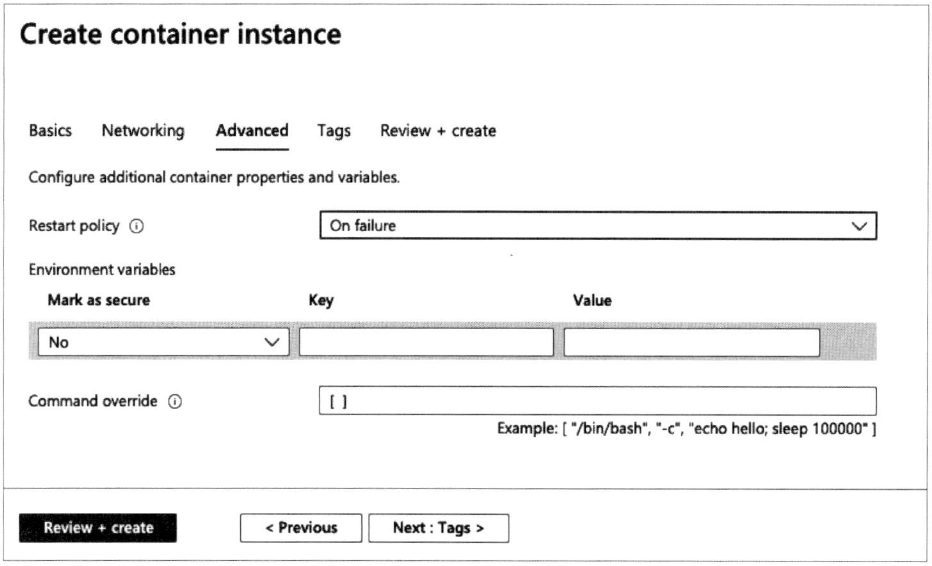

그림 3-12 Azure 컨테이너 인스턴스에 대한 고급 구성

마지막으로 Review + create^{검토 + 만들기}를 클릭하면 컨테이너 이미지가 생성된다. 빠른 시작 이미지를 배포하는 데 약 2분이 소요된다.

컨테이너가 배포되면, 인터넷 브라우저에서 컨테이너의 DNS 이름으로 이동해 "Welcome to nginx!" 배너(그림 3-13 참조)를 볼 수 있다. Azure 포털을 통해 콘솔로

인스턴스에 연결할 수도 있다.[9]

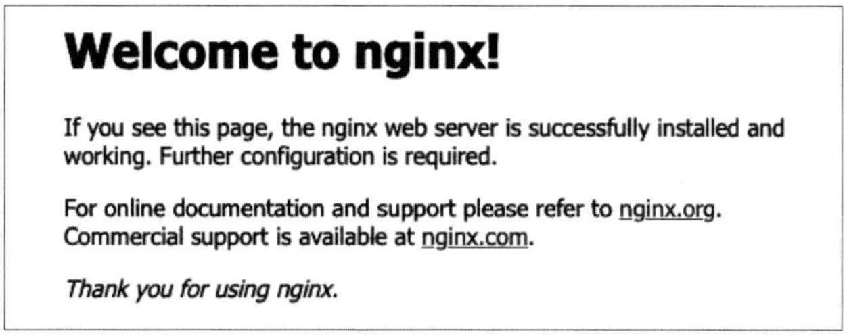

Welcome to nginx!

If you see this page, the nginx web server is successfully installed and working. Further configuration is required.

For online documentation and support please refer to nginx.org.
Commercial support is available at nginx.com.

Thank you for using nginx.

그림 3-13 Nginx 기본 환영 페이지

ACI 배포에 관한 자세한 내용은 Microsoft 설명서(https://oreil.ly/AoP7u)에서 확인한다.

도커 컨테이너 엔진 실행

컨테이너 환경을 더 세밀하게 제어하려면 자체 도커 컨테이너 엔진[CE]을 실행하는 것도 좋은 옵션이다. 하지만 이것은 도커가 실행되는 기반 가상 머신을 관리해야 하는 단점이 있다.

1. Azure 가상 머신에 Docker CE를 설치한다.

   Centos/Red Hat:

   ```
   $ sudo yum install -y yum-utils

   $ sudo yum-config-manager \
       --add-repo \
       https://download.docker.com/linux/centos/docker-ce.repo
   $ sudo yum install docker-ce docker-ce-cli containerd.io
   ```

   Debian/Ubuntu:

   ```
   $ sudo add-apt-repository \
       "deb [arch=amd64] https://download.docker.com/linux/ubuntu \
   ```

---

9   컨테이너의 DNS 이름은 컨테이너 인스턴스의 Overview(개요)에서 FQDN을 확인하면 된다. 다만 FQDN으로 접속 시 DNS 전파에 시간이 소요되며, IP 주소를 통해서는 바로 확인할 수 있다. – 옮긴이

```
    $(lsb_release -cs) \
    stable"
```

```
$ sudo apt-get update
$ sudo apt-get install docker-ce docker-ce-cli containerd.io
```

또 다른 옵션은 패커 이미지를 통해 Docker CE를 설치하는 것이다. 다음은 패커
구성의 예다.

```
{
  "builders": [{
    "type": "azure-arm",
    "client_id": "<place-your-client_id-here>",
    "client_secret": "<place-your-client_secret-here>",
    "tenant_id": "<place-your-tenant-id-here>",
    "subscription_id": "<place-your-subscription-here>",
    "managed_image_resource_group_name": "CloudNativeAzure-group",
    "managed_image_name": "DockerCEEngine",

    "os_type": "Linux",
    "image_publisher": "Canonical",
    "image_offer": "UbuntuServer",
    "image_sku": "16.04-LTS",

    "azure_tags": {
        "env": "Production",
        "task": "Image deployment"
    },

    "location": "East US",
    "vm_size": "Standard_DS1_v2"
  }],
  "provisioners": [{
      "execute_command": "chmod +x {{ .Path }}; {{ .Vars }} sudo -E sh '{{ .Path
      }}'",
      "inline": [
          "apt-get update",
          "apt-get upgrade -y",
          "/usr/sbin/waagent -force -deprovision+user && export HISTSIZE=0 &&
```

```
                sync"
          ],
          "inline_shebang": "/bin/sh -x",
          "type": "shell"
      },
      {
          "type": "shell",
          "inline": [
            "sudo apt-get remove docker docker-engine",
            "sudo apt-get install apt-transport-https ca-certificates curl \
              software-properties-common",
            "curl -fsSL https://download.docker.com/linux/ubuntu/gpg | sudo apt-
            key add \
              -sudo apt-key fingerprint 0EBFCD88",
            "sudo add-apt-repository "deb [arch=amd64] https://download.docker.
            com/ \
              linux/ubuntu $(lsb_release -cs) stable",
            "sudo apt-get update",
            "sudo apt-get -y upgrade",
            "sudo apt-get install -y docker-ce",

            "sudo groupadd docker",
            "sudo usermod -aG docker ubuntu",
            "sudo systemctl enable docker"
          ]
      }]
  }
```

2. Docker CE가 실행되면 다음을 실행해 컨테이너를 시작한다.

```
$ docker run -d <container-name>
```

3. 이전의 Flask 예제를 사용해 컨테이너를 시작할 수 있다.

```
$ docker run -d -p 5000:5000 http://myharborinstallation.com/demo/ \
  example-flask-container
```

4. curl localhost:5000/을 실행하면 "Hello, world"가 반환되는 것을 볼 수 있다.

요약

3장에서는 컨테이너 에코시스템을 구성하는 추상화 계층에 대해 간략하게 논의했다. 컨테이너 에코시스템은 이제 OCI 스펙과 쿠버네티스를 중심으로 확고하게 자리 잡으면서 확장되고 있으며, OCI 표준에 기반한 보안과 네트워크 제품이 확산되고 있다. 8장에서는 또 다른 컨테이너 표준인 CNI^{Container Network Interface}를 살펴보고 이를 컨테이너 네트워킹 설정에 활용하는 방법을 살펴본다.

## 4장

쿠버네티스 : 그랜드 오케스트레이터

모놀리식 애플리케이션이 마이크로서비스로 세분화됨에 따라, 컨테이너는 마이크로서비스의 사실상 표준이 됐다. 마이크로서비스는 클라우드 네이티브 아키텍처 접근 방식으로서 하나의 애플리케이션이 더 작고 느슨하게 결합된 독립적인 배포 가능한 컴포넌트나 서비스로 구성된다. 컨테이너는 다른 환경으로 이동 시 소프트웨어에 잘 맞게 실행되게 한다. 컨테이너를 통해 마이크로서비스는 다른 마이크로서비스와 함께 잘 동작하는 애플리케이션을 만든다.

모놀리식 애플리케이션을 더 작은 서비스로 나누면 하나의 문제는 해결되지만 심각한 다운타임 없이 애플리케이션을 관리하고 유지 보수하는 것, 다양한 마이크로서비스와의 네트워킹, 분산 스토리지 등과 같은 다양한 문제가 생긴다. 컨테이너는 기능 개발에 중점을 두고 빠르게 움직일 수 있는 작은 코드베이스로 애플리케이션을 분리하는 데 도움이 된다. 처음에는 관리할 컨테이너가 더 적기 때문에 관리하기 쉽다. 하지만 애플리케이션의 마이크로서비스 수가 증가하게 되면 컨테이너화된 마이크로서비스를 중단하거나 다운타임 없이 안전하게 스택에 디버깅, 업데이트하는 것은 거의 불가능하다.

다운타임 없이 자가 치유 환경을 만들기 위해 애플리케이션을 컨테이너화한 것은 첫 번째로 한 큰 발전이었다. 하지만 이 프랙티스는 특히 클라우드 네이티브 환경에서의 소프트웨어 개발과 딜리버리 측면에서 더욱 발전해야 했다. 이로 인해 메소스^{Mesos}, 도커스웜^{Docker Swarm}, 노마드^{Nomad}, 쿠버네티스와 같은 스케줄러와 오케스트레이터 엔진이 개발됐다. 4장과 5장에서 업계에서 널리 사용되는 쿠버네티스에 중점을 둘 것이다.

Google은 거의 10년 동안 내부 클러스터 관리 시스템인 Borg를 완벽하게 작업하고 학습한 다음에 쿠버네티스를 2014년에 세상에 소개했다. 간단히 말해 쿠버네티스는 오픈소스 컨테이너 오케스트레이션 시스템이다. 컨테이너 오케스트레이션이라는 용어는 클라우드와 같이 필요에 따라 시스템이 오가는 동적 환경에서 컨테이너를 관리하는 전체 수명 주기lifecycle를 의미한다. 컨테이너 오케스트레이터는 프로비저닝, 배포, 스케줄링, 리소스 할당, 확장, 로드 밸런싱, 컨테이너 상태 모니터링과 같은 다양한 작업을 자동화하고 관리한다. 2015년 Google은 쿠버네티스를 CNCFCloud Native Computing Foundation에 기부했다.

쿠버네티스(K8s라고도 함)는 컨테이너화된 애플리케이션의 배포, 확장성 및 유지 관리를 제공하기 때문에 가장 널리 채택된 클라우드 네이티브 솔루션 중 하나다. SRE(사이트 안정성 엔지니어)와 DevOps 엔지니어는 쿠버네티스를 통해 클러스터에서 여러 컨테이너에 걸쳐 있는 애플리케이션을 확장하고 장애 조치할 수 있도록 탄력적으로 클라우드 워크로드를 실행할 수 있다.

쿠버네티스를 왜 K8s라고 부를까?

쿠버네티스는 조타수 또는 배의 도선사를 의미하는 그리스어에서 파생됐다. 쿠버네티스는 K8s라고도 부르는데, K와 S사이에 8개의 문자("ubernete")를 8로 대체하면서 만들어졌다.

다음은 쿠버네티스가 제공하는 몇 가지 주요 기능이다.

자가 치유(Self-healing)

쿠버네티스의 가장 두드러진 기능 가운데 하나는 컨테이너가 충돌할 때 새로운 컨테이너로 스핀업하는 프로세스다.

서비스 디스커버리

클라우드 네이티브 환경에서 컨테이너는 하나의 호스트에서 다른 호스트로 이동한다. 컨테이너에서 실행 중인 서비스/애플리케이션에 연결하는 방법을 파악하는 과정을 서비스 디스커버리라고 한다. 쿠버네티스는 DNS 또는 컨테이너의 IP 주소를 사용해 컨테이너를 자동으로 노출시킨다.

부하 분산

배포된 애플리케이션을 안정적인 상태로 유지하기 위해 쿠버네티스는 들어오는 트래픽을 자동으로 로드 밸런싱하고 분산시킨다.

자동 배포

쿠버네티스는 선언적 구문으로 동작하기 때문에 애플리케이션을 배포하는 방법을 걱정할 필요가 없다. 오히려 배포돼야 하는 부분을 명시하면 쿠버네티스가 알아서 처리한다.

Bin Packing

컴퓨팅 리소스를 최대한 활용하기 위해 쿠버네티스는 다른 컨테이너에 대한 전체 가용성을 유지하면서 컨테이너를 최적의 호스트에 자동으로 배포한다.

4장에서는 쿠버네티스의 주요 컴포넌트와 기본 개념을 자세히 설명한다. 쿠버네티스를 주제로 상세히 다루는 책[1]이 이미 많이 있기 때문에, 4장에서는 쿠버네티스를 완전히 마스터하는 것을 목표로 하지는 않으며, 쿠버네티스에 대해 튼튼한 기초를 쌓고자 한다. 실습은 전체 환경의 핵심 내용을 더 잘 이해하는 데 도움이 된다. 그럼 먼저 쿠버네티스 클러스터의 작동 방식으로 시작한다.

쿠버네티스 컴포넌트

쿠버네티스 클러스터는 두 가지 유형의 컴포넌트를 포함한다.

컨트롤 플레인

컨트롤 플레인은 쿠버네티스 클러스터의 관리 컴포넌트이며, (예를 들어 새로운 포드[2]를 스케줄링하고 시작시키는) 일부 중요한 서비스가 항상 실행되도록 한다. 컨트롤 플

---

1 Brendan Burns와 Craig Tracey의 『Managing Kubernetes』(O'Reilly, 2019), Marko Lukša의 『Kubernetes in Action』(Manning, 2018)
2 포드는 쿠버네티스에서 생성하고 관리할 수 있는 가장 작은 배포 가능한 컴퓨팅 단위다.

레인 노드의 주요 목적은 클러스터가 항상 올바른 상태인지 확인하는 것이다.

워커 노드

쿠버네티스 클러스터상에서 워크로드를 실행하는 컴퓨팅 인스턴스이며, 모든 컨테이너가 호스트된다.

그림 4-1은 상위 수준에서 쿠버네티스 컴포넌트를 보여준다. 그림의 선들은 트래픽을 분산시키는 로드 밸런서와 워커 노드가 통신하는 것을 나타낸다.

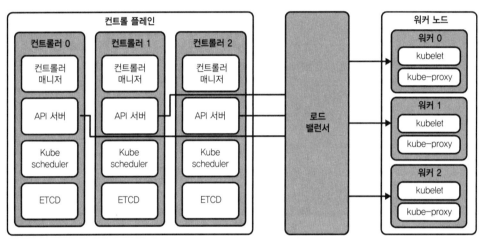

그림 4-1 쿠버네티스 컴포넌트

이제 각 컴포넌트를 자세히 살펴보겠다.

컨트롤 플레인

컨트롤 플레인은 주로 클러스터의 상태 감지, 노드의 포드 스케줄링, 포드 수명 주기 관리와 같이 쿠버네티스 클러스터를 전역적으로 정의하는 역할을 한다. 쿠버네티스 컨트롤 플레인에는 몇 가지 컴포넌트가 있으며, 다음 절에서 이를 설명한다.

kube-apiserver(API 서버)

API 서버는 쿠버네티스 컨트롤 플레인의 프론트엔드이며 전체 쿠버네티스 클러스터에 직접 접근할 수 있는 유일한 컴포넌트다. 그림 4-1에서 봤듯이 API 서버는 워커 노드와 컨트롤러 노드 간에 모든 상호작용을 위한 핵심 역할을 한다. 쿠버네티스 클러스터에서 실행되는 서비스는 API 서버를 사용해 서로 통신한다. API 서버는 수평으로 확장 가능하도록 설계됐기 때문에, 여러 개의 인스턴스를 실행할 수 있다.

kube scheduler

Kube scheduler는 포드(또는 기본 작업 단위, 4장 뒷부분에서 포드에 대해 자세히 설명한다)를 실행할 워커 노드를 결정하는 역할을 한다. Kube scheduler는 API 서버와 통신해 어떤 워커 노드가 예약된 포드를 가장 좋은 방법으로 실행할 수 있는지 결정한다. 스케줄러는 아직 노드에 할당되지 않은 새로 생성된 포드를 찾은 다음, 가능한 후보로 실행 가능한 노드를 찾고 노드 리소스 용량 및 하드웨어 요구 사항과 같은 다양한 요인에 따라 각각의 점수를 매겨 올바른 스케줄링을 결정하도록 보장한다. 점수가 가장 높은 노드가 포드를 실행하도록 선택된다. 스케줄러는 또한 바인딩이라고 하는 프로세스에서 이 결정에 대해 API 서버에 알린다.

kube controller manager

쿠버네티스에는 클러스터에서 자가 치유 기능을 구현하는 핵심 내장 기능이 있다. 이 기능을 Kube controller manager라고 하며 데몬으로 실행된다. 컨트롤러 관리자는 조정reconciliation 루프라고 하는 제어 루프를 실행한다. 이 루프는 다음을 담당한다.

- 노드가 다운됐는지 여부를 확인하고 다운된 경우 조치를 취한다. 이 작업은 노드 컨트롤러에 의해 수행된다.

- 정확한 포드 수를 유지한다. 이 작업은 레플리케이션 컨트롤러에 의해 수행된다.

- 엔드포인트 오브젝트(예: 서비스 및 포드)에 조인한다. 이 작업은 엔드포인트 컨트롤러에 의해 수행된다.

- 새 네임스페이스에 대해 기본 계정과 엔드포인트가 생성됐는지 확인한다. 이 작업은 서비스 계정과 토큰 컨트롤러에 의해 수행된다.

조정 루프는 쿠버네티스의 자가 치유 기능을 구현하는 원동력이다. 쿠버네티스는 다음과 같은 단계를 반복해 클러스터와 해당 클러스터의 상태를 결정한다.

1. 사용자가 선언한 상태(원하는 상태)를 가져온다.

2. 클러스터의 상태를 관측한다.

3. 관측한 상태와 원하는 상태를 비교해 차이를 찾는다.

4. 관측된 상태에 따라 조치를 취한다.

etcd

쿠버네티스는 etcd를 데이터 저장소로 사용한다. etcd는 모든 쿠버네티스 오브젝트를 유지하는 키-값 저장소다. 원래 CoreOS팀에서 만들었으며, 지금은 CNCF에서 관리하고 있다. 일반적으로 고가용성 설정에서 스핀업되며, etcd 노드는 별도의 인스턴스에서 호스팅된다.

워커 노드

쿠버네티스 클러스터는 컨테이너화된 애플리케이션을 실행하는 워커 노드라고 하는 워커 머신 세트를 포함한다. 컨트롤 플레인은 클러스터의 워커 노드와 포드를 관리한다. 일부 컴포넌트는 모든 쿠버네티스 워커 노드에서 실행되며, 이를 다음 하위 절에서 설명한다.

Kubelet

Kubelet은 모든 노드에서 실행되는 데몬 에이전트로서, 컨테이너가 항상 포드에서 실행 중인지 상태가 정상인지 확인한다. Kubelet은 API 서버가 컨트롤러 관리자를 사용해 포드의 상태를 관측할 수 있도록 워커 노드에서 현재 사용 가능한 리소스(CPU, 메모리, 디스크)에 대해 API 서버에 보고한다.

kubelet은 워커 노드에서 실행되는 에이전트이기 때문에 워커 노드는 필요한 경우 컨테이너를 다시 시작하고 지속적으로 상태 확인을 수행하는 것과 같은 기본적인 하우스키핑 작업을 처리한다.

Kube-proxy

Kube-proxy는 각 노드에서 실행되는 네트워킹 컴포넌트다. Kube-proxy는 클러스터의 모든 쿠버네티스 서비스[3]를 감시하고, 특정 서비스에 대한 요청이 있을 때 특정 가상 IP 엔드포인트로 라우팅되도록 한다. Kube-proxy는 서비스에 대한 일종의 가상 IP를 구현한다.

이제 쿠버네티스 컴포넌트의 기본 사항을 알아봤으며, 좀 더 깊이 파고들어 쿠버네티스 API 서버에 대해 자세히 살펴보겠다.

쿠버네티스 API 서버 오브젝트

API 서버는 쿠버네티스 클러스터 내부와 외부의 모든 통신을 담당하며, RESTful HTTP API를 노출시킨다. API 서버를 사용하면 쿠버네티스 오브젝트를 쿼리하고 조작할 수 있다. 간단히 말해 쿠버네티스 오브젝트는 클러스터의 전체 상태를 나타내는 상태 저장 엔티티다(그림 4-2). 쿠버네티스 오브젝트를 이용해 작업을 시작하려면 각각의 기본 사항을 이해해야 한다.

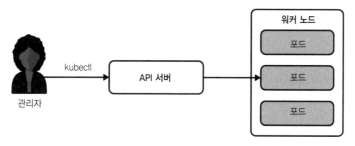

그림 4-2 클러스터 오브젝트와 API 서버의 상호작용

---

3   쿠버네티스에서 서비스는 쿠버네티스 클러스터 내에서 검색할 수 있도록 포드를 노출하는 방법이다.

포드

포드는 쿠버네티스에서 가장 작은 기본 단위다. 포드는 워커 노드에 배포되는 하나 이상의 컨테이너 그룹이다. 쿠버네티스는 포드 내부에서 실행되는 컨테이너를 관리하는 역할을 한다. 포드 내부의 컨테이너는 항상 동일한 워커 노드에 있으며, 밀접하게 연결돼 있다. 포드 내부의 컨테이너는 같은 위치에 있기 때문에, 동일한 컨텍스트에서 실행된다(즉, 네트워크와 스토리지를 공유한다). 이 공유 컨텍스트는 Linux 네임스페이스, cgroup을 포함해 격리를 유지하는 특징 중 하나다(3장에서 설명). 또한 포드는 고유한 IP 주소를 갖는다.

일반적인 시나리오에서는 포드 내에서 하나의 컨테이너가 실행되지만, 경우에 따라 여러 컨테이너가 포드에서 함께 동작한다. 후자의 경우를 일반적으로 사이드카 컨테이너라고 한다. 사이드카 컨테이너를 실행하는 가장 일반적인 예 가운데 하나는 애플리케이션 포드가 충돌하거나 포드가 삭제된 경우 ELK[Elasticsearch, Logstash, Kibana] 서버와 같은 외부 스토리지로 로그를 전송하는 애플리케이션용 로깅 컨테이너를 실행하는 것이다. 포드는 컨테이너의 프로세스가 중단되면 쿠버네티스가 애플리케이션 수준에서 정의된 상태 확인[Health Check]을 기반으로 즉시 재시작할 정도로 스마트하다.

포드의 또 다른 특징은 레플리카셋을 통해 구현된 레플리카에 의해서 수평적 확장이 가능하다는 점이다. 즉, 애플리케이션을 수평으로 확장하려면 레플리카셋을 사용해 더 많은 포드를 생성할 수 있다.

포드는 본질적으로 임시적이기 때문에, 포드가 죽으면 다른 호스트에서 옮겨져 다시 시작된다. 이 작업 또한 레플리카셋을 사용해 수행된다.

레플리카셋

안정성은 쿠버네티스의 주요 특징이며 아무도 포드를 단일 인스턴스로 실행하지는 않기 때문에 중복성이 중요해진다. 레플리카셋은 자가 치유 클러스터를 유지하기 위해 안정적인 레플리카셋 포드 집합이 실행되고 있는지 확인하는 쿠버네티스 오브젝트다. 이 모든 것은 쿠버네티스 클러스터의 전체 상태를 관찰하기 위해 백그라운드에서 계속 실행되는 조정 루프에 의해 이뤄진다. 레플리카셋은 조정 루프를 사용하며, 포드가 충돌하

거나 다시 시작되는 경우 원하는 레플리카 상태를 유지하기 위해 새 포드가 시작되도록
한다. 일반적으로 레플리카셋을 직접 다루면 안 되며, 애플리케이션의 다운타임이 없도
록 업데이트를 보장하고 쿠버네티스 관리와 운영에 대한 선언적 접근 방식을 제공하는
디플로이먼트 오브젝트를 사용해야 한다.

디플로이먼트

쿠버네티스는 주로 선언적 구문 중심의 오케스트레이터다. 즉, 새로운 기능을 릴리스 하
기 위해서는 쿠버네티스에 무엇을 해야 하는지 알려야 하며 안전한 방식으로 해당 작
업을 수행하는 방법을 찾는 것은 쿠버네티스에 달려 있다. 쿠버네티스가 새로운 버전의
애플리케이션을 좀 더 원활하게 릴리스하기 위해 제공하는 오브젝트 중 하나는 디플로
이먼트다. 수동으로 포드를 계속 업데이트하려면 포드를 다시 시작해야 하므로 다운타
임이 발생한다. 레플리카셋은 원하는 수의 포드를 유지해주지만, 다운타임이 없는 업그
레이드를 수행하지는 않는다. 디플로이먼트 오브젝트를 통해 새로운 업데이트된 포드
가 롤아웃하기 전에 미리 정의된 수의 포드를 항상 활성 상태로 유지해, 다운타임 없이
포드에 변경 사항을 롤아웃할 수 있다.

서비스

쿠버네티스는 포드 내부에서 실행 중인 애플리케이션을 노출하기 위해 Service라는 오
브젝트를 제공한다. 쿠버네티스는 매우 동적인 시스템이므로 애플리케이션이 올바른 백
엔드와 통신하는지 확인해야 한다. 포드는 자주 생성되거나 없어지기 때문에 쿠버네티
스 세계에서 수명이 짧은 프로세스다. 포드는 고유한 IP 주소와 연결돼 있다. 즉, 포드의
IP 주소에만 의존하는 경우 포드가 죽었을 때 서비스가 중단될 가능성이 크다. 레플리카
셋이 실행 중이더라도 다시 시작된 후 포드가 다른 IP 주소를 가져오기 때문이다. 서비
스 오브젝트는 논리적 포드 집합과 이에 접근하는 정책을 정의해 추상화abstraction를 제
공한다. 각 Service는 포드에 접근하는 데 사용할 수 있는 안정적인 IP 주소와 DNS 이
름을 얻는다. 포드 앞에 있는 서비스를 선언적으로 정의하고, Label-Selector를 사용해
서비스에 접근할 수 있다.

네임스페이스

하나의 프로덕션 환경에는 여러 팀과 프로젝트에서 배포하기 때문에 쿠버네티스 오브 젝트를 구성해야 한다. 간단히 말해서 네임스페이스는 논리적 파티셔닝으로 구분된 가 상 클러스터다. 즉, 논리적 파티션에 따라 디플로이먼트, 포드 등과 같은 리소스를 그룹 화할 수 있다. 어떤 사람들은 네임스페이스를 이름을 구분하는 디렉터리로 생각한다. 클 러스터의 모든 오브젝트는 해당 리소스 유형에서 고유한 이름을 갖고 있으며, 마찬가지 로 모든 오브젝트에는 전체 클러스터에서 고유한 UID가 있다. 네임스페이스를 사용하 면 리소스 할당량을 설정해 클러스터 리소스를 여러 사용자에게 나눌 수도 있다.

레이블과 셀렉터

쿠버네티스를 사용하고 오브젝트를 만들기 시작하면, 쿠버네티스 리소스를 논리적인 엔티티로 그룹화하기 위해 해당 리소스를 식별하거나 표시해야 할 필요성을 깨닫게 된다. 쿠버네티스는 오브젝트에 대한 메타데이터를 식별하는 labels를 제공하므로, 리소 스를 쉽게 그룹화하고 운영할 수 있다. 레이블은 포드, 네임스페이스, 데몬셋 등과 같은 오브젝트에 직접 연결할 수 있는 키-값 쌍이다. 언제든지 레이블을 추가하고 원하는 대 로 수정할 수 있다. 쿠버네티스 리소스를 찾거나 식별하기 위해 label-selector를 사용 해 레이블을 쿼리할 수 있다. 예를 들어 애플리케이션 계층 유형에 대한 레이블은 다음 과 같을 수 있다.

```
"tier" : "frontend", "tier" : "backend", "tier" : "midtier"
```

어노테이션

오브젝트를 식별하는 데 사용되는 레이블과 달리 annotation은 키-값 쌍이며, 오브젝트 자체에 대한 비식별 정보를 저장하는 데 사용된다. 예를 들어 빌드, 릴리스 또는 타임스 탬프, 릴리스 ID, Git 브랜치, PR 번호, 이미지 해시, 레지스트리 주소와 같은 이미지 정 보를 어노테이션에 기록할 수 있다.

인그레스 컨트롤러

인터넷의 트래픽을 서비스가 수신하기 위해서는 외부에 HTTP와 HTTPS 엔드포인트를 포드에서 실행되는 쿠버네티스 서비스에 노출시켜야 한다. 인그레스ingress를 사용하면 이름 기반 가상 호스팅을 사용해 SSL/TLSSecure Sockets Layer/Transport Layer Security 종료로 로드 밸런싱을 제공하며 클러스터 내부에서 실행 중인 서비스를 외부에 노출할 수 있다. 인그레스를 지원하려면 HTTP와 HTTPS에 대한 수신 연결을 허용하기 위해 역방향 프록시와 유사한 형태인 인그레스 컨트롤러를 선택해야 한다.

스테이트풀셋

쿠버네티스에서 스테이트풀 워크로드를 관리하고 확장하려면 포드가 안정적인 상태인지 확인해야 한다. 즉, 네트워크와 스토리지가 안정적인지 확인해야 한다. 스테이트풀셋StatefulSet은 레플리카셋과는 달리 포드의 순서와 고유성uniqueness을 보장한다. 스테이트풀셋은 재시작과 리스케줄링에 대한 복원력을 유지해야 하는 포드 그룹을 배포하는 데 도움이 되는 컨트롤러다. 스테이트풀셋의 각 포드에는 고유한 명명 규칙이 있다. 순서 값은 0에서 시작하며, 이와 연결된 안정적인 네트워크 ID를 갖는다(이름 규칙이 본질적으로 무작위인 레플리카셋과 다르다).

데몬셋

일반 환경에서는 로깅 에이전트와 모니터링 에이전트를 포함해 호스트에서 여러 데몬 서비스와 에이전트를 실행한다. 쿠버네티스에서는 데몬셋DaemonSets을 사용해 클러스터의 노드 세트에 걸쳐 포드의 사본copy을 실행해 이런 에이전트를 설치할 수 있다. 레플리카셋과 마찬가지로 데몬셋은 원하는 상태와 관측된 상태가 동일하게 유지되도록 하는 장기 실행long-running 프로세스다. 데몬셋을 삭제하면 이전에 생성한 포드도 삭제된다.

잡

쿠버네티스에서 잡은 단기 엔티티이며, 예를 들어 독립 실행형 스크립트 실행과 같이 작은 작업도 잡이 될 수 있다. 최종적으로 잡은 포드를 생성한다. 종료되는 경우 재시작하고 다시 스케줄링하는 일반 포드와 잡을 제어하는 포드 사이에는 차이점이 있다. 잡은 성공적으로 종료될 때까지 실행된다는 점이다. 완료되기 전에 잡 포드가 실패하면, 컨트롤러는 템플릿을 기반으로 새 포드를 생성한다.

 4장은 쿠버네티스의 집중 과정이며, 컨테이너 오케스트레이션에 대해 일부만 다룬다. 쿠버네티스에 대해 자세히 알아볼 수 있는 다른 자료도 제공된다. 권장하는 몇 가지 항목은 다음과 같다.

- Brendan Burns, Craig Tracey의 『Managing Kubernetes』(O'Reilly, 2018)
- Brendan Burns, Joe Beda 및 Kelsey Hightower의 『Kubernetes: Up and Running, 2nd Edition』(O'Reilly 2019)
- LinuxFoundationX의 무료 과정인 "Introduction to Kubernetes"(https://oreil.ly/RLPL8)
- John Arundel, Justin Domingus의 『Cloud Native DevOps with Kubernetes, 2nd Edition』(O'Reilly, 2022)

쿠버네티스의 몇 가지 기본 용어를 설명했으므로 이제 클러스터 관리에 대한 운영 세부 정보를 살펴보겠다.

kubectl로 쿠버네티스 클러스터 관측, 운영 및 관리

컨테이너 오케스트레이터와 상호작용하는 더욱 일반적인 방법 중 하나는 명령줄 도구나 그래픽 도구를 사용하는 것이다. 쿠버네티스에서는 두 가지 방법으로 클러스터와 상호작용할 수 있지만 선호하는 방식은 명령줄을 이용하는 것이다. 쿠버네티스는 kubectl을 CLI로 제공한다. kubectl은 클러스터를 관리하는 데 널리 사용된다. kubectl은 애플리케이션을 배포하고 관리할 수 있는 다양한 쿠버네티스 기능을 가진 스위스 군용 칼이라고 생각할 수 있다. 쿠버네티스 클러스터의 관리자는 kubectl 명령을 광범위하게 사용해 클러스터를 관리하게 된다. kubectl은 다음을 포함한 다양한 명령을 제공한다.

- 선언적인 리소스 구성 명령
- 워크로드에 대한 정보를 얻기 위한 디버깅 명령
- 포드를 조작하고 상호작용하기 위한 디버깅 명령

- 일반 클러스터 관리 명령

이 절에서는 kubectl을 사용해 쿠버네티스 클러스터, 포드 및 기타 오브젝트를 관리하기 위한 기본 클러스터 명령에 중점을 둬 쿠버네티스를 심층적으로 알아본다.

일반적인 클러스터 정보와 명령어

쿠버네티스 클러스터와 상호작용하는 첫 번째 단계는 작업할 클러스터, 인프라 및 쿠버네티스 컴포넌트에 대한 인사이트를 얻는 방법을 배우는 것이다. 클러스터상에서 워크로드를 실행하는 워커 노드를 보려면 다음 kubectl 명령을 실행한다.

```
$ ~ kubectl get nodes
NAME     STATUS  ROLES    AGE  VERSION
worker0  Ready   <none>   11d  v1.17.3
worker1  Ready   <none>   11d  v1.17.3
worker2  Ready   <none>   11d  v1.17.3
```

그러면 버전 정보와 함께 노드 리소스와 해당 상태가 나열된다. 다음과 같이 get nodes 명령에서 -o wide 플래그를 사용해 조금 더 많은 정보를 얻을 수 있다.

```
$ ~ kubectl get nodes -o wide
NAME     STATUS  ROLES    AGE  VERSION  INTERNAL-IP   EXTERNAL-IP
worker0  Ready   <none>   11d  v1.17.3  10.240.0.20   <none>
worker1  Ready   <none>   11d  v1.17.3  10.240.0.21   <none>
worker2  Ready   <none>   11d  v1.17.3  10.240.0.22   <none>

OS-IMAGE            KERNEL-VERSION      CONTAINER-RUNTIME
Ubuntu 16.04.7 LTS  4.15.0-1092-azure   containerd://1.3.2
Ubuntu 16.04.7 LTS  4.15.0-1092-azure   containerd://1.3.2
Ubuntu 16.04.7 LTS  4.15.0-1092-azure   containerd://1.3.2
```

리소스나 워커와 관련된 더 자세한 정보를 얻으려면 다음과 같이 describe 명령을 사용할 수 있다.

```
$ ~ kubectl describe nodes worker0
```

kubectl describe 명령은 매우 유용한 디버깅 명령이다. 이를 사용해 포드와 다른 리소스에 관한 자세한 정보를 얻을 수 있다.

get 명령을 사용해 포드, 서비스, 레플리케이션 컨트롤러 등에 관한 정보를 얻을 수 있다. 이를테면 모든 포드에 대한 정보를 얻으려면 다음을 실행한다.

```
$ ~ kubectl get pods
NAME                       READY   STATUS             RESTARTS   AGE
busybox-56d8458597-xpjcg   0/1     ContainerCreating  0          1m
```

다음과 같이 get을 사용해, 클러스터의 모든 네임스페이스 목록을 가져올 수 있다.

```
$ ~ kubectl get namespace
NAME                   STATUS   AGE
default                Active   12d
kube-node-lease        Active   12d
kube-public            Active   12d
kube-system            Active   12d
kubernetes-dashboard   Active   46h
```

기본적으로 kubectl은 default 네임스페이스와 상호작용한다. 다른 네임스페이스를 사용하려면 --namespace 플래그를 네임스페이스의 참조 오브젝트에 전달할 수 있다.

```
$ ~ kubectl get pods --namespace=default
NAME                       READY   STATUS    RESTARTS   AGE
busybox-56d8458597-xpjcg   1/1     Running   0          47h
```

```
$ ~ kubectl get pods --namespace=kube-public
No resources found in kube-public namespace.
```

```
$ ~ kubectl get pods --namespace=kubernetes-dashboard
NAME                                        READY   STATUS    RESTARTS   AGE
dashboard-metrics-scraper-779f5454cb-gq82q  1/1     Running   0          2m
kubernetes-dashboard-857bb4c778-qxsnj       1/1     Running   0          46h
```

다음과 같이 cluster-info를 사용해 전체 클러스터 세부 정보를 볼 수 있다.

```
$ ~ kubectl cluster-info
Kubernetes master is running at https://40.70.3.6:6443
CoreDNS is running at https://40.70.3.6:6443/api/v1/namespaces/kube-system/services/ \
  kube-dns:dns/proxy
```

cluster-info 명령을 사용하면 다른 컴포넌트와 함께 컨트롤 플레인이 있는 API 로드 밸런서에 대한 세부 정보를 볼 수 있다.

쿠버네티스에서 특정 클러스터와의 연결하기 위해 컨텍스트를 사용한다. 컨텍스트를 통해 그룹을 하나의 이름으로 해서 매개변수에 접근할 수 있다. 각 컨텍스트에는 쿠버네티스 클러스터, 사용자 및 네임스페이스를 포함한다. 현재 컨텍스트는 현재 kubectl 의 기본값인 클러스터이며, kubectl에서 실행 중인 모든 명령은 이 클러스터에 대해 실행된다. 다음과 같이 현재 컨텍스트를 볼 수 있다.

```
$ ~ kubectl config current-context
cloud-native-azure
```

기본 네임스페이스를 변경하려면 kubectl kubeconfig 파일에 등록된 컨텍스트를 사용한다. kubeconfig 파일은 kubectl이 쿠버네티스 클러스터를 찾은 다음, 구성된 시크릿을 기반으로 인증하는 방법을 알려주는 실제 파일이다. 파일은 일반적으로 .kube/ 아래의 홈 디렉터리에 저장된다. 다른 네임스페이스를 기본값으로 사용해 새 컨텍스트를 만들고 사용하려면 다음을 수행한다.

```
$ ~ kubectl config set-context test --namespace=mystuff
Context "test" created.
$ ~ kubectl config use-context test
Switched to context "test"
```

실제로 컨텍스트(test 쿠버네티스 클러스터)가 있는지 확인한다. 그렇지 않으면 사용할 수 없다.

앞에서 언급했듯이 레이블은 오브젝트를 구성하는 데 사용된다. 예를 들어 busybox 포드에 production이라는 값으로 레이블을 지정하려는 경우 다음과 같이 할 수 있다. 여기서 environment는 레이블 이름이다.

```
$ ~ kubectl label pods busybox-56d8458597-xpjcg environment=production
pod/busybox-56d8458597-xpjcg labeled
```

때때로 포드에 문제가 있는 부분을 찾아 문제를 디버깅할 수 있다. 포드에 대한 로그를 보려면, 포드 이름에 대해 logs 명령을 실행한다.

```
$ ~ kubectl get pods
NAME                       READY   STATUS             RESTARTS   AGE
busybox-56d8458597-xpjcg   0/1     ContainerCreating  0          2d
$ ~ kubectl logs busybox-56d8458597-xpjcg
Error from server (BadRequest): container "busybox" in pod "busybox-56d8458597-xpjcg" is
waiting to start: ContainerCreating
```

경우에 따라 포드 내에서 여러 컨테이너를 실행할 수 있다. -c 플래그를 사용해 실행하려는 내부 컨테이너를 선택한다.

포드 관리

앞서 설명한 것처럼, 포드는 쿠버네티스에서 배포 가능한 가장 작은 아티팩트다. 최종 사용자^{End User}나 관리자는 컨테이너가 아닌 포드를 직접 처리한다. 컨테이너는 쿠버네티스에서 내부적으로 처리되며 이 논리는 추상화된다. 포드 내부의 모든 컨테이너는 동일한 노드에 배치된다는 점을 명심해야 한다. 또한 포드에는 상태가 Pending에서 Running, Succeeded 또는 Failed로 이동하는 정해진 수명 주기가 있다.

포드를 생성하는 방법 중 하나는 다음과 같이 kubectl run 명령어를 사용하는 것이다.

```
$ kubectl run <name of pod> --image=<name of the image from registry>
```

kubectl run 명령은 컨테이너 리포지터리에서 퍼블릭 이미지를 가져와 포드를 생성한다. 예를 들어 다음과 같이 hazelcast 이미지를 실행하고 컨테이너의 포트를 노출할 수 있다.

```
$ ~ kubectl run hazelcast --image=hazelcast/hazelcast --port=5701
deployment.apps/hazelcast created
```

프로덕션 환경에서는, 포드를 실행하거나 생성해서는 안 된다. 포드는 쿠버네티스에서 직접 관리되지 않으며, 장애가 발생한 경우 재시작되거나 다시 스케줄되지 않기 때문이다. 포드 작업을 하려면 디플로이먼트를 사용해야 한다.

kubectl run 명령은 많은 기능을 제공하고 있으며, 많은 포드 동작을 제어할 수 있다. 예를 들어 포그라운드^{foreground}(포드 내부에 대화형 터미널이 있는 경우)에서 포드를 실행하고 충돌이 발생했을 때, 포드를 다시 시작하지 않으려면 다음을 수행한다.

```
$ ~ kubectl run -i -t busybox --image=busybox --restart=Never
If you don't see a command prompt, try pressing enter.
/ #
```

이 명령을 실행하면 컨테이너 내부에 기록된다. 또한 대화형 모드에서 포드를 실행하기 때문에 다음과 같이 busybox가 Running에서 Completed로 변경되는 상태를 확인할 수 있다.

```
$ ~ kubectl get pods
NAME         READY       STATUS      RESTARTS      AGE
busybox      1/1         Running     0             52s

$ ~ kubectl get pods
NAME         READY       STATUS      RESTARTS      AGE
busybox      0/1         Completed   0             61s
```

쿠버네티스에서 포드를 생성하는 또 다른 방법은 포드 매니페스트에서 선언적 구문$^{declarative\ syntax}$을 사용하는 것이다. 애플리케이션 코드가 중요한 것처럼 포드 매니페스트는 중요하며, YAML이나 JSON을 사용해 작성할 수 있다. 다음과 같이 포드 매니페스트를 만들어서 Nginx 포드를 실행시킬 수 있다.

```
apiVersion: v1
kind: pod
metadata:
  name: nginx
spec:
  containers:
```

```
      - image: nginx
        name: nginx
        ports:
          - containerPort: 80
            name: http
```

kind, spec과 같은 포드 매니페스트 정보는 작업을 수행할 쿠버네티스 API 서버에 전송된다. YAML 확장자로 포드 매니페스트를 저장하고, 다음과 같이 apply를 사용한다.

```
$ kubectl apply -f nginx_pod.yaml
pod/nginx created
$ kubectl get pods
NAME     READY   STATUS    RESTARTS   AGE
nginx    1/1     Running   0          7s
```

kubectl apply를 실행하면 포드 매니페스트가 쿠버네티스 API 서버로 전송된다. 쿠버네티스 API 서버는 클러스터의 정상적인 노드에서 실행되도록 즉시 포드를 예약한다. 포드는 kubelet 데몬 프로세스에 의해 모니터링되며, 포드가 충돌하면 다른 정상 노드에서 실행되도록 다시 예약된다.

계속해서 쿠버네티스에서 서비스의 상태를 확인하는 방법을 살펴보겠다.

상태 점검

쿠버네티스는 애플리케이션이 실제로 활성 상태인지 확인하기 위해, 프로브라고 하는 세 가지 유형의 HTTP 상태 점검 구현체(활성 프로브, 준비 프로브, 시작 프로브)를 제공한다.

활성 프로브 이 프로브는 애플리케이션이 실제로 정상인지와 잘 작동하는지 확인하는 역할을 한다. 배포 후 애플리케이션이 준비되기까지 몇 초가 걸릴 수 있으므로, 이 프로브를 구성해 애플리케이션의 특정 엔드포인트를 확인할 수 있다. 아래 포드 매니페스트 예를 보면 활성 프로브를 사용해 포트 80의 / 경로에 대해 httpGet 작업을 수행한다. initialDelaySeconds는 2로 설정되는데, 이것은 이 기간이 경과할 때까지 / 엔드포인트를 확인하지 않는다는 것을 의미한다. 또한 제한 시간을 1초로 설정하고 실패 임곗값을 3회의 연속 프로브 실패로 설정했다. periodSeconds는 쿠버네티스가 포드를 호출하는 빈도로 정의된다. 이 경우 15초다.

```
apiVersion: v1
kind: Pod
metadata:
  name: mytest-pod
spec:
  containers:
  - image: test_image
    imagePullPolicy: IfNotPresent
    name: mytest-container
    command: ['sh', '-c', 'echo Container 1 is Running ; sleep 3600']
    ports:
    - name: liveness-port
      containerPort: 80
      hostPort: 8080
    livenessProbe:
      httpGet:
        path: /
        port: 80
      initialDelaySeconds: 2
      timeoutSeconds: 1
      periodSeconds: 15
      failureThreshold: 3
```

준비 프로브 준비 프로브는 컨테이너가 사용자 요청을 처리할 준비가 된 시점을 식별한다. 또한 준비되지 않은 포드의 엔드포인트를 로드 밸런서에 너무 일찍 추가하지 않게 해 쿠버네티스를 도와준다. 다음과 같이 준비 프로브는 포드 매니페스트의 활성 프로브 블록과 동시에 구성할 수 있다.

```
containers:
- name: test_image
  image: test_image
  command: ["/bin/sh"]
  args: ['sh', '-c', 'echo Container 1 is Running ; sleep 3600']
```

```
readinessProbe:
  httpGet:
    path: /
    port: 80
  initialDelaySeconds: 5
  periodSeconds: 5
```

시작 프로브 애플리케이션을 초기화할 때 때때로 추가 시작 시간이 필요한 경우가 있다. 이러한 경우 failureThreshold * periodSeconds가 있는 HTTP나 TCP 검사로 시작 프로브를 설정할 수 있다. 검사는 최악의 경우에라도 시작 시간을 처리할 만큼 충분히 길다.

```
startupProbe:
  httpGet:
    path: /healthapi
    port: liveness-port
  failureThreshold: 30
  periodSeconds: 10
```

리소스 제한

포드를 다룰 때 애플리케이션에 필요한 리소스를 지정할 수 있다. 포드를 실행하기 위한 가장 기본적인 리소스 요구 사항은 CPU와 메모리이다. 쿠버네티스가 처리할 수 있는 리소스 유형이 더 많지만, 여기서는 간략하게 CPU와 메모리만 설명한다.

포드 매니페스트에서 요청[request]과 제한[limit]이라는 2가지 매개변수를 선언할 수 있다. 요청 블록에서는 애플리케이션이 작동하기 위한 최소 리소스 요구 사항을 쿠버네티스에 지정한다. 제한 블록에서는 쿠버네티스에 최대 임곗값을 지정한다. 애플리케이션이 제한 블록의 임곗값을 위반하면 애플리케이션이 종료되거나 다시 시작되고 포드가 대부분 제거된다. 다음을 예로 들면 포드 매니페스트에서 최대 CPU 제한을 500m[4]로 설정

---

4   소수점 요청이 허용된다. 예를 들어 하나의 CPU를 두 개의 0.5초로 나눌 수 있다. 0.1이라는 표현은 100m에 해당한다.

하고 최대 메모리 제한을 206Mi[5]로 설정한다. 즉, 이 값을 초과하면 포드가 제거되고 다른 노드에서 다시 스케줄된다.

```
apiVersion: v1
kind: Pod
metadata:
  name: nginx
spec:
  containers:
  - image: nginx
    name: nginx
    ports:
    - containerPort: 80
      name: http
    resources:
      requests:
        cpu: "100m"
        memory: "108Mi"
      limits:
        cpu: "500m"
        memory: "206Mi"
```

볼륨(Volume)

일부 애플리케이션에서는 데이터를 영구적으로 저장해야 한다. 하지만 포드는 수명이 짧은 오브젝트이고 자주 다시 시작되거나 즉시 종료되기 때문에 포드와 연결된 모든 데이터가 손상될 수 있다. 볼륨은 이러한 문제를 Azure의 스토리지 디스크 추상화 계층으로 해결한다. 볼륨은 애플리케이션 수명 주기 전반에 걸쳐 포드에서 데이터를 저장, 검색 및 유지하는 하나의 방법이다. 애플리케이션이 스테이트풀Stateful인 경우 볼륨을 사용해 데이터를 유지해야 한다. Azure는 이 기능을 제공하는 데이터 볼륨을 생성하기 위해 Azure Disk와 Azure Files를 제공한다.

---

5 제한과 요청은 바이트 단위로 측정된다. 메모리는 접미사 E, P, T, G, M, K 또는 이들의 거듭제곱 Ei, Pi, Ti, Gi, Mi, Ki를 사용해 일반 정수 또는 고정 소수점으로 표현할 수 있다.

퍼시스턴트 볼륨 클레임(PVC) PVC는 포드와 스토리지 사이의 추상화 계층 역할을 한다. 쿠버네티스에서 포드는 PVC로 볼륨을 마운트하며, PVC는 기반 리소스와 통신한다. 한 가지 주의할 점은 PVC를 사용하면 추상화된 기본 스토리지 리소스를 사용할 수 있다는 것이다. 즉, 미리 프로비저닝된 스토리지를 요청할 수 있다. PVC는 디스크 크기와 디스크 유형을 정의한 후에 실제 스토리지를 포드에 마운트한다. 이러한 바인딩 프로세스는 퍼시스턴트 볼륨^{PV}에서처럼 정적이거나 스토리지 클래스에서처럼 동적일 수 있다. 다음의 매니페스트에서는 1Gi의 스토리지가 있는 PersistentVolumeClaim을 보여준다.

```
apiVersion: v1
kind: PersistentVolumeClaim
metadata:
  name: persistent-volume-claim-app1
spec:
  accessModes:
    - ReadWriteMany
  resources:
   requests:
     storage: 1Gi
  storageClassName: azurefilestorage
```

퍼시스턴트 볼륨(Persistent Volume) – 정적(Static) 일반적으로 SRE이나 DevOps팀과 같은 클러스터 관리자는 사전에 정의된 수의 퍼시스턴트 볼륨을 수동으로 생성해 클러스터 사용자가 필요에 따라 사용할 수 있다. 퍼시스턴트 볼륨은 정적 프로비저닝 방법이다. 다음 매니페스트에서는 2Gi의 저장 용량을 가진 PersistentVolume을 생성한다.

```
apiVersion: v1
kind: PersistentVolume
metadata:
  name: static-persistent-volume-app1
  labels:
    storage: azurefile
spec:
  capacity:
    storage: 2Gi
  accessModes:
    - ReadWriteMany
```

```
  storageClassName: azurefilestorage
azureFile:
  secretName: static-persistence-secret
  shareName: user-app1
  readOnly: false
```

스토리지 클래스(Storage Class) – 동적(Dynamic)   스토리지 클래스는 PVC에 대해 동적으로 프로비저닝된 볼륨이다(다시 말해서, 필요에 따라 스토리지 볼륨을 생성할 수 있다). 스토리지 클래스는 기본적으로 클러스터 관리자에게 제공 가능한 스토리지에 대해 class를 설명하는 방법을 기술한다. 볼륨 플러그인은 퍼시스턴트 볼륨을 프로비저닝하는 데 사용되는데, 각 스토리지 클래스에는 볼륨 플러그인을 결정하는 프로비저닝 도구가 있다.

Azure에서는 AzureFile과 AzureDisk라는 두 가지 종류의 프로비저닝 도구가 사용할 스토리지 종류를 결정한다.

AzureFile은 ReadWriteMany 액세스 모드에서 사용할 수 있다.

```
apiVersion: storage.k8s.io/v1
kind: StorageClass
metadata:
  name: azurefile
provisioner: kubernetes.io/azure-file
parameters:
  skuName: Standard_LRS
  location: eastus
  storageAccount: azure_storage_account_name
```

Azure Disk는 ReadWriteOnce 액세스 모드에서만 사용할 수 있다.

```
apiVersion: storage.k8s.io/v1
kind: StorageClass
metadata:
  name: slow
provisioner: kubernetes.io/azure-disk
parameters:
  storageaccounttype: Standard_LRS
  kind: Shared
```

그림 4-3은 쿠버네티스가 제공하는 다양한 스토리지 오브젝트 간의 논리적인 관계를 보여준다.

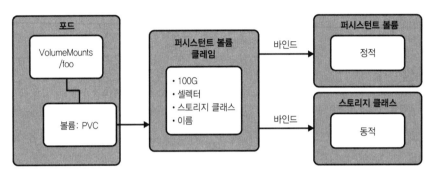

그림 4-3 포드, PVC, PV, Storage 클래스 간의 관계

마지막으로, 다음과 같이 kubectl delete pod를 사용해 포드를 삭제할 수 있다.

```
$ ~ kubectl delete pod nginx
pod "nginx" deleted
```

포드를 삭제할 경우 실제로 디플로이먼트로 제어되지 않는지 확인해야 한다. 디플로이먼트로 제어되는 경우 포드가 다시 나타나기 때문이다. 예를 들면 다음과 같다.

```
$ ~ kubectl get pods
NAME                         READY   STATUS    RESTARTS   AGE
hazelcast-84bb5bb976-vrk97   1/1     Running   2          2d7h
nginx-76df748b9-rdbqq        1/1     Running   2          2d7h
$ ~ kubectl delete pod hazelcast-84bb5bb976-vrk97
pod "hazelcast-84bb5bb976-vrk97" deleted
$ ~ kubectl get pods
NAME                         READY   STATUS    RESTARTS   AGE
hazelcast-84bb5bb976-rpcfh   1/1     Running   0          13s
nginx-76df748b9-rdbqq        1/1     Running   2          2d7h
```

새로운 포드를 스핀 오프spun off한 이유는 쿠버네티스가 클러스터의 상태가 원하는 상태와 관찰된 상태가 일치하지 않는 곳이 있는 것을 관측해, 포드의 균형을 맞추기 위한 조정 루프가 시작됐기 때문이다. 이는 포드가 실제로 디플로이먼트를 통해 배포됐고 레플리카셋이 연결돼 있기 때문에 발생할 수 있다. 따라서 포드를 삭제하려면 디플로이먼트를 삭제해야 하며, 그렇게 하면 자동으로 포드가 삭제된다. 다음과 같이 표시된다.

```
$ ~ kubectl get deployments --all-namespaces
NAMESPACE      NAME        READY   UP-TO-DATE   AVAILABLE   AGE
default        hazelcast   1/1     1            1           2d21h
default        nginx       1/1     1            1           2d21h
kube-system    coredns     2/2     2            2           3d7h
$ ~ kubectl delete -n default deployment hazelcast
deployment.apps "hazelcast" deleted
$ ~ kubectl get pods
NAME                             READY   STATUS        RESTARTS   AGE
hazelcast-84bb5bb976-rpcfh       0/1     Terminating   0          21m
nginx-76df748b9-rdbqq            1/1     Running       2          2d7h
```

프로덕션에서의 쿠버네티스

앞에서 포드와 쿠버네티스의 개념, 쿠버네티스 클러스터의 작동 방식에 대한 기본 사항을 다뤘다. 이제 실제로 포드를 연결하고, 쿠버네티스 클러스터에서 프로덕션 준비 상태로 만드는 방법을 살펴보겠다. 이 절에서는 이전 절에서 설명한 개념으로 프로덕션 워크로드를 어떻게 지원empower하는지, 애플리케이션을 쿠버네티스에 어떻게 구현하는지 살펴보겠다.

레플리카셋

설명한 것처럼 레플리카셋ReplicaSet은 안정적인 수의 포드를 유지함으로써 인프라 수준에서 쿠버네티스의 자동화된 복구self-healing를 가능하게 한다. 인프라 수준(즉, 포드가 있는 노드)에서 장애가 발생하는 경우 레플리카셋은 포드를 다른 정상적인 노드로 다시 스케줄한다. 레플리카셋에는 다음이 포함된다.

셀렉터(Selector)

레플리카셋은 포드 레이블을 사용해 클러스터에서 실행 중인 포드를 찾아 리스트하고 장애가 발생할 경우 레플리카를 생성한다.

생성할 레플리카 수(Number of replicas to create)

생성해야 하는 포드 수를 지정한다.

템플릿(Template)

레플리카셋이 의도한^{desired} 포드 수를 충족시키기 위해 생성해야 하는 새 포드의 관련 데이터를 지정한다.

실제 프로덕션에서 사용하는 경우에는 중복성을 감안해 안정적으로 실행되는 포드 집합을 유지하기 위해 레플리카셋이 필요하다. 그러나 레플리카셋은 추상화 계층이므로 직접 처리하지 않아도 된다. 대신, 포드를 배포하고 관리하는 훨씬 더 나은 방법을 제공하는 디플로이먼트를 사용한다.

레플리카셋은 다음과 같다.

```
apiVersion: apps/v1
kind: ReplicaSet
metadata:
  name: myapp-cnf-replicaset
  labels:
    app: cnfbook
spec:
  replicas: 3
  selector:
    matchLabels:
      app: cnfbook
  template:
    metadata:
      labels:
        app: cnfbook
    spec:
      containers:
      - name: nginx
        image: nginx
        ports:
        - containerPort: 80
```

앞의 구성으로 레플리카셋을 생성하려면 nginx_Replicaset.yaml로 매니페스트를 저장하고 적용한다. 그러면 다음과 같이 레플리카셋과 3개의 포드가 생성된다.

```
$ kubectl apply -f nginx_Replicaset.yaml
replicaset.apps/myapp-cnf-replicaset created

$ kubectl get rs
NAME                    DESIRED    CURRENT    READY    AGE
myapp-cnf-replicaset    3          3          3        6s

$ kubectl get pods
NAME                          READY    STATUS     RESTARTS    AGE
myapp-cnf-replicaset-drwp9    1/1      Running    0           11s
myapp-cnf-replicaset-pgwj8    1/1      Running    0           11s
myapp-cnf-replicaset-wqkll    1/1      Running    0           11s
```

디플로이먼트(Deployments)

프로덕션 환경에서 핵심적으로 중요한 것은 변화다. 프로덕션 환경에서 가장 일반적인 작업은 애플리케이션의 새로운 기능을 롤아웃하는 것이기 때문에 프로덕션 환경에서 애플리케이션은 매우 빠른 속도로 업데이트되거나 변경된다. 쿠버네티스는 롤링 업데이트를 수행하기 위한 표준으로 디플로이먼트 오브젝트를 제공하고, 클러스터 관리자는 물론 최종 사용자에게도 심리스seamless한 경험을 제공한다. 이는 디플로이먼트Deployments가 업데이트 시 특정 수의 포드만 중단되도록 보장하기 때문에, 애플리케이션을 중단하지 않고 애플리케이션에 업데이트를 푸시할 수 있음을 의미한다. 이를 제로 다운타임 배포라고 한다. 기본적으로 디플로이먼트는 원하는 포드 수의 75% 이상이 작동하도록 한다. 디플로이먼트는 쿠버네티스에서 다운타임 없이 새로운 버전의 애플리케이션을 롤아웃할 수 있는 안정적이고 안전한 최신 방법이다.

다음과 같이 Deployment를 만들 수 있다.

```
apiVersion: apps/v1
kind: Deployment
metadata:
  name: nginx-deployment
```

```
  labels:
    app: nginx
spec:
  replicas: 3
  selector:
    matchLabels:
      app: nginx
  template:
    metadata:
      labels:
        app: nginx
    spec:
      containers:
      - name: nginx
        image: nginx
        ports:
        - containerPort: 80
```

앞의 구성을 적용하려면 nginx_Deployment.yaml이라는 파일로 저장한 후 다음과 같이 kubectl apply를 사용한다.

```
$ kubectl apply -f nginx_Deployment.yaml
deployment.apps/nginx-deployment created
```

흥미롭게도 배포 포드에 3개의 레플리카가 필요하다고 선언했기 때문에 디플로이먼트는 레플리카셋도 처리한다. 다음과 같이 확인한다.

```
$ kubectl get deployment
NAME               READY    UP-TO-DATE    AVAILABLE    AGE
nginx-deployment   3/3      3             3            18s
$ kubectl get rs
NAME                         DESIRED    CURRENT    READY    AGE
nginx-deployment-d46f5678b   3          3          3        29s
$ kubectl get pods
NAME                              READY    STATUS     RESTARTS    AGE
nginx-deployment-d46f5678b-dpc7p  1/1      Running    0           36s
nginx-deployment-d46f5678b-kdjxv  1/1      Running    0           36s
nginx-deployment-d46f5678b-kj8zz  1/1      Running    0           36s
```

그래서 매니페스트 파일에서 .spec.replicas에 세 개의 레플리카를 생성했다. 그리고 Deployment 오브젝트가 nginx-deployment에서 관리되는 포드를 찾기 위해 spec.selector 필드를 사용한다. 포드는 metadata.labels라는 템플릿 필드를 사용해 레이블이 지정된다.

이제 새 버전의 Nginx를 롤아웃해보자. Nginx 버전을 1.14.2로 고정한다고 가정한다. 파일을 편집해 디플로이먼트 매니페스트를 편집하기만 하면 된다.[6] 즉, 다음과 같이 버전을 변경하고 매니페스트 파일을 저장한다.

```
$ kubectl edit deployment.v1.apps/nginx-deployment
deployment.apps/nginx-deployment edited
```

이렇게 하면 Deployment 오브젝트가 업데이트되고, 다음과 같이 확인한다.

```
$ kubectl rollout status deployment.v1.apps/nginx-deployment
Waiting for deployment "nginx-deployment" rollout to finish: 1 out of 3 new replicas
have been updated...
Waiting for deployment "nginx-deployment" rollout to finish: 1 out of 3 new replicas
have been updated...
Waiting for deployment "nginx-deployment" rollout to finish: 2 out of 3 new replicas
have been updated...
Waiting for deployment "nginx-deployment" rollout to finish: 2 out of 3 new replicas
have been updated...
Waiting for deployment "nginx-deployment" rollout to finish: 2 out of 3 new replicas
have been updated...
Waiting for deployment "nginx-deployment" rollout to finish: 2 old replicas are pending
termination...
Waiting for deployment "nginx-deployment" rollout to finish: 1 old replicas are pending
termination...
Waiting for deployment "nginx-deployment" rollout to finish: 1 old replicas are pending
termination...
deployment "nginx-deployment" successfully rolled out
```

---

6   아래 첫 번째 명령어를 입력했을 때, containers의 image를 nginx:1.14.2로 수정 후 저장하고 빠져나온다. – 옮긴이

Deployment 오브젝트는 이전의 포드가 업데이트되는 동안 항상 특정 수의 포드를 사용할 수 있도록 한다. 이미 언급했듯이 기본적으로 업데이트 시 25% 이상의 포드는 사용할 수 없다. 디플로이먼트는 최대 25%의 서지surge 비율을 보장하므로, 의도한desired 수의 포드에 대해 특정 수의 포드만 생성되도록 한다. 따라서 rollout status에서는 변경 사항을 롤아웃할 때 최소 두 개 이상의 포드를 사용할 수 있음을 알 수 있다. 다시 kubectl describe deployment를 사용해 디플로이먼트에 대한 세부 정보를 볼 수 있다.

> 여기에서는 직접 kubectl edit를 사용해 디플로이먼트 명령어를 실행했지만, 더 좋은 접근 방식은 항상 실제 매니페스트 파일을 업데이트한 다음 kubectl을 적용하는 것이다. 이것은 또한 형상 관리에서 디플로이먼트 매니페스트를 유지하는 데에도 도움이 된다. --record나 set 명령을 사용해 업데이트할 수도 있다.

수평적 포드 오토스케일러

쿠버네티스는 포드가 수평으로 확장되는 수평적 포드 오토스케일러 즉, HPAHorizontal Pod Autoscaler를 사용해 동적 스케일링을 지원한다. 예를 들어 관측 중인 CPU 메트릭에 따라 동적으로 포드 수를 늘리거나 줄이려는 경우, 포드에 대해 관찰된 메트릭을 기반으로 n 개의 포드를 생성할 수 있다. HPA는 기본적으로 15초 간격으로 메트릭에 대해 지정된 리소스 사용률을 확인하는 컨트롤 루프를 통해 작동한다(그림 4-4 참조).

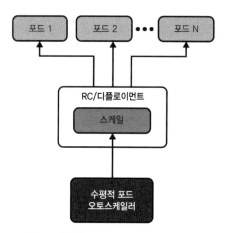

그림 4-4 수평적 포드 오토스케일러의 동작 방식

HPA를 사용하려면 메트릭 서버(https://oreil.ly/x8Pp6)가 필요하다. 메트릭 서버는 kube
let에서 메트릭을 수집하고 HPA에서 사용할 메트릭 API를 통해 쿠버네티스 API 서버에
노출한다. 먼저 다음과 같이 배포를 위해 kubectl autoscale을 사용해 오토스케일러를
생성한다.

```
$ ~ kubectl autoscale deployment nginx-deployment --cpu-percent=50 --min=3 --max=10
horizontalpodautoscaler.autoscaling/nginx-deployment autoscaled
```

앞의 kubectl 명령은 nginx-deployment에서 3개 이상 10개 이하의 포드가 사용되도록
보장하는 HPA를 생성한다. HPA는 모든 포드에서 평균 CPU 사용률을 50% 이하로 유지
하기 위해 레플리카 수를 늘리거나 줄인다.

다음을 사용해 HPA를 볼 수 있다.

```
$ ~ kubectl get hpa
NAME               REFERENCE                     TARGETS   MINPODS  MAXPODS  REPLICAS  AGE
nginx-deployment   Deployment/nginx-deployment   0%/50%    3        10       3         6m59s
```

디플로이먼트에 연결된 HPA 매니페스트 YAML 파일을 사용해, 오토스케일러를 생성할
수 있는 스케일링 요소를 추가할 수 있다.

서비스

앞서 언급했듯이 쿠버네티스 환경은 다양하게 포드가 만들어지거나 없어지고 옮겨지는
등 매우 동적인 시스템이다. 이런 동적 환경으로 인해 문제가 생긴다. 즉, 배포를 위해
여러 포드가 실행 중이기 때문에 애플리케이션이 있는 레플리카 포드를 찾는 것과 같은
문제다. 또한 포드는 통신을 위해 다른 포드를 찾는 방법이 필요하다. 쿠버네티스는 포
드 그룹의 단일 진입점에 대한 추상화로 Service 오브젝트를 제공한다. 서비스 오브젝
트에는 오브젝트가 존재하는 한 절대 변경되지 않는 IP 주소, DNS 이름 및 포트가 있다.
공식적으로 서비스 디스커버리라고 알려진 이 기능은 기본적으로 복잡하게 처리하지
않고도 다른 포드/서비스가 쿠버네티스의 다른 서비스에 연결할 수 있도록 한다. 클라
우드 네이티브 서비스 디스커버리 접근 방식은 6장에서 더 자세히 논의한다.

서비스Service를 사용하려면, 서비스 매니페스트 YAML을 사용한다. 이미 디플로이먼트로 실행 중인 간단한 "hello world" 애플리케이션이 있다고 가정하자. 이 서비스를 노출하는 기본 방법 중 하나는 서비스 유형을 ClusterIP로 지정하는 것이다. 이 서비스는 클러스터의 내부 IP로 노출되며 다음과 같이 클러스터 내에서만 연결할 수 있다.

```
--
apiVersion: v1
kind: Service
metadata:
  name: hello-world-service
spec:
  type: ClusterIP
  selector:
    app: hello-world
  ports:
  - port: 8080
    targetPort: 8080
```

포트는 서비스를 할 포트를 나타내고 targetPort는 서비스가 전달될 실제 컨테이너 포트다. 이 경우 포드 IP에 대해 대상target 포트 8080에서 hello-world 앱의 포트 8080을 노출했다.

```
$ kubectl get svc
NAME                  TYPE        CLUSTER-IP     EXTERNAL-IP    PORT(S)     AGE
hello-world-service   ClusterIP   10.32.0.40     <none>         8080/TCP    6s
```

표시된 IP 주소는 클러스터 IP이며 실세 시스템 IP 주소가 아니다. 워커 노드에서 SSH를 수행하는 경우, 다음과 같이 간단히 curl을 수행하면 서비스가 8080 포트에 노출됐는지 확인할 수 있다.

```
ubuntu@worker0:~$ curl http://10.32.0.40:8080
Hello World
```

클러스터 외부(즉, 워커를 제외한 다른 노드)에서 이 IP 주소에 연결하려고 한다면, 연결할 수 없다. 노드 포트를 사용하면, 다음과 같이 각 노드의 IP에 정의된 포트로 서비스를 노출할 수 있다.

```
--
apiVersion: v1
kind: Service
metadata:
  name: hello-world-node-service
spec:
  type: NodePort
  selector:
    app: hello-world
  ports:
  - port: 8080
    targetPort: 8080
    nodePort: 30767
```

서비스 매니페스트에서 포드의 8080 포트를 NodePort(즉, 물리적 인스턴스 포트) 30767
에 매핑했다. 이러한 방식으로 IP를 직접 노출하거나 원하는 로드 밸런서를 배치할 수
있다. 이제 **get svc**를 실행하면 다음과 같이 포트의 매핑을 볼 수 있다.

```
$  kubectl get svc
NAME                       TYPE        CLUSTER-IP     EXTERNAL-IP    PORT(S)           AGE
hello-world-node-service   NodePort    10.32.0.208    <none>         8080:30767/TCP    8s
hello-world-service        ClusterIP   10.32.0.40     <none>         8080/TCP          41m
```

이제 노드의 30767 포트로 서비스에 액세스할 수 있다.

```
ubuntu@controller0:~$ curl http://10.240.0.21:30767
Hello World
```

curl 명령의 IP는 워커 노드의 물리적 IP(클러스터 IP가 아니다) 주소이고, 노출되는 포
트는 30767이다. 포트 30767에 대한 노드의 퍼블릭 IP에 직접 도달할 수도 있다. 그림
4-5는 클러스터 IP, 노드 포트, 로드 밸런서가 서로 어떻게 관련돼 있는지 보여준다.

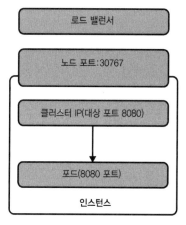

그림 4-5 쿠버네티스 노드의 클러스터 IP, 노드 포트, 로드 밸런서

서비스의 다른 유형은 LoadBalancer와 ExternalName이다. LoadBalancer는 클라우드 공급자의 로드 밸런서를 사용해 서비스를 외부에 노출한다. 외부 로드 밸런서가 라우팅하는 NodePort와 ClusterIP 서비스는 자동으로 생성한다. 하지만 ExternalName은 서비스를 my.redisdb.internal.com과 같은 DNS 이름에 매핑한다. 그림 4-6에서 다양한 서비스 유형이 서로 어떻게 관련돼 있는지 확인할 수 있다.

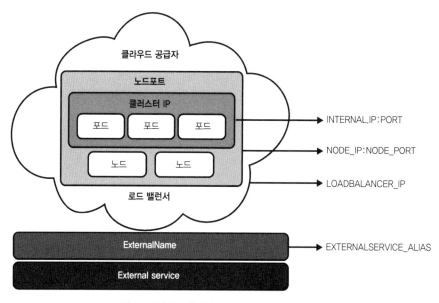

그림 4-6 클라우드 환경에서 외부 서비스와 로드 밸런서

인그레스

Service 오브젝트는 클러스터 내부와 외부 모두에 애플리케이션을 노출하는 데 도움이 되지만, 프로덕션 시스템에서는 NodePort를 사용해 배포하는 모든 서비스에 대해 새로운 고유한 포트를 계속 열 수도 없고, 매번 서비스 타입을 LoadBalancer로 생성할 수도 없다. 때때로 HTTP 기반 서비스를 배포하고 SSL 오프로딩을 수행해야 하는데, 이러한 경우 Service 오브젝트는 실제로 도움이 되지 않는다. 쿠버네티스에서 HTTP 로드 밸런싱(공식적으로는 7계층 로드 밸런싱)은 인그레스 오브젝트에 의해 수행된다.

인그레스Ingress를 사용하려면 먼저 인그레스 컨트롤러[7]를 구성해야 한다. 더 잘 이해하고 어떻게 동작하는지 보기 위해 Azure Kubernetes ServiceAKS Application Gateway 인그레스 컨트롤러를 구성한다. 이를 더 잘 이해하는 가장 쉬운 방법은 직접 보는 것이다.

```
apiVersion: networking.k8s.io/v1
kind: Ingress
metadata:
  name: ingress-wildcard-host
spec:
  rules:
  - host: "foo.bar.com"
    http:
      paths:
      - pathType: Prefix
        path: "/bar"
        backend:
          service:
            name: hello-world-node-service
            port:
              number: 8080
  - host: "*.foo.com" http:
    paths:
    - pathType: Prefix
```

---

7 인그레스 리소스가 작동하려면 클러스터에 인그레스 컨트롤러가 실행 중이어야 한다. 다른 유형의 컨트롤러는 kube-controller-manager 바이너리의 일부로 실행이 되는 반면에, 인그레스 컨트롤러는 클러스터에서 자동으로 시작되지 않는다. 인그레스 컨트롤러에는 다양한 유형이 있다. 예를 들어 Azure는 Azure Application Gateway를 구성하기 위한 AKS Application Gateway 수신 컨트롤러를 제공한다.

```
      path: "/foo"
    backend:
      service:
        name: service2
        port:
          number: 80
```

인그레스 매니페스트에서, 두 개의 규칙^{rules}을 만들고 foo.bar.com을 호스트로 하나의 하위 도메인 /bar에 매핑했다. 이 하위 도메인은 이전 서비스인 hello-world-node-service로 라우팅된다.

마찬가지로 도메인에 대해 여러 경로를 정의하고 다른 서비스로 라우팅할 수 있다. 필요에 따라 인그레스를 구성하는 여러 방법이 있다. 단일 도메인 라우팅에서 다중 서비스로 또는 다중 도메인 라우팅에서 다중 도메인으로 확장할 수 있다(그림 4-7 참조).

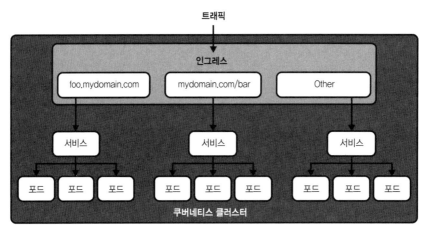

그림 4-7 하나의 도메인에 대해 여러 경로가 있는 인그레스

마지막으로, 시크릿^{Secret} 오브젝트를 생성한 후 다음과 같이 인그레스 스펙^{spec}에서 해당 시크릿을 사용해 TLS 지원을 명시할 수 있다.

```
apiVersion: v1
kind: Secret
metadata:
```

```
    name: my_tls_secret
  namespace: default
data:
  tls.crt: base64 encoded cert
  tls.key: base64 encoded key
type: kubernetes.io/tls
```

Base64로 인코딩된 TLS 인증서와 키를 지정해 인그레스를 보호할 수 있다. 인그레스 매니페스트에서 이 시크릿을 참조한다면 다음과 같을 것이다.

```
apiVersion: networking.k8s.io/v1
kind: Ingress
metadata:
  name: tls-example-ingress
spec:
  tls:
  - hosts:
    - https.mywebsite.example.come
    secretName: my_tls_secret
  rules:
  - host: https.mywebsite.example.come
    http:
      paths:
      - path: /
        pathType: Prefix
        backend:
          service:
            name: service1
            port:
              number: 80
```

인그레스 컨트롤러는 많은 기능과 복잡성을 처리하고, Azure Gateway 인그레스 컨트롤러 또한 많은 기능과 복잡성을 처리한다. 예를 들어 Azure의 네이티브 7계층 애플리케이션 게이트웨이 로드 밸런서를 활용해 서비스를 인터넷에 노출한다. 이에 대해서는 5장에서 AKS를 소개할 때 더 자세히 논의할 것이다.

데몬셋

이전에 논의한 대로, 데몬셋^{DaemonSet}은 일반적으로 쿠버네티스 클러스터의 여러 노드에서 에이전트를 실행하는 데 사용된다. 에이전트는 포드로 추상화된 컨테이너 내부에서 실행된다. 대부분의 경우 SRE와 DevOps 엔지니어는 애플리케이션 텔레메트리^{telemetry}와 이벤트를 얻기 위해 각 노드에서 로그 에이전트나 모니터링 에이전트를 실행하는 것을 선호한다. 기본적으로 데몬셋은 모든 노드에 포드의 복사본을 생성하지만 노드 셀렉터^{node selector}로 제한할 수 있다. 레플리카셋과 데몬셋 사이에는 많은 유사점이 있지만 이들 간의 주요 차이점은 데몬셋의 경우 모든 노드에서 단일 에이전트(즉, 포드) 애플리케이션을 실행해야 한다는 것이다.

로깅 컨테이너를 실행하는 방법 중 하나는 데몬셋을 사용해 각 노드에 포드를 배포하는 것이다. Fluentd는 시스템에서 로그를 수집하는 데 널리 사용되는 오픈소스 로깅 솔루션이다. 다음의 예는 데몬셋을 사용해 Fluentd를 배포하는 방법 중 하나를 보여준다.

```
apiVersion: apps/v1
kind: DaemonSet
metadata:
  name: fluentd-elasticsearch
  namespace: kube-system
  labels:
    central-log-k8s: fluentd-logging
spec:
  selector:
    matchLabels:
      name: fluentd-elasticsearch
  template:
    metadata:
      labels:
        name: fluentd-elasticsearch
    spec:
      tolerations:
      - key: node-role.kubernetes.io/master
        effect: NoSchedule
      containers:
      - name: fluentd-elasticsearch
```

```
      image: quay.io/fluentd_elasticsearch/fluentd:v2.5.2
      resources:
        limits:
          memory: 200Mi
        requests:
          cpu: 100m
          memory: 200Mi
      volumeMounts:
      - name: varlog
        mountPath: /var/log
      - name: varlibdockercontainers
        mountPath: /var/lib/docker/containers
        readOnly: true
  terminationGracePeriodSeconds: 30
  volumes:
  - name: varlog
    hostPath:
      path: /var/log
  - name: varlibdockercontainers
    hostPath:
      path: /var/lib/docker/containers
```

이전 데몬셋 구성에서 각 노드에 Fluentd 컨테이너를 배포할 DaemonSet을 만들었다. 또한 마스터(컨트롤 플레인) 노드에서 Fluentd 노드를 스케줄하지 않도록 톨러레이션 toleration을 만들었다.

 쿠버네티스는 테인트(taint)와 톨러레이션(tolerations)이라는 스케줄링 기능을 제공한다.

- 쿠버네티스의 테인트를 사용하면 노드가 포드 집합을 제외할 수 있다(즉, 특정 노드가 특정 유형의 포드를 스케줄하지 않도록 하려는 경우).
- 톨러레이션은 포드에 적용되고 포드가 일치하는 테인트가 있는 노드에 스케줄하도록 허용(필수는 아님)한다.

테인트(Taint)와 톨러레이션(toleration)은 함께 작동해 포드가 적절하지 않은 노드에 스케줄되지 않도록 한다. 하나 이상의 테인트가 노드에 적용된다. 이는 노드가 테인트를 허용하지 않는 포드를 수용해서는 안 됨을 나타낸다.

다음과 같이 각 워커 노드에 자동으로 생성된 포드를 확인할 수 있다.

```
$  kubectl apply -f fluentd.yaml
daemonset.apps/fluentd-elasticsearch created
```

```
$ kubectl get ds --all-namespaces
NAMESPACE     NAME                    DESIRED   CURRENT   READY   UP-TO-DATE   AVAILABLE
kube-system   fluentd-elasticsearch   3         3         3       3            3
NODE SELECTOR     AGE
<none>            5m12s
```

```
$  kubectl get pods --namespace=kube-system -o wide
NAME                          READY   STATUS    RESTARTS   AGE   IP            NODE
fluentd-elasticsearch-5jxg7   1/1     Running   1          45m   10.200.1.53   worker1
fluentd-elasticsearch-c5s4c   1/1     Running   1          45m   10.200.2.32   worker2
fluentd-elasticsearch-r4pqz   1/1     Running   1          45m   10.200.0.43   worker0
NOMINATED NODE    READINESS GATES
<none>            <none>
<none>            <none>
<none>            <none>
```

잡

때때로 성공적으로 종료할 때까지 작은 스크립트를 실행해야할 때가 있다. 쿠버네티스에서는 Job 오브젝트를 사용해 이 작업을 수행할 수 있다. Job 오브젝트는 성공적으로 완료될 때까지 실행되는 포드를 생성 및 관리하며 일반 포드와 달리 주어진 작업이 완료되면 이러한 잡으로 생성된 포드는 다시 시작되지 않는다. Job YAML을 사용해 다음과 같이 간단한 잡^{Job}을 설명한다.

```
apiVersion: batch/v1
kind: Job
metadata:
  name: examplejob
spec:
  template:
    metadata:
      name: examplejob
```

```
spec:
  containers:
  - name: examplejob
    image: busybox
    command: ["echo", "Cloud Native with Azure"]
  restartPolicy: Never
```

여기에서 셸 명령을 출력하는 Job을 만들었다. Job을 생성하려면 앞의 YAML을 저장하고 kubectl apply로 적용한다. 잡 매니페스트를 적용하면 쿠버네티스가 잡을 생성하고 즉시 실행한다. 다음과 같이 kubectl describe를 사용해 작업 상태를 확인할 수 있다.

```
$ kubectl apply -f job.yaml
job.batch/examplejob created
$ kubectl get jobs
NAME          COMPLETIONS   DURATION   AGE
examplejob    1/1           3s         9s
$ kubectl describe job examplejob
Name:          examplejob
Namespace:     default
Selector:      controller-uid=f6887706-85ef-4752-8911-79cc7ab33886
Labels:        controller-uid=f6887706-85ef-4752-8911-79cc7ab33886
               job-name=examplejob Annotations:    kubectl.kubernetes.io/last-applied-
configuration:
               {"apiVersion":"batch/v1","kind":"Job","metadata":
               {"annotations":{},"name":"examplejob","namespace":"default"},
               "spec":{"template":{"metadat...
Parallelism:   1
Completions:   1
Start Time:    Mon, 07 Sep 2020 01:08:53 +0530
Completed At:  Mon, 07 Sep 2020 01:08:56 +0530
Duration:      3s
Pods Statuses: 0 Running / 1 Succeeded / 0 Failed
Pod Template:
  Labels:   controller-uid=f6887706-85ef-4752-8911-79cc7ab33886
            job-name=examplejob   Containers:    examplejob:
    Image:      busybox
    Port:       <none>
    Host Port:  <none>
```

```
   Command:
     echo
     Cloud Native with Azure
   Environment:  <none>
   Mounts:       <none>
  Volumes:       <none>
Events:
  Type    Reason          Age   From           Message
  ----    ------          ----  ----           -------
  Normal  SuccessfulCreate  61s  job-controller  Created pod: examplejob-mcqzc
  Normal  Completed         58s  job-controller  Job completed
```

요약

쿠버네티스는 Google에서 대규모로 애플리케이션을 컨테이너화하면서 얻은 10년 간의 경험을 바탕으로 구축된 강력한 플랫폼이다. 쿠버네티스는 클라우드 네이티브 컴퓨팅 재단의 설립을 이끌었으며, 이 재단에서 졸업한 첫 번째 프로젝트였다. 이로 인해 클라우드 네이티브 환경을 더 많이 적용하고 지원한다는 측면에서 마이크로서비스 에코시스템이 상당히 간소화됐다. 4장에서는 쿠버네티스가 대규모로 작동할 수 있도록 하는 다양한 컴포넌트와 개념을 살펴봤다. 또한 5장에서 쿠버네티스 플랫폼을 활용해 프로덕션 수준의 클라우드 네이티브 애플리케이션을 제공할 수 있도록 준비했다.

5장에서는 쿠버네티스 클러스터 관리의 근본적인 복잡성을 고려해 클러스터를 만들고 사용하는 방법에 관해 알아본다. 또한 Azure 쿠버네티스 서비스 등도 살펴본다.

Azure에서 쿠버네티스 클러스터 생성

이제 쿠버네티스 클러스터가 내부에서 어떻게 작동하는지 기본적으로 이해했으므로 지식을 테스트하고 실제로 쿠버네티스 클러스터를 구축하고 사용해볼 것이다. 고가용성이 필요한 프로덕션 환경에서 쿠버네티스 클러스터를 만들고 실행하기 위해서는 여러 도구를 사용해야 할 수도 있다. 더 일반적인 도구로는 kops, kubeadm, Kubespray, Rancher가 있다. 이러한 도구에는 여러 기술을 조합해 프로덕션 환경에서 원활하게 실행될 수 있는 클러스터 구축 플레이북이 미리 작성돼 있다.

5장에서는 미리 빌드된 도구를 사용하지 않는다. 대신 프로덕션 환경에서 사용할 수 있는 클러스터를 구축하기 위한 좀 더 실질적인 접근 방식을 취할 것이다.

쿠버네티스 클러스터를 맨 처음부터 생성

이 절에서는 앤서블Ansible, 테라폼Terraform, 패커Packer를 사용해 쿠버네티스 클러스터를 맨 처음부터 구축한다. 클러스터의 다양한 컴포넌트를 더 잘 이해할 수 있도록 클러스터를 수동으로 구축하는 방법을 보여줄 것이다. 프로덕션급의 쿠버네티스 클러스터를 빌드하거나 실행하는 데 좋은 방법은 아니지만 좋은 기본 지식을 제공할 예정이다.

시작하려면 이 책의 깃허브(https://bit.ly/3kccjZZ)를 복제하고 Chapter5 폴더를 열어야 한다. 5장에서는 2장에서 설명된 Azure 계정을 이미 설정했고 테라폼, 패커, 앤서블 플레이북을 사용해 인프라 생성을 테스트해봤다고 가정한다.

Chapter5 Git 리포지터리의 코드는 다음과 같이 정렬했다.

```
$ Chapter5 git:(master)
.
├── AKS                    - Azure 쿠버네티스 서비스 클러스터
├── Ansible-Playbooks      - k8s 클러스터를 만들기 위한 앤서블 플레이북
├── Deployments
├── K8S_Packer_Image       - 워커와 컨트롤러에 대한 머신 이미지
├── Kubernetes_Cluster     - k8s에 대한 테라폼 초기화 디렉터리
├── README.md
└── terraform_modules      - k8s 클러스터에 대한 테라폼 모듈
```

이 절에서는 K8S_packer_Image, Ansible-Playbooks, Kuber netes_Cluster, terraform_modules만 사용한다.

리소스 그룹 생성

첫 번째 단계는 모든 인프라 컴포넌트를 그룹화하기 위한 리소스 그룹을 만드는 것이다. 이렇게 하려면 Chapter5/Kubernetes_Cluster/A-Resource_group 디렉터리로 이동해 다음 명령을 실행한다.

```
$ terraform init
```

초기화 후 다음을 실행해 리소스 그룹을 생성한다.

```
$terraform apply

An execution plan has been generated and is shown below.
Resource actions are indicated with the following symbols:
+ create

Terraform will perform the following actions:

# module.CNA-Terraform-Resource-Grp.azurerm_resource_group.generic-resource-gp
# will be created
+ resource "azurerm_resource_group" "generic-resource-gp" {
```

```
    + id        = (known after apply)
    + location = "eastus2"
    + name      = "K8Scluster"
    + tags      = {
        + "cluster"     = "k8s-experments"
        + "environment" = "dev"
      }
  }

Plan: 1 to add, 0 to change, 0 to destroy.

Do you want to perform these actions?
  Terraform will perform the actions described above.
  Only 'yes' will be accepted to approve.

  Enter a value: yes
```

계속하기 위해 yes를 입력한다. 그러면 Azure의 **eastus2** 리전에 **K8Scluster**라는 리소스 그룹이 생성된다.

워커와 컨트롤러의 머신 이미지 생성

두 번째 단계는 컨트롤러와 워커 인스턴스 이미지의 패커 이미지를 생성하는 것이다. Chapter5/K8S_packer_Image 디렉터리에서 controller.json과 worker.json 내의 `client_id`, `client_secret`, `tenant_id`, `subscription_id` 항목을 Azure 자격 증명 credentials으로 업데이트한다.[1] 이제 다음과 같이 패커 명령을 실행한다.

```
$ packer build worker.json
==> Builds finished. The artifacts of successful builds are:
--> azure-arm: Azure.ResourceManagement.VMImage:

OSType: Linux
ManagedImageResourceGroupName: K8Scluster
```

---

1   Cloud Shell에서 code 명령어를 사용하면 쉽게 수정할 수 있다. 예를 들면 code controller.json을 실행해 편집기를 열 수 있다. 자세한 내용은 https://learn.microsoft.com/ko-kr/azure/cloud-shell/using-cloud-shell-editor를 참고한다. – 옮긴이

```
ManagedImageName: k8s_worker
ManagedImageId: /subscriptions/b5624140-9087-4311-a94a-3b16a2e84792/resourceGroups/ \
K8Scluster/providers/Microsoft.Compute/images/k8s_worker
ManagedImageLocation: eastus2

$ packer build controller.json
==> Builds finished. The artifacts of successful builds are:
--> azure-arm: Azure.ResourceManagement.VMImage:

OSType: Linux
ManagedImageResourceGroupName: K8Scluster
ManagedImageName: k8s_controller
ManagedImageId: /subscriptions/b5624140-9087-4311-a04b-3b16a2e84792/resourceGroups/ \
K8Scluster/providers/Microsoft.Compute/images/k8s_controller
ManagedImageLocation: eastus2
```

5장의 뒷부분에서 ManagedImageId를 사용할 것이니 잘 기억해두자.

스토리지 계정 생성

다음으로 테라폼에서 사용할 모든 인프라 매핑을 저장할 스토리지 계정을 만든다. 다시 말하지만 먼저 Kubernetes_Cluster/B-Storage_Account_backend에서 terraform init로 저장소를 초기화한 후 다음과 같이 명령을 적용한다.[2]

---

2   terraform apply 명령어를 실행하면 output.tf 파일에 민감 데이터가 있어

```
If you do intend to export this data, annotate the output value as sensitive by adding the following
argument:
    sensitive = true
```

라는 에러 메시지가 출력될 수 있다. 이때, output.tf를 열어 "Primary-Access-Key" 항목을 다음과 같이 수정한다.

```
output "Primary-Access-Key" {
    value = "${module.CNA-Terraform-storage-backend.Storage-Primanry-Access-key}"
    sensitive = true
}
```

또한 main.tf에서 생성하는 스토리지 계정 이름은 Azure 내에서 고유해야 한다. 따라서 cnabookprod라는 이름을 그대로 사용하면 이미 사용된 이름이라고 에러가 나올 수 있다. 적절히 이름을 변경해야 하는데, 옮긴이의 경우 계정명을 추가했다. 예를 들면, ⟨계정명⟩cnabookprod 같은 형식이다. 스토리지 계정의 이름은 소문자와 숫자만 가능하며 3자에서 24자 이내로 설정해야 한다.
– 옮긴이

```
$ terraform apply
.
.

Apply complete! Resources: 3 added, 0 changed, 0 destroyed.

Outputs:

Blob-ID = https://cnabookprod.blob.core.windows.net/k8s-cluster-dev/test
Blob-URL = https://cnabookprod.blob.core.windows.net/k8s-cluster-dev/test Primary-
Access-Key = ymMDE1pUQgtuxh1AOJyUvlvfXnmjAeJEHl2XvMmQ38AZp1O8Z0Xk4Hrw4N/ \
    d8yovb8FQ5VzqtREH94gzPCzAWCA==
```

그러면 cnabookprod 이름을 가진 스토리지 계정이 생성된다. ARM_ACCESS_KEY 변수명을 사용해 bash_profile을 Primary-Access-Key 값으로 업데이트한다.[3]

```
export ARM_ACCESS_KEY=ymMDE1pUQgtuxh1AOJyUvlvfXnmjAeJEHl2XvMmQ38AZp1O8Z0Xk4Hrw4N/ \
    d8yovb8FQ5VzqtREH94gzPCzAWCA==
```

Azure 가상 네트워크 생성

다음 단계는 쿠버네티스 클러스터를 호스팅할 가상 네트워크를 만드는 것이다. Chapter5 /Kubernetes_Cluster/C-Virtual_Network 디렉터리로 이동해 terraform init를 사용해 테라폼을 다시 초기화한다. 초기화되면 Azure 가상 네트워크를 만들기 위해 다음 구성을 적용한다.

```
$ terraform apply .
.
.
Apply complete! Resources: 6 added, 0 changed, 0 destroyed.
Releasing state lock. This may take a few moments...
Outputs:
```

---

3   위에서 Primary-Access-Key를 sensitive=true로 설정했기 때문에, terraform apply 출력에 기본 액세스 키 값이 나오지 않는다. terraform.tfstate 파일에는 값이 저장돼 있으니 이 파일을 열어 값을 기록한다. – 옮긴이

```
subnet_id = /subscriptions/b5624140-9087-4311-a04b-3b16a2e84792/resourceGroups/ \
  K8Scluster/providers/Microsoft.Network/virtualNetworks/cna-k8s-vnet/subnets/cna-k8s-
  subnet
vnet_id = /subscriptions/b5624140-9087-4311-a04b-3b16a2e84792/resourceGroups/ \
  K8Scluster/providers/Microsoft.Network/virtualNetworks/cna-k8s-vnet
```

그러면 CIDR이 10.240.0.0/24인 cnak8s-vnet이라는 가상 네트워크가 생성된다.

로드 밸런서의 퍼블릭 IP 생성

이제 모든 워커 노드와 컨트롤 플레인 노드와 함께 로드 밸런서에 대한 퍼블릭 IP를 생성할 것이다. 모든 리소스의 퍼블릭 IP를 생성하고 나면, 원격 클라이언트에 API 서버를 노출하기 위해 컨트롤 플레인 노드에 대한 로드 밸런서를 생성할 것이다.

퍼블릭 IP를 생성하려면, Chapter5/Kubernetes_Cluster/D-K8S_publicIP 디렉터리로 이동하고 terraform init를 사용해 테라폼을 초기화한다. 코드는 다음과 같이 구성된다.[4]

```
module "K8S-API-Server-Public-IP" {
  source = "../../terraform_modules/Azure_PublicIP"
  name_of_ip = "k8s_master_lb"
  resource-grp-name = "K8Scluster"
  azure-dc = "eastus2"
  env = "dev"
  type-of-cluster = "k8s-experments"
}

module "Worker0" {
  source = "../../terraform_modules/Azure_PublicIP"
  name_of_ip = "Worker0"
  resource-grp-name = "K8Scluster"
  azure-dc = "eastus2"
  env = "dev"
  type-of-cluster = "k8s-experments"
}
```

---

4   backend.tf에서 storage_account_name을 위에서 만든 스토리지 계정 이름으로 변경한다. – 옮긴이

```
module "Worker1" {
  source = "../../terraform_modules/Azure_PublicIP"
  name_of_ip = "Worker1"
  resource-grp-name = "K8Scluster"
  azure-dc = "eastus2"
  env = "dev"
  type-of-cluster = "k8s-experments"
}
module "Worker2" {
  source = "../../terraform_modules/Azure_PublicIP"
  name_of_ip = "Worker2"
  resource-grp-name = "K8Scluster"
  azure-dc = "eastus2"
  env = "dev"
  type-of-cluster = "k8s-experments"
}


module "Controller0" {
  source = "../../terraform_modules/Azure_PublicIP"
  name_of_ip = "Controller0"
  resource-grp-name = "K8Scluster"
  azure-dc = "eastus2"
  env = "dev"
  type-of-cluster = "k8s-experments"
}
module "Controller1" {
  source = "../../terraform_modules/Azure_PublicIP"
  name_of_ip = "Controller1"
  resource-grp-name = "K8Scluster"
  azure-dc = "eastus2"
  env = "dev"
  type-of-cluster = "k8s-experments"
}
module "Controller2" {
  source = "../../terraform_modules/Azure_PublicIP"
  name_of_ip = "Controller2"
  resource-grp-name = "K8Scluster"
  azure-dc = "eastus2"
```

```
  env = "dev"
  type-of-cluster = "k8s-experments"
}
```

테라폼이 초기화되면 다음과 같이 terraform apply를 사용해 구성을 적용할 수 있다.
그러면 퍼블릭 IP가 생성된다.

```
$ terraform apply .
.
Apply complete! Resources: 7 added, 0 changed, 0 destroyed.
Releasing state lock. This may take a few moments...
Outputs:
Controller0_IP = 52.252.6.89
Controller0_IP_ID = /subscriptions/b5624140-9087-4311-a04b-3b16a2e84792/resourceGroups/ \
  K8Scluster/providers/Microsoft.Network/publicIPAddresses/Controller0
Controller1_IP = 52.254.50.7
Controller1_IP_ID = /subscriptions/b5624140-9087-4311-a04b-3b16a2e84792/resourceGroups/ \
  K8Scluster/providers/Microsoft.Network/publicIPAddresses/Controller1
Controller2_IP = 52.251.58.212
Controller2_IP_ID = /subscriptions/b5624140-9087-4311-a04b-3b16a2e84792/resourceGroups/ \
  K8Scluster/providers/Microsoft.Network/publicIPAddresses/Controller2
PublicIP_ID = /subscriptions/b5624140-9087-4311-a04b-3b16a2e84792/resourceGroups/ \
  K8Scluster/providers/Microsoft.Network/publicIPAddresses/k8s_master_lb
Public_IP = 52.254.73.23
Worker0_IP = 52.251.59.169
Worker0_IP_ID = /subscriptions/b5624140-9087-4311-a04b-3b16a2e84792/resourceGroups/ \
  K8Scluster/providers/Microsoft.Network/publicIPAddresses/Worker0
Worker1_IP = 52.251.59.78
Worker1_IP_ID = /subscriptions/b5624140-9087-4311-a04b-3b16a2e84792/resourceGroups/ \
  K8Scluster/providers/Microsoft.Network/publicIPAddresses/Worker1
Worker2_IP = 52.254.50.15
Worker2_IP_ID = /subscriptions/b5624140-9087-4311-a04b-3b16a2e84792/resourceGroups/ \
  K8Scluster/providers/Microsoft.Network/publicIPAddresses/Worker2
```

앞의 코드는 노드 인스턴스용(워커와 컨트롤러)으로 6개, 로드 밸런서용으로 1개 등 7개
의 퍼블릭 IP를 생성한다. 이제 Chapter5/Kubernetes_Cluster/E-K8S-API-Public-
loadbalancer 디렉터리로 이동해 테라폼을 초기화해 로드 밸런서를 생성하고 로드 밸

런서 IP를 연결할 수 있다. 그런 다음 다음과 같이 다시 `terraform apply`를 사용할 수 있다.[5]

```
$ terraform apply
.
.
.
Apply complete! Resources: 4 added, 0 changed, 0 destroyed.
Releasing state lock. This may take a few moments...

Outputs:

lb_backend_pool = /subscriptions/b5624140-9087-4311-a04b-3b16a2e84792/resourceGroups/ \
    K8Scluster/providers/Microsoft.Network/loadBalancers/k8s_master_lb/
    backendAddressPools/ \
    k8s-control-plane
load_balancer_frontend_id = /subscriptions/b5624140-9087-4311-a04b-3b16a2e84792/ \
    resourceGroups/K8Scluster/providers/Microsoft.Network/loadBalancers/k8s_master_lb/ \
    frontendIPConfigurations/K8S-frontend-config
load_balancer_id = /subscriptions/b5624140-9087-4311-a04b-3b16a2e84792/resourceGroups/ \
    K8Scluster/providers/Microsoft.Network/loadBalancers/k8s_master_lb
load_balancer_private_ip =
load_balancer_public_ip = /subscriptions/b5624140-9087-4311-a04b-3b16a2e84792/ \
    resourceGroups/K8Scluster/providers/Microsoft.Network/publicIPAddresses/k8s_master_lb
```

이 단계에서는 로드 밸런서를 생성하고 테라폼 구성 파일에 사전 정의된 로드 밸런서 규칙을 적용한다.

---

5   backend.tf와 pull.tf에서 storage_account_name을 위에서 만든 스토리지 계정 이름으로 변경한다. 만약 terraform을 최신 버전 (v1.3.3)으로 사용하는 경우, Chapter5/terraform_modules/Azure_Loadbalancer 디렉터리의 main.tf를 수정해야 한다.

1. "azurerm_lb_backend_address_pool" 리소스의 resource_group_name을 주석 처리한다.
2. "azurerm_lb_probe" 리소스의 resource_group_name을 주석 처리한다.
3. "azurerm_lb_rule" 리소스의 resource_group_name을 주석 처리한다.
4. "azurerm_lb_rule" 리소스의 backend_address_pool_id를 backend_address_pool_ids로 변경한다.
5. backend_address_pool_ids의 값을 문자열의 리스트로 바꾸기 위해 []를 추가한다.
     backend_address_pool_ids = [azurerm_lb_backend_address_pool.lbpool.id]

   – 옮긴이

워커 인스턴스와 컨트롤러 인스턴스 생성

이 시점에서 쿠버네티스 클러스터를 구성할 인스턴스 노드를 만들 준비가 됐다. 3개의 노드가 실제 워크로드(포드 등)를 실행할 워커 노드가 되고 3개의 노드가 컨트롤 플레인의 일부가 되는 6개의 노드 클러스터를 생성할 것이다.

이를 수행하기 전에 /Chapter5/Kubernetes_Cluster/F-K8S-Nodes 디렉터리의 main.tf 파일을 워커 노드와 컨트롤러 노드의 이미지 ID로 업데이트해야 한다. 또한 머신에 ssh 하는 데 사용할 SSH^{Secure Shell} 키의 위치 경로를 업데이트해야 한다.[6]

```
module "master" {
  source = "../../terraform_modules/Azure_VMs-Master"
  azure-dc = "eastus2"
  resource-grp-name = "K8Scluster"
  private_ip_addresses = ["10.240.0.10", "10.240.0.11", "10.240.0.12"]
  vm_prefix = "controller"
  username = "ubuntu"
  public_ip_address_id = [data.terraform_remote_state.k8s_public_ip.outputs.
    Controller0_IP_ID,data.terraform_remote_state.k8s_public_ip.outputs.
    Controller1_IP_ID,data.terraform_remote_state.k8s_public_ip.outputs.Controller2_IP_ID]
  vm_size = "Standard_D1_v2"
  env = "dev"
  type-of-cluster = "k8s-experments"
  vm_count = 3
  subnet_id = data.terraform_remote_state.k8s_vnet.outputs.subnet_id
    image_id = "/subscriptions/b5627140-9087-4305-a94c-3b16afe86791/
    resourceGroups/K8Scluster/providers/Microsoft.Compute/images/k8s_controller"
  ssh_key = "${file("/Users/nissingh/TESTING/SSH_KEYS/id_rsa.pub")}"
  lb_backend_pool = data.terraform_remote_state.k8s_loadbalancer.outputs.lb_backend_pool
}
```

---

6   이외에도 작업할 것이 있다.

    1. backend.tf와 pull.tf(3군데에 정의돼 있다)에서 storage_account_name을 위에서 만든 스토리지 계정 이름으로 변경한다.

    2. /Chapter5/terraform_modules/Azure_VMs-Master/main.tf와 /Chapter5/terraform_modules/Azure_VMs-Worker/main.tf의 33라인의 private_ip_address_allocation의 값을 다음처럼 "Static"으로 변경한다. (private_ip_address_allocation = "Static")

    – 옮긴이

이전 구성(main.tf)에서, SSH 키에 대한 경로와 컨트롤러(마스터) 노드에 대한 이미지 ID
가 업데이트됐다. 이제 ssh_key에 대해 **ssh-keygen** 명령을 사용해 SSH 키 쌍을 생성할
수 있다.[7] 마찬가지로, 워커 구성 파일을 업데이트한 다음 이전과 같이 테라폼을 초기화
한다. 초기화가 완료되면 terraform apply를 사용해 워커와 컨트롤러 인스턴스를 생성
할 수 있다.

```
$ terraform apply
.
.
.
Apply complete! Resources: 17 added, 0 changed, 0 destroyed.
Releasing state lock. This may take a few moments…

Outputs:

master_machine_id = [
  [ "/subscriptions/b5624140-9087-4311-a04b-3b16a2e84792/resourceGroups/K8Scluster/ \
      providers/Microsoft.Compute/virtualMachines/controller0",
    "/subscriptions/b5624140-9087-4311-a04b-3b16a2e84792/resourceGroups/K8Scluster/ \
      providers/Microsoft.Compute/virtualMachines/controller1",
    "/subscriptions/b5624140-9087-4311-a04b-3b16a2e84792/resourceGroups/K8Scluster/ \
      providers/Microsoft.Compute/virtualMachines/controller2",
  ],
]
master_machine_name = [
  [
      "controller0",
      "controller1",
      "controller2",
  ],
]
master_machine_private_ips = [
  [
```

---

7 이전에 SSH 키를 생성하지 않은 경우 SSH 키를 생성한다. 만약 Azure Cloud Shell에서 하는 경우 자세한 내용은 https://learn.
   microsoft.com/ko-kr/azure/virtual-machines/ssh-keys-azure-cli를 참고해 생성한다.
   SSH 공개 키를 생성한 후, ssh_key의 값을 해당 파일의 위치로 변경한다. 예를 들면 ssh_key = "${file("/home/〈Cloud Shell의
   계정명〉/.ssh/7777777777_9999999.pub")}" 이런 식으로 변경한다. – 옮긴이

```
      "10.240.0.10",
      "10.240.0.11",
      "10.240.0.12",
  ],
]
worker_machine_id = [
  [
    "/subscriptions/b5624140-9087-4311-a04b-3b16a2e84792/resourceGroups/K8Scluster/ \
      providers/Microsoft.Compute/virtualMachines/worker0",
    "/subscriptions/b5624140-9087-4311-a04b-3b16a2e84792/resourceGroups/K8Scluster/ \
      providers/Microsoft.Compute/virtualMachines/worker1",
    "/subscriptions/b5624140-9087-4311-a04b-3b16a2e84792/resourceGroups/K8Scluster/ \
      providers/Microsoft.Compute/virtualMachines/worker2",
  ],
]
worker_machine_name = [
  [
    "worker0",
    "worker1",
    "worker2",
  ],
]
worker_machine_private_ips = [
  [
    "10.240.0.20",
    "10.240.0.21",
    "10.240.0.22",
  ],
]
```

terraform apply가 완료되면 쿠버네티스 클러스터(그림 5-1 참조)에 대해 노드가 프로비저닝된 것을 볼 수 있다.

그림 5-1 워커 노드와 컨트롤러 노드의 작동과 실행

앤서블로 쿠버네티스 컨트롤러 노드의 배포와 구성

인프라가 실행 중이면 클러스터를 구성할 순서다. 기본 골격만 준비돼 있기 때문이다. 노드에서 동작하도록 쿠버네티스를 배포 구성하기 위해 앤서블 플레이북을 사용한다.

먼저 Chapter5/Ansible-Playbooks/hosts의 hosts 파일을 워커 인스턴스와 컨트롤러 인스턴스의 IP 주소로 업데이트 하고, SSH 사용자 이름과 **ssh-keygen**으로 생성된 SSH 개인 키의 경로로 업데이트한다.[8]

```
[controllers]
inventory_hostname=controller0 ansible_host=52.252.6.89
inventory_hostname=controller1 ansible_host=52.254.50.7
inventory_hostname=controller2 ansible_host=52.251.58.212


[workers]
inventory_hostname=worker0 ansible_host=52.251.59.169
inventory_hostname=worker1 ansible_host=52.251.59.78
inventory_hostname=worker2 ansible_host=52.254.58.15


[all:vars]
ansible_user = ubuntu
ansible_ssh_private_key_file = /Users/SSH_KEYS/id_rsa
```

---

8   그림 5-1을 기준으로 public ip를 확인하고 다음 사항을 기입한다. – 옮긴이

hosts 파일이 업데이트되면 **groupvars**(Chapter5/Ansible-Playbooks/group_vars 디렉터리의 all 파일에 있다)의 `loadbalancer_pub lic_ip`와 암호화 키를 업데이트해야 한다. 쿠버네티스는 클러스터 상태, 애플리케이션 구성, 시크릿을 포함해 다양한 데이터를 저장하기 때문에 이 데이터를 그대로 암호화해야 한다. 쿠버네티스는 클러스터 데이터를 그대로 암호화하는 기능을 지원한다.

암호화 키를 생성하려면 터미널에서 다음 명령을 실행하고 생성된 시크릿을 group_vars/all 파일에 다음과 같이 붙여 넣으면 된다.

```
$ head -c 32 /dev/urandom | base64
Uvivn+4ONy9yqRf0ynRVOpsEE7WsfyvYnM7VNakiNeA=
```

로드 밸런서 IP도 업데이트해야 한다. 최종적으로 group_vars는 다음과 같아야 한다.[9]

```
---
#Change loadbalancer_public_ip
loadbalancer_public_ip : 52.254.73.23
controller_private_ips_list : 10.240.0.10,10.240.0.11,10.240.0.12
# Keep k8s_internal_virtual_ip as it is
k8s_internal_virtual_ip: 10.32.0.1
k8s_cluster_cidr: "10.200.0.0/16"
k8s_cluster_name: "cloud-native-azure"
# Generate your own encryption_key : "head -c 32 /dev/urandom | base64"
encryption_key: Uvivn+4ONy9yqRf0ynRVOpsEE7WsfyvYnM7VNakiNeA=
#ETC config below for systemd file, place private ip's. No need to change
controller_0_ip: 10.240.0.10
controller_1_ip: 10.240.0.11
controller_2_ip: 10.240.0.12
```

파일을 업데이트하고 나면 로컬 시스템에 클라이언트 도구를 설치해야 한다. 주로 kubectl, cfssl, cfssljson이다. CFSSL은 일반적으로 TLS 인증서를 서명, 확인 그리고 번들하기 위한 Cloudflare의 공개 키 기반 구조/전송 계층 보안[PKI/TLS] 도구 키트다. 이

---

9   로드 밸런서에 들어가 public ip를 확인하고 아래를 기입, 컨트롤러와 워커 생성 시 dynamic으로 주소를 생성했기 때문에(?) controller_private_ips_list와 controller_0_ip, 1, 2 모두 다르다. 혹시 static으로 하면 고정되는지 확인이 필요하다. – 옮긴이

툴킷을 사용해 쿠버네티스 노드에 대한 TLS 인증서를 생성한다.

macOS에는 다음과 같이 cfssl과 cfssljson 프로그램을 설치할 수 있다.

```
$ brew install cfssl
```

리눅스에서는 다음과 같이 한다.

```
$ wget -q --show-progress --https-only --timestamping \
  https://github.com/cloudflare/cfssl/releases/download/v1.4.1/cfssl_1.4.1_linux_amd64 \
  https://github.com/cloudflare/cfssl/releases/download/v1.4.1/cfssljson_1.4.1_linux_
  amd64
$ chmod +x cfssl_1.4.1_linux_amd64 cfssljson_1.4.1_linux_amd64
$ sudo mv cfssl_1.4.1_linux_amd64 /usr/local/bin/cfssl
$ sudo mv cfssljson_1.4.1_linux_amd64 /usr/local/bin/cfssljson
```

cfssl version 명령을 실행해 잘 설치됐는지 확인한다.

```
$ ~ cfssl version
Version: dev
Runtime: go1.14
```

OS X에 kubectl 바이너리를 설치하기 위해서는 다음을 수행한다.

```
$ curl -LO "https://storage.googleapis.com/kubernetes-release/release/$(curl -s https:// \
  storage.googleapis.com/kubernetes-release/release/stable.txt)/bin/darwin/amd64/
  kubectl"
$ chmod +x ./kubectl
$ sudo mv ./kubectl /usr/local/bin/kubectl
```

다음은 Linux에 설치하는 명령이다.

```
$ curl -LO https://storage.googleapis.com/kubernetes-release/release/`curl -s https:// \
  storage.googleapis.com/kubernetes-release/release/stable.txt`/bin/linux/amd64/kubectl
$ chmod +x ./kubectl
$ sudo mv ./kubectl /usr/local/bin/kubectl
```

다음을 실행해 kubectl 클라이언트가 잘 작동하는지 확인할 수 있다.

```
$ kubectl version --client
Client Version: version.Info{Major:"1", Minor:"17", GitVersion:"v1.17.3",
GitCommit:"06ad960bfd03b39c8310aaf92d1e7c12ce618213", GitTreeState:"clean",
BuildDate:"2020-02-11T18:14:22Z", GoVersion:"go1.13.6", Compiler:"gc",
Platform:"darwin/amd64"}
```

이제 앤서블로 컨트롤러 노드를 구축할 준비가 됐다. 앤서블 플레이북 디렉터리(Chapter5/Ansible-Playbooks)로 이동하고 다음 명령을 실행한다.[10]

```
$ ansible-playbook -vi hosts controllers.yaml
```

실행하는 데 시간이 좀 걸린다. 완료되면 다음 출력이 표시된다.

```
PLAY RECAP ******************************************************************
inventory_hostname=controller0 : ok=43 changed=39 unreachable=0 failed=0 skipped=4
  rescued=0 ignored=0
inventory_hostname=controller1 : ok=22 changed=19 unreachable=0 failed=0 skipped=7
  rescued=0 ignored=0
inventory_hostname=controller2 : ok=22 changed=19 unreachable=0 failed=0 skipped=7
  rescued=0 ignored=0
```

이것으로 컨트롤러 노드 설정이 완료된다. 기본적으로, controllers.yaml 플레이북을 통해 etcds와 컨트롤러 노드를 부트스트랩했다. 앤서블 플레이북에는 클러스터의 컨트롤러 노드를 부트스트랩하기 위한 (설명이 필요 없는) 단계별 지침이 포함돼 있다. 핵심 세부 사항을 이해할 수 있도록 실행 경로에 대한 플레이북의 플레이를 따르는 것을 강력 추천한다.

앤서블로 쿠버네티스 워커 노드의 배포와 구성

컨트롤러 노드가 배포됐으니, 이제 workers.yaml 파일로 워커 노드를 배포할 수 있다.

---

10   private key file은 400으로 권한이 설정돼 있지 않으면 오류가 발생할 수 있다.
     예: chmod 0400 /Users/SSH_KEYS/id_rsa(위의 예제에서 설정한 private key file) – 옮긴이

```
$ ansible-playbook -vi hosts workers.yaml
.
.
.
PLAY RECAP ****************************************************************************
inventory_hostname=worker0 : ok=31 changed=29 unreachable=0 failed=0 skipped=20
  rescued=0 ignored=0
inventory_hostname=worker1 : ok=23 changed=21 unreachable=0 failed=0 skipped=23
  rescued=0 ignored=0
inventory_hostname=worker2 : ok=23 changed=21 unreachable=0 failed=0 skipped=23
  rescued=0 ignored=0
```

필수 쿠버네티스 바이너리로 워커 노드를 배포하고 구성한다.

포드 네트워크와 라우팅 설정

클러스터의 포드 네트워킹과 라우팅을 설정해야 한다. 포드 간 네트워킹을 설정하기 위해 먼저 Chapter5/Kubernetes_Cluster/G-K8S-PodsNetwork 디렉터리로 이동해 terraform init을 실행한다.

```
$ terraform init
```

디렉터리에서 테라폼을 초기화하고 나면 terraform apply를 실행할 수 있다.[11]

```
$ terraform apply
.
.
Apply complete! Resources: 2 added, 0 changed, 0 destroyed.

Outputs:

route_table_id = /subscriptions/b5624140-9087-4311-a04b-3b16a2e84792/resourceGroups/ \
  K8Scluster/providers/Microsoft.Network/routeTables/k8s-pod-router
```

---

11   terraform apply를 실행하기 전에 pull.tf 파일을 열어 storage_account_name을 위에서 만든 스토리지 계정 이름으로 변경한다.
      – 옮긴이

이렇게 하면 Azure에서 포드 라우트 테이블이 설정된다. 이제 마지막 디렉터리인 Chapter5/Kubernetes_Cluster/H-k8S_Route-creation으로 이동해 마침내 라우트를 생성할 수 있다. 그리고 이전과 같이 테라폼을 초기화한다. 초기화되면 `terraform apply`를 실행할 수 있다.

```
$ terraform apply
.
.
.
Plan: 3 to add, 0 to change, 0 to destroy.

Do you want to perform these actions?
  Terraform will perform the actions described above.
  Only 'yes' will be accepted to approve.

  Enter a value: yes

module.route0.azurerm_route.generic-routes: Creating...
module.route1.azurerm_route.generic-routes: Creating...
module.route0.azurerm_route.generic-routes: Creation complete after 4s [id=/
subscriptions/ b5624140-9087-4311-a04b-3b16a2e84792/resourceGroups/K8Scluster/
providers/Microsoft.Network/ routeTables/k8s-pod-router/routes/k8s-pod-router0]
module.route2.azurerm_route.generic-routes: Creating...
module.route1.azurerm_route.generic-routes: Creation complete after 5s [id=/
subscriptions/ b5624140-9087-4311-a04b-3b16a2e84792/resourceGroups/K8Scluster/
providers/Microsoft.Network/ routeTables/k8s-pod-router/routes/k8s-pod-router1]
module.route2.azurerm_route.generic-routes: Creation complete after 4s [id=/
subscriptions/ b5624140-9087-4311-a04b-3b16a2e84792/resourceGroups/K8Scluster/
providers/Microsoft.Network/ routeTables/k8s-pod-router/routes/k8s-pod-router2]

Apply complete! Resources: 3 added, 0 changed, 0 destroyed.
```

이것으로 쿠버네티스 클러스터에 대한 네트워킹 설정이 완료됐다.

원격 접속과 클러스터 검증을 위한 kubeconfig 파일 생성
마지막으로 방금 생성한 클러스터의 kubeconfig 파일을 다운로드하고 클러스터 설정이 잘 됐는지 테스트해야 한다. 앤서블 디렉터리인 Chapter5/Ansible-Playbooks로 돌아가 다음을 실행한다.

```
$ ansible-playbook -vi hosts remote_access_k8s.yaml
.
.
.
PLAY RECAP ************************************************************************
inventory_hostname=controller0 : ok=6 changed=5 unreachable=0 failed=0 skipped=0
  rescued=0 ignored=0
inventory_hostname=controller1 : ok=1 changed=0 unreachable=0 failed=0 skipped=0
  rescued=0 ignored=0
inventory_hostname=controller2 : ok=1 changed=0 unreachable=0 failed=0 skipped=0
  rescued=0 ignored=0
```

이제 클러스터에 액세스하고 클러스터와 상호작용할 수 있도록 kubeconfig 파일을 다운로드하고 로컬에 저장할 것이다. 다음과 같이 로컬 시스템에서 kubectl get nodes를 실행해 이를 수행할 수 있는지 확인한다.

```
$ kubectl get nodes
NAME       STATUS   ROLES     AGE     VERSION
worker0    Ready    <none>    27m     v1.17.3
worker1    Ready    <none>    27m     v1.17.3
worker2    Ready    <none>    27m     v1.17.3
```

출력에는 클러스터의 워크 노드가 리스트된다. 이제 이 클러스터를 사용해 5장에서 다루는 기능을 실험하고 탐색한다. 물론 지금까지 구성한 클러스터는 프로덕션에서 사용할 만한 클러스터는 아니지만 쿠버네티스 클러스터를 맨 처음부터 빌드, 실행, 유지 관리하는 방법에 대해 이해할 수 있다.

어려운 (반자동) 방식으로 이 작업을 수행하는 방법을 알았으니 이제 Azure에서 프로덕션 쿠버네티스 클러스터를 실행하는 기본적이고 간편한 방법을 살펴본다.

Azure 쿠버네티스 서비스(AKS)

지금까지 본 것처럼 쿠버네티스 클러스터를 관리하고 유지하는 프로세스는 복잡하다. 운영 관점에서 보면 클러스터를 실행하는 것만 있는 것은 아니다. 보안, 성능, 로깅, 클러스터 업그레이드, 패치 적용 등에 관한 것도 있다. 이러한 수고를 줄이기 위해서 Azure는 Azure 쿠버네티스 서비스 또는 AKS라는 관리형 솔루션을 제공한다.

AKS는 Azure에서 쿠버네티스 클러스터를 배포 및 관리하는 프로세스를 아주 쉽게 한다. Azure 관리형 쿠버네티스 솔루션은 쿠버네티스 관리 프로세스의 많은 부분을 제거해 애플리케이션만 관리하게 한다. AKS는 다음과 같은 몇 가지 장점이 있다.

- 클러스터의 상태 모니터링은 Azure에서 완전히 관리된다.

- 기반 노드의 유지 관리 작업은 Azure의 책임이다.

- 컨트롤 플레인은 Azure에서 관리 및 유지 보수하며, 사용자는 에이전트 노드만 관리하면 된다.

- AKS를 사용하면 보안과 접근 제어를 위해 Azure Active Directory와 쿠버네티스 RBAC API를 통합할 수 있다.

- 애플리케이션과 클러스터에 대한 모든 로그는 Azure Log Analytics 워크스페이스에 저장된다.

- Horizontal Pod Autoscaler[HPA]와 Cluster Autoscaler는 처음부터 쿠버네티스 클러스터를 설정하고 기본 리소스 권한을 관리하는 데 있어 원활히 사용할 수 있다.

- AKS는 스토리지 볼륨을 원활히 지원한다.

이제 AKS의 장점을 이해했으니 AKS 클러스터를 만든다. 이를 수행하는 두 가지 간단한 방법이 있다. Azure 포털(수동 접근 방식)을 사용하거나 테라폼(자동 접근 방식)을 사용하는 것이다.

Azure 콘솔에서 **Add** 버튼(그림 5-2)을 클릭해 AKS 클러스터 배포를 시작한다. 그리고 표시되는 지침을 따라 한다.

그림 5-2 AKS 클러스터를 생성하기 위해 Add 버튼을 클릭한다.

다른 방법으로는 테라폼에서 레포지터리의 /cloud_native_azure/Chapter5/AKS의 AKS 디렉터리로 이동해 다음 명령을 실행하는 것이다.[12]

```
$ terraform apply
```

---

12 다음의 작업을 추가로 해야 한다.

  1. variable.tf의

```
variable "ssh_public_key" {
    default = "/Users/nissingh/TESTING/SSH_KEYS/id_rsa.pub"
}
```

  에서 default 값을 독자의 공개 키로 변경한다.

  2. main.tf에서

```
addon_profile {
  oms_agent {
    enabled  = true
    log_analytics_workspace_id = azurerm_log_analytics_workspace.test.id
  }
}
```

  을 삭제하거나, 주석 처리한다.

```
network_profile {
   load_balancer_sku = "Standard"
   network_plugin = "kubenet"
}
```

  에서 "Standard"를 "standard"로 변경한다.

  3. output.tf의 모든 블럭에 sensitive = true를 추가한다.

  – 옮긴이

적용을 클릭하면 몇 분 안에 3개의 노드로 구성된 쿠버네티스 클러스터가 실행되고 있을 것이다(그림 5-3).

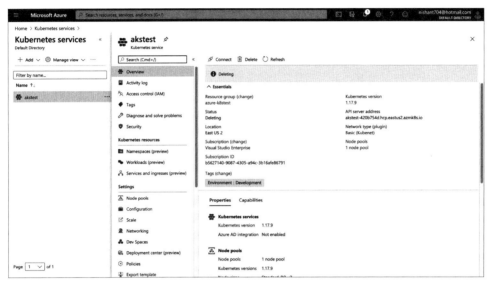

그림 5-3 테라폼을 통해 생성된 AKS 클러스터

kubeconfig 파일을 다운로드하려면 로컬 시스템에서 Azure CLI 명령을 사용해 다음과 같이 관리형 쿠버네티스 클러스터의 액세스 자격 증명을 얻을 수 있다.

```
az aks get-credentials --resource-group azure-k8stest --name akstest --file config
```

kubeconfig는 config라는 이름으로 다운로드돼, .kube 폴더로 옮겨진다.

이제 어려운 방식으로 만든 클러스터를 사용하는 것처럼 이 클러스터를 사용할 수 있다.

```
$ ~ kubectl get nodes
NAME                                STATUS   ROLES   AGE   VERSION
aks-agentpool-42554519-vmss000000   Ready    agent   29m   v1.17.9
aks-agentpool-42554519-vmss000001   Ready    agent   29m   v1.17.9
aks-agentpool-42554519-vmss000002   Ready    agent   29m   v1.17.9
```

이 시점에서 거의 모든 리소스를 생성하고 애플리케이션을 배포할 수 있다. 하지만 이는 분명히 프로덕션 급의 클러스터가 아니다. 프로덕션 급의 클러스터를 생성할 수 있는 가이드는 온라인[13]에 많이 있다.

해당 지식을 바탕으로, 쿠버네티스 애플리케이션의 설치와 관리를 간소화하는 도구로 주로 사용되는 Helm에 대해 학습하고 진행할 준비가 됐다.

Helm으로 애플리케이션과 서비스 배포: 쿠버네티스의 패키지 관리자

쿠버네티스와 관련해 처리해야 할 것이 무척 많다. Microsoft AKS와 같은 관리형 서비스를 사용하더라도 요구 사항이 많아지면 디플로이먼트와 레플리카셋을 유지 관리하기 힘들다.

Helm은 애플리케이션을 패치, 배포, 관리하는 쿠버네티스 패키지 관리자다. 기본적으로 Helm을 사용하면 포드, 레플리카셋, 서비스, RBAC 설정 등의 정보를 가지고 있는 긴 YAML 파일을 유지 관리하지 않아도 된다. 또한 Helm은 롤백, 릴리스 기록 정보 및 통합 테스트 후크를 제공하므로 쿠버네티스 클러스터에서 애플리케이션의 전체 수명 주기를 매우 쉽게 관리할 수 있다.

이 책에서는 안정적 버전stable version Helm v3.3.1을 사용하고 있다. 이전 버전(예: v2)에는 쿠버네티스 클러스터에 배포해야 하는 Tiller라는 서버 컴포넌트가 있었다. Tiller는 더 많은 사용자 권한과 관리 오버헤드로 인해 잠재적인 보안 위험이 있었다. 그래서 처음에는 사용자 커뮤니티에서 Helm이 인기가 적었다. RBAC API의 도입으로 Helm은 이제 클라이언트 바이너리만 포함하고 Tiller는 완전히 제거됐다. 그림 5-4는 Helm 패키지 관리자의 기본 동작을 보여준다.

---

13 https://kubernetes.io/docs/setup/production-environment, https://kubernetes.io/docs/setup/productionenvironment/tools 및 https://github.com/kubernetes/kops를 참조한다.

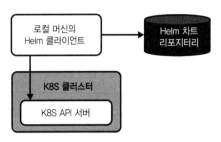

그림 5-4 Helm 차트 리포지터리와 클라이언트의 상호작용

Helm의 기본

Helm 클라이언트는 최종 사용자의 명령줄 유틸리티로 설치된다. 클라이언트의 주요 기능은 차트 개발을 지원하고 리포지터리와 릴리스를 관리하는 것이다. Helm은 다음 컴포넌트로 구성된다.

차트

Helm이 관리하는 쿠버네티스 패키지다. 차트는 쿠버네티스에서 애플리케이션을 생성하는 데 필요한 모든 정보로 구성되며, 쿠버네티스 클러스터에서 애플리케이션이나 서비스를 실행하는 데 필요한 리소스 정의를 포함하고 있다.

리포지터리

모든 Helm 차트가 저장되는 데이터베이스다.

설정(Config)

릴리스 가능한 오브젝트를 생성하기 위해 패키징된 차트와 병합할 수 있는 구성을 가진다.

릴리스

Helm이 쿠버네티스 클러스터에 설치하는 모든 애플리케이션을 추적하는 방법이다. 하나의 차트를 여러 번 설치할 수 있으며 새로 설치할 때마다 새 릴리스가 생성된다.

Helm 설치와 관리

공식 리포지터리인 https://github.com/helm/helm/releases에서 최신 버전의 Helm 클라이언트를 다운로드할 수 있다.

Helm을 설치한 후 패키지를 다운로드할 수 있는 차트 리포지터리를 추가해야 한다. Google은 쿠버네티스 차트 리포지터리를 제공하며, 다음과 같이 추가할 수 있다.[14]

```
$helm repo add stable https://kubernetes-charts.storage.googleapis.com/
```

Helm은 중앙 리포지터리에서 차트나 패키지를 가져온 다음, 쿠버네티스 클러스터에 설치/릴리스한다.

Helm 리포지터리 검색

helm 검색 명령을 두 가지 다른 방법으로 사용해 Helm 리포지터리를 검색할 수 있다. 첫 번째 방법은 로컬에 추가한 리포지터리를 검색하는 것이다(이전 단계에서 안정적 리포지터리를 추가했을 때처럼 검색한다).

```
$ helm search repo stable
NAME                          CHART VERSION    APP VERSION
      DESCRIPTION
stable/acs-engine-autoscaler  2.2.2            2.1.1
      DEPRECATED Scales worker nodes within agent pools
stable/aerospike              0.3.3            v4.5.0.5
      A Helm chart for Aerospike in Kubernetes
stable/airflow                7.6.0            1.10.10
      Airflow is a platform to programmatically autho...
stable/ambassador             5.3.2            0.86.1
      DEPRECATED A Helm chart for...
stable/anchore-engine         1.6.9            0.7.2
      Anchore container analysis...
stable/apm-server             2.1.5            7.0.0
      The server receives data...
```

---

14 다음 명령어 입력 시 다른 URL로 시도하라는 안내가 출력될 경우 해당 URL로 변경해 차트 리포지터리를 추가한다. – 옮긴이

```
stable/ark                    4.2.2              0.10.2
    DEPRECATED A Helm...
    .
    .
    .
```

이 검색은 컴퓨터의 로컬 데이터에서 수행된다.

다른 방법은 Helm Hub를 검색하는 것이다. Helm Hub는 다수의 퍼블릭 리포지터리로 구성돼 있으며, 로컬 리포지터리에서 차트를 찾을 수 없는 경우 Hub에서 찾을 수 있다. 다음에서, 모든 "kafka" 차트를 검색했다.

```
$ ~ helm search hub kafka
URL                                                   CHART VERSION    APP VERSION
    DESCRIPTION
https://hub.helm.sh/charts/kafkaesque/imagepuller     1.0.0            1.0
    Pull container images to your nodes so that the...
https://hub.helm.sh/charts/kafkaesque/pulsar          1.0.26           1.0
    Apache Pulsar Helm chart for Kubernetes
https://hub.helm.sh/charts/kafkaesque/pulsar-mo...    0.1.5            1.0
    A Helm chart for the Pulsar Monitor application
https://hub.helm.sh/charts/kafkaesque/teleport        1.0.0
    Teleport Community
https://hub.helm.sh/charts/bitnami/kafka              11.8.4           2.6.0
    Apache Kafka is a distributed streaming platform.
https://hub.helm.sh/charts/stable/kafka-manager       2.3.1            1.3.3.22
    A tool for managing Apache Kafka.
https://hub.helm.sh/charts/touk/hermes                0.3.1            1.5.2
    A Helm chart for Kubernetes of Hermes, a reliab...
```

쿠버네티스에 Helm 차트 설치

차트를 설치하려면 다음과 같이 helm install 명령을 실행한다.

```
$ ~ helm install my-first-server stable/tomcat
NAME: my-first-server
LAST DEPLOYED: Thu Sep 10 00:04:17 2020
NAMESPACE: default
```

```
STATUS: deployed
REVISION: 1
TEST SUITE: None
NOTES:
1. Get the application URL by running these commands:
    NOTE: It may take a few minutes for the LoadBalancer IP to be available.
        You can watch the status of by running 'kubectl get svc -w my-first-server-
        tomcat'
  export SERVICE_IP=$(kubectl get svc --namespace default my-first-server-tomcat -o \
    jsonpath='{.status.loadBalancer.ingress[0].hostname}')
  echo http://$SERVICE_IP:
```

여기에서 Tomcat 서버를 배포하려고 했으며, 선택한 릴리스 이름은 my-firstserver
이다. kubectl을 사용해 Tomcat 차트에 대해 생성된 리소스를 확인할 수 있다.

```
$ ~ kubectl get svc --namespace default my-first-server-tomcat
NAME                     TYPE           CLUSTER-IP   EXTERNAL-IP   PORT(S)        AGE
my-first-server-tomcat   LoadBalancer   10.32.0.3    <pending>     80:31495/TCP   56s
```

기본 차트 값 변경

어떤 때는 차트를 실제로 설치하기 전에 차트를 커스터마이징하고 싶을 수 있다. 기본
차트 값을 변경하려면 먼저 helm show values를 사용해 값을 확인한다.

```
$ helm show values stable/tomcat
# Default values for the chart.
# This is a YAML-formatted file.
# Declare variables to be passed into your templates.
replicaCount: 1

image:
  webarchive:
    repository: ananwaresystems/webarchive
    tag: "1.0"
  tomcat:
.
.
.
```

```
resources: {}
# limits:
#   cpu: 100m
#   memory: 256Mi
# requests:
#   cpu: 100m
#   memory: 256Mi

nodeSelector: {}

tolerations: []

affinity: {}
```

값을 변경하려면 --values 인수^{argument}나 --set 인수^{argument}를 사용할 수 있다. 전자를 사용하면 차트를 설치할 때 사용할 수 있는 YAML 파일을 지정할 수 있다는 장점이 있다. 이는 차트 값을 재정의^{override}한다. 예를 들어 앞의 차트에서 기본값을 변경하려면 다음과 같이 YAML 파일을 만들고 custom_vals.yaml로 저장할 수 있다.

```
limits:
    cpu: 200m
    memory: 256Mi
requests:
    cpu: 100m
    memory: 256Mi
```

변경된 값으로 설치하려면 다음을 수행한다.

```
$ helm install --values custom_vals.yaml new-v2-install stable/tomcat
```

다음 절에서는 Helm에서 릴리스를 관리하는 방법을 설명한다.

Helm 릴리스 관리

Helm에서의 릴리스는 쿠버네티스 클러스터에서 실행되는 차트의 인스턴스다. 차트는 동일한 클러스터에 여러 번 설치할 수 있으며, 설치할 때마다 새 릴리스가 생성된다. 이 절에서는 Helm 릴리스를 관리하는 방법을 설명한다.

릴리스 확인

릴리스 상태를 확인하려면 helm status를 사용한다. 그러면 개정 번호[revision number]와 최종 배포 시간과 같은 세부 정보를 얻을 수 있다.

```
$ helm status my-first-server
NAME: my-first-server
LAST DEPLOYED: Thu Sep 10 00:04:17 2020
NAMESPACE: default
STATUS: deployed
REVISION: 1
TEST SUITE: None
NOTES:
1. Get the application URL by running these commands:
     NOTE: It may take a few minutes for the LoadBalancer IP to be available.
         You can watch the status of by running 'kubectl get svc -w my-first-server-
           tomcat'
   export SERVICE_IP=$(kubectl get svc --namespace default my-first-server-tomcat -o \
     jsonpath='{.status.loadBalancer.ingress[0].hostname}')
   echo http://$SERVICE_IP:
$ ~ helm show values stable/tomcat
# Default values for the chart.
# This is a YAML-formatted file.
# Declare variables to be passed into your templates.
replicaCount: 1
```

릴리스 업그레이드

새 버전이 릴리스되거나 구성을 변경한 경우 helm 업그레이드를 사용해 설치된 차트를 업그레이드할 수 있다.

```
$ helm upgrade --values new_vals.yaml new-v2-install stable/tomcat
```

이것은 같은 차트(stable/tomcat)로 new-v2-install을 업그레이드하지만 new_vals.yaml 파일에서 새 값을 업데이트할 수 있다.

릴리스 롤백

배포된 차트(릴리스)를 롤백해야 한다면 다음과 같이 `helm rollback` 옵션을 사용한다.

```
$ ~ helm rollback my-first-server 1
Rollback was a success! Happy Helming!
$ ~
```

여기에서 **my-first-server**를 버전 1로 롤백했다.

릴리스 제거

클러스터에서 릴리스를 영구적으로 제거하려면 `helm uninstall`을 사용한다.

```
$ ~ helm uninstall my-first-server
release "my-first-server" uninstalled
```

애플리케이션을 차트로 생성

애플리케이션 차트를 생성하려면 Helm에서 제공하는 기본 패키징 형식을 따라야 한다. 차트를 사용해 HTTP 서버, 데이터베이스 등을 포함하는 전체 웹 애플리케이션 스택이나 간단한 포드를 배포할 수 있다. 차트는 디렉터리 내부에 파일 모음collection을 포함한다. 디렉터리의 구조는 다음과 같으며, 최상위 디렉터리의 이름(이 경우 nginx)은 차트의 이름이다.

```
~ nginx/
        Chart.yaml
        LICENSE
        README.md
        values.yaml
        values.schema.json
        charts/
        crds/
        templates/
```

디렉터리에서 Helm은 파일이 동일한 구조와 이름을 가질 것으로 예상한다. Helm은 파일을 예약해놨기^{reserve} 때문이다. 디렉터리의 각 항목은 특정 용도로 사용된다.

- Chart.yaml은 차트에 대한 모든 정보를 YAML 형식으로 갖고 있다.

- LICENSE는 차트에 대한 라이선스가 포함된 일반 텍스트 파일이다(선택적).

- README.md는 사람이 읽을 수 있는 README 파일이다.

- values.yaml에는 차트의 모든 기본 구성 값이 있다.

- values.schema.json은 values.yaml에 구조를 적용하는 JSON 스키마 파일이다 (선택적).

- charts/에는 현재 차트가 의존하는 모든 종속 차트가 있다.

- crds/에는 커스텀 리소스 정의가 있다.

- templates/에는 템플릿이 있으며, 쿠버네티스 매니페스트 파일을 생성하기 위해 values와 결합한다.

Chart.yaml 파일은 차트를 생성하는 데 필요하며, 다음 필드를 포함한다.

```
apiVersion: 차트 API 버전(필수)
name: 차트 이름(필수)
version: SemVer 2 버전(필수)
kubeVersion: 호환되는 쿠버네티스 버전의 SemVer 범위(선택)
description: 이 프로젝트에 대한 단일 문장 설명(선택)
type: 차트의 유형(선택)
keyword:
  - 이 프로젝트에 대한 키워드 목록(선택)
home: 이 프로젝트 홈페이지(선택)
source:
  - 이 프로젝트의 소스 코드 URL 목록(선택)
dependencies: # 차트 필요 조건 목록(선택)
  - name: 차트 이름(nginx)
    version: 차트 버전("1.2.3")
    repository: 리포지터리 URL("https://example.com/charts") 또는 별칭("@repo-name")
    condition: (선택) 차트의 활성/비활성을 결정하는 boolean 값을 만드는 yaml 경로
```

（예: subchart1.enabled ）
  tag: # (선택)
    - 활성화/비활성을 함께하기 위해 차트들을 그룹화할 수 있는 태그
  enabled: (선택) 차트가 로드될 수 있는지 결정하는 boolean
  import-values: # (선택)
    - ImportValues는 가져올(import) 상위(parent) 키에 대한 소스 값의 매핑을 보유한다.
      각 항목은 문자열이거나 하위/상위 하위 목록(sublist) 항목 쌍일 수 있다.
  alias: (선택) 차트에 사용할 별칭. 같은 차트를 여러 번 추가해야 할 때 유용하다.
maintainer: #(선택)
  - **name**: maintainer 이름(각 maintainer마다 필수)
    email: maintainer 이메일(각 maintainer에게 선택)
    url: maintainer에 대한 URL(각 maintainer마다 선택)
icon: 아이콘으로 사용할 SVG나 PNG 이미지 URL(선택)
appVersion: 이 앱의 버전(선택). SemVer일 필요는 없다.
deprecated: 차트의 deprecated 여부(선택, boolean)
annotations:
  example: 키로 매핑된 annotation의 리스트(선택)

차트를 생성하고 관리하기 위해 Helm을 사용

차트 디렉터리에 각 파일을 수동으로 생성할 수도 있고, 다음과 같이 blueprint를 생성하기 위해 Helm을 사용할 수도 있다.

```
$ helm create examplechart
Creating examplechart
```

그런 다음 차트 디렉터리에 있는 파일을 편집하고 차트 아카이브에 패키징할 수 있다.

```
$ helm package examplechart
Archived examplechart.1.-.tgz
```

차트를 패키징한 후에는 `helm install`로 차트를 사용해 릴리스를 만들 수 있다.

요약

5장에서는 Azure를 사용해 처음부터 수동으로 쿠버네티스 클러스트를 만드는 방법과 관리형 서비스인 Azure AKS를 사용해 만드는 방법을 배웠다. 또한 Helm을 살펴봤다. Helm은 하나의 템플릿으로 애플리케이션을 만들고 관리하는 데 도움이 되는 쿠버네티스 패키지 관리자 역할을 한다.

6장으로 넘어가기 전에 쿠버네티스는 단독으로 (특히 프로덕션 환경에서) 관리하기 어려움을 강조하고 싶다. 그리고 클라우드 네이티브 환경에서 애플리케이션을 관리하는 데 따르는 모든 고통을 덜어주는 만병통치약은 아니라는 점도 짚고 넘어가고 싶다. 쿠버네티스 클러스터 관리의 근본적인 복잡성을 감안할 때 AKS와 같은 접근 방식이 쿠버네티스 클러스터에서 실행되는 서비스를 관리하는 더 나은 방법임은 분명하다. AKS를 사용하면 쿠버네티스 클러스터의 고가용성과 중복성과 같은 대부분의 중요 사항이 처리되므로, 기반 인프라나 에코시스템이 바뀌는 부분에 대해 걱정할 필요가 없다.

이제 6장으로 넘어가 분산 시스템에 관측성observability을 구축하고 클라우드 네이티브 애플리케이션의 안정성을 높이는 방법을 설명한다.

관측성: 브래드스크럼 따라가기

클라우드 네이티브 시스템이 빠르게 발전하면서 인프라 프로비저닝, 인프라 배포 및 소프트웨어 관리가 복잡해졌다. 애플리케이션은 좀 더 탄력적으로 설계되고 있으며, 이를 위해서는 장애 모드 및 병목 현상을 포함해 클라우드 환경의 기반 인프라에 대해 더 깊이 이해해야 한다. 오늘날 애플리케이션의 수많은 새로운 움직이는 부품과 설계 변경으로 인해 애플리케이션 스택에 대한 가시성을 확보하는 일은 더욱 중요해지고 있다.

6장에서는 관측성의 개념을 소개하고 오늘날의 클라우드 네이티브 세계에서 관측성이 필요한 이유를 설명한다. 관측성의 세 가지 요소인 로그, 메트릭 및 추적에 관해 배우고, 관측 가능한 시스템을 만들기 위해 어떻게 함께 작동하는지에 관한 인사이트를 얻는다. 또한 관측 가능한 시스템을 만드는 데 사용할 수 있는 잘 알려진 다양한 클라우드 네이티브 도구를 살펴보고, 관측성이 모니터링의 슈퍼셋임을 보여준다.

마지막으로 클라우드 플랫폼으로 Azure를 활용해 애플리케이션, 기반 인프라 및 네트워킹 스택에서 관측성을 얻는 방법을 보여준다.

관측성 소개

관측성에 대해 가장 먼저 이해해야 할 것은 단어 자체다. 관측성이라는 용어는 수학의 제어 이론에서 유래한 것이며 제어 이론에서는 주로 시스템 자체의 피드백을 받고 컨트롤러를 사용해 동적 시스템을 제어하는 방법을 다룬다. 제어 이론에서 관측성은 외부 출력 정보에서 시스템의 내부 상태를 측정하는 능력이다. 소프트웨어 엔지니어링과 관련해 관측성은 출력에서 애플리케이션의 정확한 상태를 아는 것을 의미한다. 관측이 가능하도록 애플리케이션과 인프라를 설계한다면 문제가 발생하는 이유와 문제를 해결할 수 있는 방법을 본질적으로 추적할 수 있다. 시스템을 관측 가능하게 만드는 기본 목표는 엔지니어가 문제의 원인에서 결과에 이르기까지 문제를 명확하게 볼 수 있도록 하는 것이다.

관측성은 오늘날의 클라우드 네이티브 인프라에서 훨씬 더 관련이 있다. 급변하는 분산 환경에서 실패로 이어질 수 있기 때문이다. 마이크로서비스, 컨테이너 및 서버리스 컴퓨팅의 등장으로 이들 간 서로 엄청나게 호출한다. 이는 상호 연결된 서비스의 복잡한 메시로 이어졌다. 이렇게 서로 얽힌 서비스 네트워크가 오작동하는 경우, 비즈니스 중단을 피하면서 문제의 근본적인 원인을 찾는 것은 거의 불가능하다.

비즈니스가 어려움을 겪지 않도록 복잡한 서비스의 기본 환경에서 문제를 신속하게 찾아내는 것이 중요하다. 관측성은 시스템에 대해 질문하고 신속하게 답변을 얻도록 해 이러한 문제를 해결할 수 있다.

최신의 분산 환경에서 관측성이 어떻게 도움이 되는지 논의하기 전에 관측 가능한 시스템을 구성하는 요소를 살펴보고 시스템에 관측성을 구축한다는 개념 이면에 있는 철학과 용어의 원리에 관해 논의해본다.

관측성: 세 개 이상의 핵심 요소

관측성의 근본적인 개념은 의미 있는 인사이트를 통해 애플리케이션을 더 잘 이해하는 것이다. 애플리케이션이 점점 더 일시적이고 분산됨에 따라, 관측 가능한 시스템의 기본 원칙을 정의하는 것이 중요해진다. 클라우드 실무자들은 로그, 메트릭 및 추적을 최신의 관측 가능한 시스템을 구축하기 위해 기초가 되는 세 가지 핵심 요소로 정의한다.

핵심 요소들을 간단히 살펴보고 왜 중요한지 살펴본다.

메트릭

메트릭^{Metrics}은 시간 간격에 따라 측정된 숫자 데이터를 나타낸다. 메트릭은 일반적으로 호스트에서 에이전트를 실행해 수집되며, 호스트는 주기적으로 데이터를 중앙 데이터 저장소로 보내고 나중에 대시보드에 표시할 데이터를 집계한다.

그런 다음 메트릭은 시계열 데이터베이스에 저장되기 때문에 메트릭을 사용해 알림 시스템을 구축한다. 메트릭의 예로는 초당 쿼리 수^{qps}가 있다.

로그

로그^{Logs}는 시스템(애플리케이션과 인프라)에서 발생하는 이벤트를 나타낸다. 로그에는 내부 상태와 이벤트에 대한 세부 정보가 포함된다. 일반적으로 쉽게 구문 분석할 수 있는 구조화된 형식으로 애플리케이션 시스템에 작성 및 저장된다. 좋은 로깅 아키텍처는 시스템에서 대부분의 정보를 얻기 위한 가장 기본적인 도구이며, 종종 소프트웨어 개발자가 사용하는 첫 번째 디버깅 도구다. 다음은 간단한 Apache 서버 액세스 로그의 예다.

```
10.185.248.71 - - [09/Jan/2015:19:12:06 +0000] 808840 "GET /inventoryService/inventory/ \
  purchaseItem?userId=20253471&itemId=23434300 HTTP/1.1" 500 17 "-" \
  "Apache-HttpClient/4.2.6 (java 1.5)"
```

추적

마지막으로 추적^{Traces}은 분산 시스템에서 단일 이벤트가 어떻게 동작하는지 알 수 있는 최신 해결책이다. 추적은 스택의 각 계층에서 수행되는 처리량(예: 대기 시간)을 식별하는 데 도움이 된다. 마이크로서비스와 분산 시스템의 세계에서 추적은 서비스 간에 상관관계가 있는 분산 호출의 시각적 자료를 생성해 이벤트에 대한 가치 있는 인사이트를 제공한다.

그림 6-1은 간단한 추적을 보여준다.

그림 6-1 추적을 보여주는 샘플 애플리케이션

그러나 로그, 메트릭 및 추적을 포함하도록 시스템을 구축했다고 해서 반드시 시스템을 관측할 수 있는 것은 아니다. 세 가지 모두 장단점이 있으며, 이에 대해서는 나머지 장에서 다루게 된다. 또한 개별적으로는 문제를 조사할 수는 있지만 활용 사례나 비즈니스를 직접적으로 다루진 않기 때문에 시작점일 뿐이다. 세 가지 핵심 요소들을 활용하려면 비즈니스에 영향을 미치는 모든 요소와 함께 사용해야 한다.

로그 및 추적과는 별도로 메트릭 데이터를 수집하면 컨텍스트가 쉽게 손실되고 결국 단일 기본 시스템만 격리된 상태로 관측될 수 있다.

통합 접근 방식의 관측성은 모든 것을 풍부하고 다차원으로 기반 컨텍스트를 수집하고 보존하는 것을 의미한다.

관측성: 모니터링의 슈퍼셋

모니터링은 주로 시스템 이벤트, 로그 및 메트릭의 수동 수집에 중점을 둔다. 일반적으로 이전에 서비스에 장애가 발생했거나 서비스의 장애 모드를 알고 있어 잘못될 수 있음을 인지하고 있는 크리티컬한 서비스들을 모니터링한다. 모니터링은 알림과 용량 계획을 지원해 사전 예방적 접근 방식을 취하는 반면, 관측성은 애플리케이션 스택을 보더욱 면밀히 조사해 무엇이 중단됐는지 확인하고 중단된 이유를 파악할 수 있게 함으로써 사후 대응적인 접근 방식을 취한다.

예를 들어 보겠다. 회사의 개발자가 주요 애플리케이션에 새 기능을 추가하기 위해 중요한 코드 경로를 변경한다고 상상해보자. 불행히도 그의 실수로 버그를 일으켜 중단을 초래했다. 이러한 상황에서 모니터링 시스템은 서비스의 증가된 오류 비율을 명확하게 표시할 수 있지만 더 이상 드릴다운할 수는 없다. 그러나 스택에 관측성이 포함돼 있으면 문제(예: Redis 클러스터 문제)를 신속하게 드릴다운해 추적을 통해 근본적인 원인을 바로 파악할 수 있다.

이 시나리오에서 모니터링 시스템에는 아무런 문제가 없음을 반복하는 것이 중요하다. 그것은 자신들이 의도한 대로 일을 하고 있다. 무언가가 잘못됐을 때 알려주는 것이다. 무엇이 잘못됐는지 파악하는 데 도움을 주는 것은 바로 관측성이다.

관측성은 모니터링의 대안이 아니라는 점에도 유의한다. 오히려 관측성은 분산 시스템 내부 다양한 이벤트의 세분화된 인사이트로 서비스에 대한 높은 수준의 개요를 제공하기 때문에 모니터링의 슈퍼셋이다. 또한 여러 서비스가 실행되고 서로 상호작용하는 분산 클라우드 환경에서, 시스템이 정확히 오류를 노출시켜 버블을 발생시키지 않은 경우 오류를 찾는 작업은 매우 고통스럽다. 관측성은 요청이 서비스를 통해 이동할 때 문제 체인을 정확히 찾아내 이러한 시나리오를 처리한다.

관측성-기반 개발

논의한 바와 같이 클라우드 네이티브 애플리케이션은 주로 분산되고 마이크로서비스를 기반으로 하기 때문에 본질적으로 유지 및 관리가 복잡하다. 프로덕션 환경의 애플리케이션을 실행하는 사람이라면 누구나 애플리케이션이 오작동하기 시작할 때 잘못된 부분이 어떤 부분인지 원인을 파악하는 것이 불가능함을 알고 있다. 때로는 전통적인 로깅 및 모니터링 설정을 통해서 오류를 포착하는 경우가 있다. 그러나 서비스가 발전함에 따라 애플리케이션이나 기반 인프라의 모든 오류 모드를 확실히 알 수는 없다.

관측성-기반 개발은 소프트웨어 개발 수명 주기 초기에 관측성 측면을 추가하도록 장려함으로써 프로덕션 환경에서 미지의 것을 찾는 문제를 해결하기 위한 노력이다. 그리고 소프트웨어 설계 단계에서 애플리케이션 코드의 계측을 지지하기 때문에, 이후 단계에서 여러 곳이 아닌 한곳에서 더 쉽게 추가할 수 있다. 또한 개발자가 코드를 소유하고 프로덕션 환경에서 쉽게 디버깅할 수 있도록 해, 개발자와 운영 담당자 간의 격차를 해소하는 것을 목표로 한다. 엔지니어링팀은 프로덕션에서 초기에 오류와 장애를 진단할 수 있을 뿐만 아니라 운영 및 비즈니스 성과를 측정하고 분석하는 데 도움이 된다.

다음 절에서는 최신 클라우드 네이티브 인프라와 애플리케이션을 관찰할 수 있는 다양한 방법을 살펴본다. 세 가지 핵심 요소에 각각에 대해 자세히 살펴보고 메트릭부터 시작해 클라우드 네이티브 환경에서 시스템을 구축하는 데 어떤 방법이 선호되는지 알아본다.

클라우드 네이티브 세계에서 프로메테우스 모니터링 메트릭

4장에서 논의한 것처럼 쿠버네티스는 최신 애플리케이션이 생성되고 배포되는 방식을 크게 변화시켰다. 기능을 추가하고 배포하는 속도가 빨라짐에 따라 마이크로서비스와 서비스 지향 아키텍처는 클라우드 네이티브 환경의 랜드스케이프를 변화시켰다. 이러한 최신 아키텍처로 전환함에 따라 기존의 모니터링 접근 방식은 임시 인프라, 멀티 리전 및 가용 영역 중심으로 돌고 있으며 때로는 클라우드 전반에 걸쳐 있는 이러한 아키텍처의 현재 속도를 따라가지 못한다. 또한 이렇게 추가된 복잡성 계층은 기존 모니터링 접근 방식이 실제로 따라갈 수 없는 새롭고 보이지 않는 실패 모드로 문을 열어준다.

최신 클라우드 네이티브 애플리케이션 및 인프라 모니터링 문제를 해결하려면 관측성의 핵심 요소 중 하나인 메트릭을 다시 살펴봐야 한다. 논의한 것처럼 메트릭은 애플리케이션 상태에 대한 엄청난 양의 정보를 제공하는 핵심 영역 중 하나다. 클라우드 네이티브 애플리케이션을 완전히 이해하는 데 있어 기존의 메트릭 세트는 종종 기준을 충족하지 못한다. 그렇기 때문에 애플리케이션의 전반적인 성능과 상태를 더 잘 측정하기 위해서는 사용자 지정 메트릭 세트를 수집해야 한다. 이러한 메트릭은 일반적으로 애플리케이션 자체에서 내보내도록 구성되므로 더욱 정확한 정보를 제공한다. 이 지점에서 프로메테우스^{Prometheus}가 빛을 발한다.

프로메테우스는 원래 SoundCloud에서 구축한 오픈소스 모니터링 및 알림 시스템으로, 나중에 클라우드 네이티브 컴퓨팅 재단^{CNCF}에서 쿠버네티스에 이어 두 번째 프로젝트로 도입했다. 주로 메트릭 공간에 중점을 둔 최신 클라우드 네이티브 애플리케이션을 위해 설계됐다. 쿠버네티스의 등장으로 프로메테우스는 사실상 다양한 맞춤형 메트릭을 보여주는 새로운 클라우드 네이티브 애플리케이션을 모니터링하는 표준 중 하나가 됐다. 프로메테우스는 기본적으로 애플리케이션과 인프라에서 데이터를 스크랩하는 풀 기반pull-based 내보내기 모델models of exporters에서 작동하기 때문에 모니터링 영역에서 이전의 제품들보다 가볍다.

프로메테우스 컴포넌트와 아키텍처

프로메테우스는 주로 대규모로 실행되는 컨테이너 기반 애플리케이션을 모니터링하는 데 중점을 두고 구축됐다. 최신 클라우드 네이티브 애플리케이션은 변동하는 부분의 복잡성과 함께 수집해야 하는 다양한 데이터를 노출하며, 프로메테우스는 처음부터 이러한 동적 환경을 처리하기 위해 구축됐다.

클라우드 네이티브 애플리케이션의 새로운 시대를 지원하기 위해 프로메테우스 에코시스템은 다음 다섯 가지 주요 컴포넌트들로 구성된다.

프로메테우스 서버(Prometheus server)
　　메트릭을 스크랩하고 시계열 데이터베이스에 저장하는 역할을 한다.

클라이언트 라이브러리(Client libraries)
　　애플리케이션 코드를 계측하고 추출된 메트릭 데이터를 프로메테우스 서버로 보내는 데 사용된다. 클라이언트 라이브러리는 C#, Python, Java, Ruby 등 다양한 언어로 제공된다.

Pushgateway
　　단기 작업을 지원하는 데 사용된다.

Exporter
　　원하는 형식으로 프로메테우스 서버에 보낼 수 있는 메트릭을 추출하기 위해 HAProxy와 statsd와 같이 직접 계측할 수 없는 애플리케이션과 함께 실행한다.

Alertmanager

프로메테우스 서버에서 경고를 수신하고 알림을 효율적으로 버블링한다. Alertmanager는 일관되고 효과적인 방법으로 이를 수행한다.

- 유사한 유형의 알림을 그룹화해, 대규모 운영 중단 시 더 적은 수의 알림이 전송되도록 한다.
- 수신자 시스템으로 전송되는 알림을 제한할 수 있다.
- 관련 알림이 이미 실행 중인 경우 선택한 알림에 대해 알림을 억제할 수 있다.
- OpsGenie와 PagerDuty와 같은 여러 시스템에 알림을 보낼 수 있다.

그림 6-2는 이러한 주요 컴포넌트가 프로메테우스 아키텍처에서 어떻게 보이는지 보여준다.

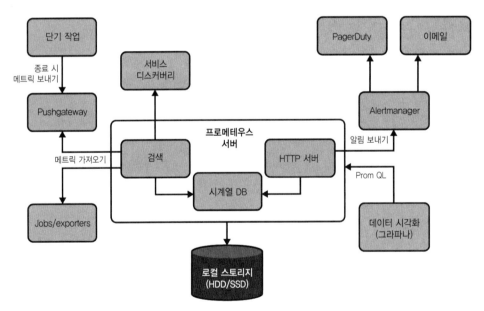

그림 6-2 프로메테우스 아키텍처

프로메테우스는 모든 데이터를 시계열로 저장한다. 즉, 동일한 측정 항목 및 레이블이 지정된 차원의 동일한 세트에 속하는 타임스탬프 값의 스트림이다. 각 시계열은 metric name과 labels라는 선택적 키-값 쌍으로 고유하게 식별된다. 또한 클라이언트 라이브러리는 기본 쿼드 코어 메트릭 유형인 카운터, 게이지, 히스토그램 및 요약을 제공한다. 6장의 뒷부분에서 이 4가지 유형에 대해 설명하고 계측 예시를 제공할 것이다.

작업 및 인스턴스

프로메테우스 용어로, 스크랩할 수 있는 엔드포인트를 instance라고 하며 일반적으로 단일 프로세스에 해당한다. 예를 들어 확장성이나 안정성을 위해 복제된 프로세스와 같은 목적을 가진 인스턴스의 모음을 job이라고 한다.

다음은 4개의 복제된 인스턴스가 있는 API 서버 작업의 예다.

```
job: api-server
instance 1: 1.2.3.4:5670
instance 2: 1.2.3.4:5671
instance 3: 5.6.7.8:5670
instance 4: 5.6.7.8:5671
```

프로메테우스 에코시스템에 대한 몇 가지 추가 핵심 개념을 이해하기 위해 프로메테우스를 설치하고 구성한다.

프로메테우스 설치와 구성

프로메테우스를 로컬에 설치하고 실행하려면 먼저 플랫폼에 맞는 올바른 릴리스를 다운로드해야 한다(https://prometheus.io/download). 이 글을 쓰는 시점에서 프로메테우스의 최신 버전은 2.39이다. tar를 다운로드했으면 디렉터리로 이동해 다음 명령을 사용해 압축을 푼다.[1]

```
$ tar xvfz prometheus-2.39.1.darwin-amd64.tar.gz
$ cd prometheus-2.39.1.darwin-amd64
```

프로메테우스 디렉터리에 들어가면 프로메테우스 디렉터리에 있는 prometheus.yaml

---

1   Cloud Shell에서 바로 프로메테우스를 다운로드하려면 wget 〈설치 파일 경로〉 명령을 이용한다. 예를 들어 wget https://github.com/prometheus/prometheus/releases/download/v2.39.1/prometheus-2.39.1.darwin-amd64.tar.gz로 파일을 다운로드한다. – 옮긴이

파일을 사용해 자체 HTTP 엔드포인트를 스크랩하도록 프로메테우스를 구성할 수 있다. 기본 파일에는 프로메테우스 서버가 실행되는 localhost의 TCP 포트 9090이 이미 포함돼 있다. 다음 명령을 사용해 바이너리를 실행해 프로메테우스를 실행한다.

```
$ ./prometheus
level=info ts=2020-11-29T06:51:43.519Z caller=head.go:659 component=tsdb msg=
  "On-diskmemory mappable chunks replay completed" duration=7.944µs
level=info ts=2020-11-29T06:51:43.519Z caller=head.go:665 component=tsdb msg=
  "Replaying WAL, this may take a while"
level=info ts=2020-11-29T06:51:43.520Z caller=head.go:717 component=tsdb msg=
  "WAL segment loaded" segment=0 maxSegment=0
level=info ts=2020-11-29T06:51:43.520Z caller=head.go:722 component=tsdb msg=
  "WAL replay completed" checkpoint_replay_duration=93.857µs wal_replay_
  duration=695.77µs total_replay_duration=812.641µs
level=info ts=2020-11-29T06:51:43.521Z caller=main.go:742 fs_type=19
level=info ts=2020-11-29T06:51:43.521Z caller=main.go:745 msg="TSDB started"
level=info ts=2020-11-29T06:51:43.521Z caller=main.go:871 msg="Loading configuration
  file" filename=prometheus.yml
level=info ts=2020-11-29T06:51:43.712Z caller=main.go:902 msg="Completed loading of
  configuration file" filename=prometheus.yml totalDuration=190.710981ms remote_
  storage=6.638µs web_handler=591ns query_engine=807ns scrape=189.731297ms scrape_
  sd=42.312µs notify=322.934µs notify_sd=20.022µs rules=3.538µs
level=info ts=2020-11-29T06:51:43.712Z caller=main.go:694 msg="Server is ready to receive
  web requests."
```

브라우저의 http://localhost:9090에서 프로메테우스 UI에 액세스하고, http://local host:9090/metrics에서 프로메테우스 서버가 자체적으로 제공하는 다양한 메트릭을 확인할 수 있다.

이제 Expression browser를 사용해 기본적으로 쿼리를 실행하거나 PromQL 표현식을 작성할 수 있다(https://oreil.ly/svnH8).

PromQL은 시계열 데이터를 실시간으로 선택하고 집계할 수 있는 프로메테우스의 기능 쿼리 언어다. 데이터는 프로메테우스 UI에서 테이블 또는 그래프 형식으로 시각화할 수 있다.

Expression browser를 사용하려면 prometheus_http_requests_total(프로메테우스 서버에 대한 모든 HTTP 요청에 대한 카운터)과 같이 localhost:9090/metrics에서 노출되는 메트릭을 사용한다. 그런 다음 Graph그래프 탭을 클릭하고 그림 6-3과 같이 Expression console표현식 콘솔에 메트릭을 입력한다.

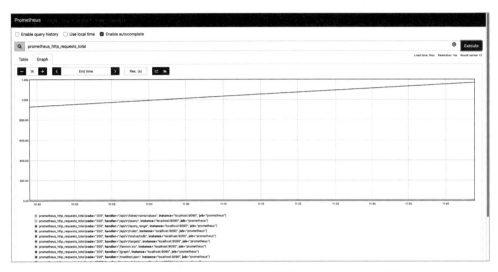

그림 6-3 prometheus_http_requests_total에 관한 Expression browser 결과

쿼리 언어는 매우 광범위하며 메트릭에 대한 여러 기능과 연산자를 지원한다. 예를 들어 prometheus_target_interval_length_seconds 메트릭에 대해 반환된 시계열 수를 계산하려는 경우 Expression browser에서 다음 명령을 실행할 수 있다.

```
count(prometheus_target_interval_length_seconds)
```

마찬가지로 메트릭이 초당 얼마나 빨리 증가하는지 확인하려면 Expression browser에서 rate를 사용할 수 있다.

```
rate(prometheus_tsdb_head_samples_appended_total[1m])
```

node_exporter

node_exporter는 다양한 커널 수준 메트릭과 함께 CPU, 메모리, 디스크 공간, I/O 및 네트워크 대역폭과 같은 호스트 수준의 메트릭 배열을 제공한다. node_exporter는 https://prometheus.io/download에서 다운로드할 수 있다. tarball을 다운로드하고 압축을 풀면 변경 없이 바이너리를 직접 실행할 수 있다.[2]

```
$ cd node_exporter-1.0.1.darwin-amd64
$ ./node_exporter
level=info ts=2020-12-01T13:20:29.510Z caller=node_exporter.go:177 msg="Starting
  node_exporter" version="(version=1.0.1, branch=HEAD,
  revision=3715be6ae899f2a9b9dbfd9c39f3e09a7bd4559f)"
level=info ts=2020-12-01T13:20:29.510Z caller=node_exporter.go:178 msg="Build context"
  build_context="(go=go1.14.4, user=root@4c8e5c628328, date=20200616-12:52:07)"
level=info ts=2020-12-01T13:20:29.511Z caller=node_exporter.go:105 msg="Enabled collectors"
level=info ts=2020-12-01T13:20:29.511Z caller=node_exporter.go:112 collector=boottime
level=info ts=2020-12-01T13:20:29.511Z caller=node_exporter.go:112 collector=cpu
level=info ts=2020-12-01T13:20:29.511Z caller=node_exporter.go:112 collector=diskstats
level=info ts=2020-12-01T13:20:29.511Z caller=node_exporter.go:112 collector=filesystem
level=info ts=2020-12-01T13:20:29.511Z caller=node_exporter.go:112 collector=loadavg
level=info ts=2020-12-01T13:20:29.511Z caller=node_exporter.go:112 collector=meminfo
level=info ts=2020-12-01T13:20:29.511Z caller=node_exporter.go:112 collector=netdev
level=info ts=2020-12-01T13:20:29.511Z caller=node_exporter.go:112 collector=textfile
level=info ts=2020-12-01T13:20:29.511Z caller=node_exporter.go:112 collector=time
level=info ts=2020-12-01T13:20:29.511Z caller=node_exporter.go:112 collector=uname
level=info ts=2020-12-01T13:20:29.511Z caller=node_exporter.go:191 msg="Listening on"
  address=:9100
level=info ts=2020-12-01T13:20:29.511Z caller=tls_config.go:170 msg="TLS is disabled and
  it cannot be enabled on the fly." http2=false
```

node_exporter는 기본적으로 http://localhost:9100에서 실행된다. prometheus.yml의 scrape_configs 파일은 데이터를 스크랩해 node_exporter를 모니터링할 수 있도록 좀 더 많은 정보로 업데이트해야 한다.

---

2   이 글을 번역하는 시점에서 최신 버전은 1.4.0이다. – 옮긴이

```
scrape_configs:
  - job_name: node
    static_configs:
    - targets:
      - localhost:9100
```

프로메테우스를 다시 시작해 새 변경 사항을 적용하면, 프로메테우스는 메트릭 데이터를 스크랩할 두 개의 엔드포인트 대상을 갖게 된다. http://localhost:9090/targets 엔드포인트도 확인할 수 있다. 이제 각 CPU가 다른 유형의 작업(예: 사용자, 시스템, iowait 등)을 수행하는 데 몇 초를 소비하는지 알아야 한다고 가정한다. 이렇게 하려면 irate 함수를 사용해 Expression browser에서 다음 쿼리를 실행할 수 있다.

```
irate(node_cpu_seconds_total{job="node"}[5m])
```

job="node"는 일치하는 레이블이며 메트릭을 필터링한다. 이제 애플리케이션 계측이 프로메테우스와 함께 작동하는 방법을 살펴본다.

애플리케이션 계측

사용자 지정 서비스를 모니터링하려면 프로메테우스 메트릭 유형을 구현할 수 있도록 애플리케이션 코드에 추적 라이브러리를 도구를 추가해야 한다. 이 절에서는 애플리케이션 코드를 계측하는 데 사용할 수 있는 클라이언트 라이브러리를 사용해 이를 달성하는 방법을 살펴본다. 클라이언트 라이브러리를 사용하면 주로 애플리케이션에서 HTTP 엔드포인트를 사용해 내부 메트릭을 정의하고 노출할 수 있으며, 프로메테우스가 애플리케이션 인스턴스를 스크랩할 때 클라이언트 라이브러리는 현재 메트릭 상태를 여기에 보낸다. https://prometheus.io/docs/instrumenting/clientlibs에서 더 많은 클라이언트 라이브러리 구현을 사용할 수 있지만 Python을 선호하는 계측 라이브러리로 사용할 것이다.

가장 먼저 할 일은 다음과 같이 pip를 사용해 호스트에 클라이언트 라이브러리를 설치하는 것이다.

```
$ pip install prometheus_client
```

앞서 언급한 네 가지 메트릭 유형을 기반으로 코드를 계측할 수 있는 방법은 주로 네 가지가 있다. 다음 절에서 이에 관해 설명한다.

카운터

이름에서 알 수 있듯이 카운터[Counters]는 주로 증가하는 값을 계산하는 데 사용되며, 애플리케이션이 재시작할 때 0으로 재설정될 수 있다. 예를 들어 GET 요청이 Python HTTP 서버로 전송되면 다음 코드는 카운터 값을 1씩 증가시킨다.

```python
import http.server
from prometheus_client import Counter, start_http_server

http_requests = Counter('my_app_http_request','Description: Num of HTTP request')

class SampleServer(http.server.BaseHTTPRequestHandler):
  def do_gET(self):
    http_requests.inc()
    self.send_response(200)
    self.end_headers()
    self.wfile.write(b"Simple Counter Example")

if __name__ == "__main__":
  start_http_server(5555)
  server = http.server.HTTPServer(('localhost', 5551), SampleServer)
  server.serve_forever()
```

이 코드 블록을 터미널에서 `python counter.py`로 실행해 간단한 HTTP 서버를 시작한다. 메트릭을 스크랩할 엔드포인트로 start_http_server를 사용하고 있다. http://localhost:5555에서 메트릭에 액세스할 수 있다. 이러한 메트릭을 프로메테우스로 수집하려면 다음과 같이 prometheus.yml 파일에서 scrape_configs 파일을 다시 구성해야 한다.

```yaml
scrape_configs:
  - job_name: 'prometheus'
    static_configs:
    - targets: ['localhost:9090']
```

```
  - job_name: node
    static_configs:
    - targets:
      - localhost:9100
- job_name: my_application
  static_configs:
  - targets:
    - localhost:5555
```

프로메테우스를 다시 시작하면 Expression browser의 PromQL 표현식 `rate(my_app_http_request_total[1m])`을 통해 메트릭에 액세스할 수 있다. 카운터는 http://localhost:5551에서 애플리케이션 URL에 접속할 때마다 증가한다. 그림 6-4의 그래프는 들어오는 HTTP 요청의 증가된 비율을 보여준다.

그림 6-4 계측 애플리케이션에 대한 카운터 메트릭

보이는 것처럼 카운터로 코드를 계측하는 것은 매우 쉽다. 또한 카운터를 사용해 코드의 예외 및 오류를 계산할 수도 있고, 카운터를 1씩 늘리는 대신 카운터에 대한 사용자 지정 값을 가지게 할 수도 있다.

게이지

게이지^{Gauges}는 주로 엔티티의 현재 상태를 나타내며, 오르거나 내릴 수 있다. 게이지는 몇 가지 다른 시나리오에서 사용할 수 있다. 예를 들어 활성 스레드 수나 대기열에 있는 항목 수를 알아야 하거나 캐시에 있는 항목 수를 알아야 한다고 가정한다.

게이지는 inc, dec 및 set의 세 가지 주요 방법을 사용한다. 다음 예에서는 세 가지 방법을 독립적으로 사용해 관심 있는 메트릭을 추적하는 방법을 보여준다.

```
from prometheus_client import Gauge
sample_gauge_1 = Gauge('my_increment_example_requests', 'Description of increment gauge')
sample_gauge_2 = Gauge('my_decrement_example_requests', 'Description of decrement gauge')
sample_gauge_3 = Gauge('my_set_example_requests', 'Description of set gauge')

sample_gauge_1.inc()      # 이 값은 1씩 증가한다
sample_gauge_2.dec(10)    # 이 값은 지정된 값에서 10만큼 감소한다
sample_gauge_3.set(48)    # 이 값은 지정된 값을 48로 설정한다
```

앞의 코드에서 inc() 메서드는 'my_increment_example_requests'의 값을 1씩 증가시키고 'my_decrement_example_requests'의 값을 10만큼 감소시키며 'my_set_example_requests'의 값을 48로 설정한다.

요약

요약^{Summary}은 일반적으로 요청 기간 또는 응답 크기를 추적한다. 일반적으로 이벤트의 크기와 수를 찾는 데 사용된다. 이벤트의 크기를 받아들이는 관측 방법을 사용한다. 이를테면 다음 코드에서 요청이 완료되는 데 걸린 시간을 찾는 것을 보여준다.

```
import http.server
import time
from prometheus_client import Summary, start_http_server

LATENCY = Summary('latency_in_seconds','Time for a request')

class SampleServer(http.server.BaseHTTPRequestHandler):
  def do_gET(self):
```

```
    start_time = time.time()
    self.send_response(200)
    self.end_headers()
    self.wfile.write(b"My application with a Summary metric")
    LATENCY.observe(time.time() - start_time)

if __name__ == "__main__":
  start_http_server(5555)
  server = http.server.HTTPServer(('localhost', 5551), SampleServer)
  server.serve_forever()
```

앞의 코드를 실행하려면 202페이지의 '카운터'에서 사용한 것과 동일한 접근 방식을 따른다. http://localhost:5555/metrics의 메트릭 엔드포인트에는 `latency_in_seconds_count`와 `latency_in_seconds_sum`이라는 두 개의 시계열이 있다. 전자는 수행된 `observe` 호출 수를 나타내고 후자는 `observe`에 전달된 값의 합을 나타낸다. 이 두 지표의 비율(rate(latency_in_seconds_count[1m])/rate(latency_in_seconds_sum[1m]))을 나누면 마지막 1분 동안의 평균 지연 시간을 얻을 수 있다.

히스토그램

히스토그램Histograms을 사용하면 버킷의 이벤트 크기와 수를 추적하는 동시에 분위수 계산을 집계할 수 있다. 히스토그램을 사용해 특정 HTTP 요청 호출에 대한 요청 기간을 측정할 수 있다.

히스토그램에 관한 코드 계측도 관측 방법을 사용하며, 이전 예에서와 같이 이를 시간과 결합해 대기 시간을 추적할 수 있다. 다음은 요청 지연 시간으로 10초를 추가하는 코드다.

```
from prometheus_client import Histogram
req_latency = Histogram('request_latency_seconds', 'Description of histogram')
req_latency.observe(10) # Observe 10 (seconds in this case)
```

계측은 일반적으로 서비스 수준에서 또는 서비스에서 사용 중인 클라이언트 라이브러리에 적용된다. 프로메테우스가 여러 메트릭을 처리하는 데 효율적이더라도, 추가할 수

있거나 추가해야 하는 계측 수준에는 제한이 있다는 점에 유의한다.[3]

이제 코드 계측이 작동하는 방식과 호스트가 프로메테우스에 추가되고 스크랩되는 방식을 이해했으니 프로덕션 환경에서 스크랩할 호스트를 프로메테우스에 추가하는 방법을 살펴본다.

호스트 찾기

프로메테우스는 prometheus.yml 파일의 scrape_configs 아래에 있는 static_configs 파일을 사용해 스크랩할 호스트 대상을 찾는다. 클라우드 환경은 본질적으로 매우 동적이며, 특히 컨테이너 환경에서 변경이 매우 자주 발생한다. 이러한 환경에서 수동으로 prometheus.yml 파일에 호스트를 추가하면 확장성이 좋지 않다. 프로메테우스는 쿠버네티스, Azure 및 사용자 지정 서비스 디스커버리 플랫폼을 비롯한 다양한 소스를 지원해 이러한 상황을 처리하는 다양한 방법을 제공한다. 서비스 디스커버리는 분산 클라우드 환경에서 실행 중인 모든 서비스를 찾는 간단한 방법이다. 7장에서 서비스 디스커버리에 관해 자세히 이야기할 것이다. 여기에서 프로메테우스가 스크랩할 프로덕션 호스트를 찾는 몇 가지 방법을 살펴본다.

앤서블 사용하기

호스트가 노드 내보내기를 실행 중인 경우 호스트를 찾는 가장 간단한 방법 중 하나는 인벤토리 호스트로 prometheus.yml 파일을 정적으로 업데이트하는 것이다. 기본적으로 시스템을 추가할 때마다 prometheus.yml 구성 파일에 추가할 수 있는 조항도 있어야 한다. 다음은 앤서블을 사용해 prometheus.yml을 업데이트하는 스니펫이다.

```
scrape_configs:
  - job_name: {{ hostname }}
    static_configs:
      - targets:
        - {{ hostname }}:9100
```

---

3   프로메테우스팀은 계측 사용에 대한 모범 사례를 https://prometheus.io/docs/practices/instrumentation/#counter-vs-gauge-summary-vs-histogram에 정리했다.

또한 앤서블 인벤토리의 그룹 아래의 호스트를 반복해 직접 추가할 수도 있다.

파일 사용하기

네트워크 오버헤드 없이 YAML 또는 JSON 파일에서 바로 읽을 수 있는 대상 목록을 제공할 수도 있다. 이것은 또 다른 정적 서비스 디스커버리 방법이며 프로메테우스는 정적 파일에서 직접 호스트를 읽을 수 있다. Inventory.json 파일이 있는 경우 다음과 같다.

```json
[
  {
    "targets": [
    "192.168.101.11:9100"
    ],
    "labels": {
      "job": "node",
      "Team": "dev"
    }
  },
  {
    "targets": [
      "192.168.101.155:9200"
    ],
    "labels": {
      "job": "node",
      "Team": "sre"
    }
  }
]
```

이제 다음과 같이 scrape_configs에서 file_sd_configs를 사용해 prometheus.yml을 업데이트할 수 있다.

```yaml
scrape_configs:
  - job_name: file
    file_sd_configs:
      - files:
        - 'inventory.json'
```

스크랩 대상은 http://localhost:9090/service-discovery에서 찾을 수 있다.

azure_sd_config 사용하기

프로메테우스는 Azure 가상 머신을 스크랩할 수 있도록 즉시 지원한다. Azure SD(서비스 디스커버리) 구성을 사용하면 Azure 가상 머신에서 스크랩 대상을 검색할 수 있다. 다음과 같이 prometheus.yml 파일에서 Azure 자격 증명을 설정해 Azure Service Discovery를 사용할 수 있다.

```
- job_name: 'azure-nodes'
    azure_sd_configs:
      - subscription_id: '$SUBSCRIPTION_ID'
        tenant_id: '$TENANT_ID'
        client_id: '$CLIENT_ID'
        client_secret: '$CLIENT_SECRET'
        port: 9100
  relabel_configs:
      - source_labels: [__meta_azure_machine_tag_cloudnative]
        regex: true.*
        action: keep
      - source_labels: [__meta_azure_machine_name]
        target_label: web_instance
      - source_labels: [__meta_azure_machine_tag_public_ip]
        regex: (.+)
        replacement: ${1}:9100
        target_label: __address__
```

이 구성에서는 대상의 레이블 집합을 스크랩하기 전에 동적으로 다시 쓰는 relabeling 도 사용한다. 레이블을 다시 지정하면 저장소를 깨끗하게 유지해, 필요하지 않은 데이터로 저장소를 더럽히지 않도록 메트릭을 조작하는 데 도움이 된다. 구성 파일에 있는 순서대로 각 대상의 레이블 세트에 여러 개의 레이블이 재지정된다.

이전 relabel_configs의 주요 부분을 자세히 살펴보자.

`__meta_azure_machine_tag_cloudnative`

프로메테우스는 모든 Azure 가상 머신 인스턴스를 살펴보고 인스턴스에 cloud native라는 태그가 있으면 서비스를 유지한다. 기본적으로 이것은 프로메테우스에게 다음과 같이 알려준다. "태그가 cloudnative: true인 Azure 계정에서 가상 머신이 발견되면 스크랩하고, 그렇지 않으면 무시하십시오."

`__meta_azure_machine_name`

여기서 프로메테우스는 `machine_name`을 찾아서 `web_instance` 레이블에 넣는다.

`__meta_azure_machine_tag_public_ip`

여기서 프로메테우스는 퍼블릭 IP에 `:9100`을 추가한다. 또한 `__address__` 레이블의 내용을 대체한다.

Azure 가상 머신이 실행되고 있으면 가상 머신에서 추출된 메타데이터와 함께 http://localhost:9090/service-discovery에서 검색된 대상을 찾을 수 있다.

이제 기존 서비스 디스커버리가 프로메테우스에서 작동하는 방식을 살펴봤으니 프로메테우스가 쿠버네티스와 어떻게 작동하고 어떻게 클라우드 네이티브 애플리케이션의 모니터링의 차이를 줄이는 데 도움이 되는지 살펴본다.

쿠버네티스에서의 프로메테우스

쿠버네티스 서비스 디스커버리 지원은 프로메테우스에 내장돼 있기 때문에 쿠버네티스 REST API에서 스크랩 대상을 검색할 수 있다. 이 기능을 사용하려면 프로메테우스가 쿠버네티스 클러스터 내에서 이미 실행 중이어야 한다. Helm 차트를 사용해 AKS 클러스터에서 쉽게 프로메테우스를 구성하고 배포할 수 있다.

쿠버네티스 클러스터에서 대상을 검색하도록 노드, 서비스, 포드, 엔드포인트 및 인그레스의 다섯 가지 역할 유형을 구성할 수 있다. 이러한 서비스 디스커버리 역할을 자세히 살펴본다.

노드 역할

노드 역할은 쿠버네티스 클러스터의 모든 노드를 검색한다. kubelet은 쿠버네티스 클러스터의 각 노드에서 실행되기 때문에 노드 역할은 기본적으로 kubelet의 HTTP 포트 주소로 클러스터의 대상 노드를 검색한다. 다음 프로메테우스의 `scrape_configs` 명령을 사용해 kubelet 노드를 스크랩할 수 있다.

```
scrape_configs:
- job_name: 'kubelet'
  kubernetes_sd_configs:
    - role: node
  scheme: https
  tls_config:
    ca_file: ca.crt
```

앞의 prometheus.yml 구성에서 레이블은 kubelet으로 제공되고 역할은 노드로 제공된다. kubelet 메트릭은 HTTPS 체계를 사용한다. 이 경우에 TLS[전송 계층 보안] 인증서도 필요하다.

서비스 역할

서비스 역할은 주로 불투명 시스템을 모니터링해 모든 서비스가 응답하는지 여부를 확인하는 데 도움이 된다. 서비스 역할은 모든 서비스에 대한 각 서비스 포트의 대상을 찾는다. 다음과 같이 서비스 오브젝트를 스크랩할 수 있다.

```
scrape_configs:
- job_name: prometheus-pushgateway
  kubernetes_sd_configs:
  - role: service
```

포드 역할

포드 역할은 클러스터에서 실행 중인 모든 포드를 검색하고, 클러스터에서 실행 중인 컨테이너를 대상으로 노출하는 역할을 한다. 또한 포드와 관련된 모든 메타데이터를 반환한다. 다음과 같이 포드를 스크랩할 수 있다.

```
scrape_configs:
- job_name: 'pods'
  kubernetes_sd_configs:
    - role: pod
```

엔드포인트 역할

엔드포인트 역할은 쿠버네티스 클러스터의 서비스 엔드포인트에서 대상을 찾는다. 각 엔드포인트 주소에 대해 포트당 하나의 대상이 검색된다. 다음과 같이 엔드포인트를 스크랩할 수 있다.

```
scrape_configs:
- job_name: 'k8apiserver'
  kubernetes_sd_configs:
    - role: endpoints
  scheme: https
  tls_config:
    ca_file: cert.crt
```

인그레스 역할

마지막으로 인그레스 역할은 각 인그레스의 경로에 대한 대상을 검색한다. 이 역할은 인그레스의 불투명한 모니터링을 수행하는 방법이기도 하다. 다음과 같이 인그레스를 스크랩할 수 있다.

```
scrape_configs:
- job_name: 'gateway'
  kubernetes_sd_configs:
    - role: ingress
  scheme: https
  tls_config:
    ca_file: cert.crt
```

메트릭에 대해 자세히 다뤘으므로 클라우드 네이티브 애플리케이션에서 로깅이 어떻게 구현되는지 살펴본다.

클라우드 네이티브 세계에서의 로깅

로그는 모든 환경에서 중요한 정보다. 주로 엔지니어가 문제를 해결하거나 시스템에 대한 인사이트를 얻을 때 사용한다. 그러나 일반적으로 로깅은 복잡하다. 로그를 사용하는 다양한 방법, 데이터 형식의 차이 그리고 기본 애플리케이션의 로그 수가 증가하고 이를 크기 조정해 저장할 필요성이 생기면서 점점 복잡해진다. 클라우드 네이티브 분산 환경에서 로깅은 더욱 중요해진다. 이러한 환경에는 동적인 부분이 많을 뿐만 아니라 쿠버네티스 포드와 같이 시스템이 분산되고 임시적이기 때문에 더 복잡하다. 즉, 나중에 볼 수 있도록 로그를 멀리 전달해야 하고 중앙에 저장해야 함을 의미한다.

클라우드 네이티브 환경에서 대규모 로깅 문제를 해결하려면 환경에 쉽게 연결하고 원활하게 통합할 수 있는 솔루션이 필요하다. 여기에서 Fluentd가 등장한다.

Fluentd를 이용한 로깅

Fluentd는 로그를 수집, 구문 분석, 변환 및 분석할 수 있는 CNCF의 오픈소스 프로젝트다. Fluentd는 기본적으로 데이터를 JSON으로 구조화해 통합 로깅 계층 역할을 한다(그림 6-5 참조). 이를 통해 여러 소스 및 대상에서 로그를 수집, 필터링, 버퍼링 및 출력할 수 있다.

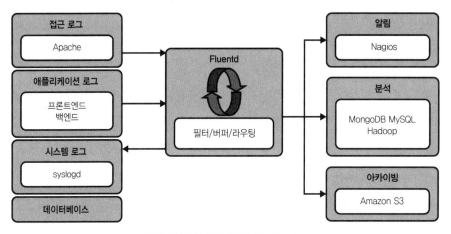

그림 6-5 로깅 계층 역할을 하는 Fluentd

Fluentd는 CRuby로 작성된다. CRuby는 30~40MB의 작은 메모리 공간을 제공하며 코어당 초당 약 13,000개의 이벤트를 처리하는 Ruby 프로그래밍 언어의 C 구현체다. Fluentd의 몇 가지 핵심 개념과 이를 사용해 클라우드 네이티브 환경에서 로깅을 활성화하는 방법을 살펴본다.

시작하려면 공식 Fluentd 웹사이트(https://docs.fluentd.org/installation)에서 운영체제 배포에 따라 에이전트를 설치한다.

 공식적으로 안정적인 Fluentd 배포 패키지를 td-agent라고 한다. 원본 작성자인 Treasure Data Inc.의 권장 설정으로 미리 구성돼 있으며 이는 안정성을 보장하고 있다.

배포용 td-agent를 다운로드해 설치했으면 실행 중인지 확인한다.[4] 이를테면 macOS에서는 launchctl을 통해 이 작업을 수행할 수 있다.

```
$ ~ sudo launchctl load /Library/LaunchDaemons/td-agent.plist
Password:
$
```

다음 위치에서 사용 가능한 로그를 통해 에이전트가 실행 중인지 확인할 수 있다.

```
$ ~ tail -f /var/log/td-agent/td-agent.log
2020-12-17 22:57:46 +0530 [info]: adding match pattern="td.*.*" type="tdlog"
2020-12-17 22:57:46 +0530 [warn]: #0 [output_td] secondary type should be same with
  primary one primary="Fluent::Plugin::TreasureDataLogOutput" secondary="Fluent::Plugin
  ::FileOutput"
2020-12-17 22:57:46 +0530 [info]: adding match pattern="debug.**" type="stdout"
2020-12-17 22:57:46 +0530 [info]: adding source type="forward"
2020-12-17 22:57:46 +0530 [info]: adding source type="http"
2020-12-17 22:57:46 +0530 [info]: adding source type="debug_agent"
2020-12-17 22:57:46 +0530 [info]: #0 starting fluentd worker pid=96320 ppid=95841 worker=0
2020-12-17 22:57:47 +0530 [info]: #0 [input_debug_agent] listening dRuby
  uri="druby://127.0.0.1:24230" object="Fluent::Engine"
```

---

4   운영체제에 따라 실행 방법이 다르기 때문에 공식 Fluentd 사이트 가이드에 따라 td-agent를 실행한다. – 옮긴이

```
2020-12-17 22:57:47 +0530 [info]: #0 [input_forward] listening port port=24224
  bind="0.0.0.0"
2020-12-17 22:57:47 +0530 [info]: #0 fluentd worker is now running worker=0
```

Fluentd는 구성 파일을 통해 가장 잘 이해할 수 있다. Fluentd의 기본 구성 파일은 /etc/td-agent/td-agent.conf에서 찾을 수 있다. 구성 파일에는 다음 하위 절에 설명된 대로 여러 지시자가 포함돼 있다.

source 지시자(모든 데이터가 수집되는 곳)

source 지시자directive는 활성화해야 하는 데이터 입력 소스(즉, 데이터를 수집해야 하는 위치)를 결정한다. source 지시자는 이벤트를 Fluentd 라우팅 시스템에 보낸다. 기본적으로 Fluentd는 두 가지 표준 입력 플러그인을 제공한다. http 플러그인은 들어오는 HTTP 메시지를 수신하는 HTTP 엔드포인트를 제공한다. forward 플러그인은 TCP 패킷을 수락하는 TCP 엔드포인트를 제공한다.

```
<source>
@type forward
port 24224
</source>

<source>
@type http
port 9999
bind 0.0.0.0
</source>
```

앞의 정의는 두 가지 소스를 지정한다. 첫 번째 소스에서는 TCP 24224 포트에서 이벤트를 수신하고, 두 번째 소스에서는 TCP 9999 포트에서 수신을 대기하는 HTTP 서버가 있다.

source에서 Fluentd 라우팅 엔진에 보낸 이벤트에는 태그, 시간 및 기록 이렇게 세 개의 엔티티가 포함된다. 예를 들어 로그 출력문은 다음과 같다.

```
2020-12-16 15:38:27 +0900 test.root: {"action":"logout","user":3}
```

`2020-12-16 15:38:27 +0900`은 입력 플러그인에 의해 지정되고 Unix 시간 형식이어야 한다. `test.root`는 태그다(Fluentd에서 태그는 소문자로, 숫자와 밑줄을 혼합해 사용하는 것이 좋다). `{"action":"logout","user":3}`은 JSON 오브젝트다.

입력 플러그인은 외부 소스에서 이벤트 로그를 검색하는 역할을 한다. 일반적으로 입력 플러그인은 스레드, 소켓 및 수신 소켓을 생성한다. 입력 플러그인은 `http`와 `forward`만 있는 것은 아니다. 다음은 몇 가지 추가 플러그인이다.

in_syslog

UDP 또는 TCP의 Syslog 프로토콜을 통해 로그 이벤트를 검색한다. Fluentd는 포트 5140에 소켓을 만든다. 그런 다음 이 소켓에서 로그 이벤트를 보내도록 syslog 데몬을 설정하기만 하면 된다.

```
<source>
  @type syslog
  port 5140
  bind 0.0.0.0
  tag system
</source>
```

in_tail

Fluentd는 Unix의 `tail -f` 명령과 마찬가지로 로그 파일의 꼬리에서 이벤트를 읽을 수 있도록 한다.

```
<source>
  @type tail
  path /var/log/httpd-access.log
  pos_file /var/log/td-agent/httpd-access.log.pos
  tag apache.access
  <parse>
    @type apache2
  </parse>
</source>
```

Fluentd는 Unix 도메인 소켓에서 레코드를 검색하기 위한 **in_unix**와 같은 입력 플러그인을 제공하고, 외부 프로그램을 실행하고 이벤트 로그를 가져오기 위한 **in_exec**와 같은 추가 입력 플러그인도 제공한다. 또한 사용자 지정 입력 플러그인을 작성할 수도 있다.

match 지시자(입력 데이터로 무엇을 할 것인가)

match 지시자는 일치하는 태그가 있는 이벤트를 찾아 출력 대상을 결정한다. Fluentd용 표준 출력 플러그인에는 **file**과 **forward**가 있다. **match** 지시자에는 사용할 출력 플러그인을 정의하는 매치 패턴과 **@type** 매개변수가 포함돼야 한다. 태그가 있는 이벤트가 패턴과 매치되면 출력 대상으로 전송된다. 다음은 **match** 지시자의 사용 예시다.

```
<match mywebapp.access>
  @type file
  path /var/log/mywebapp/access
</match>
```

이전 구성에서는 **mywebapp.access**로 태그된 이벤트를 매치시키고 **/var/log/mywebapp/access** 파일에 저장한다.

file과 **forward** 외에도 기본적으로 데이터를 쓸 위치를 결정하는 다른 유형의 출력 플러그인을 사용할 수 있다. 예를 들어 **out_elasticsearch**는 Elasticsearch 클러스터 엔드포인트에 레코드를 쓰는 출력 플러그인이다. 먼저 다음을 사용해 플러그인을 설치해야 한다.

```
fluent-gem install fluent-plugin-elasticsearch
```

그런 뒤 다음의 구성을 사용해 출력 데이터를 Elasticsearch 엔드포인트로 보낼 수 있다.

```
<match my.logs>
  @type elasticsearch
  host 192.168.23.13
  port 9200
```

```
  logstash_format true
</match>
```

마찬가지로 out_copy를 사용해 이벤트를 여러 출력에 복사할 수 있다. out_kafka2를 사용해 레코드를 Kafka 클러스터로 보내고 out_mongo를 사용해 MongoDB 데이터베이스에 레코드를 작성하고, stdout을 사용해 표준 출력에 이벤트를 쓸 수 있다.

filter 지시자(이벤트 처리 파이프라인)

filter 지시자는 조건에 따라 이벤트를 전달하거나 거부하는 규칙처럼 작동한다. filter 구문은 처리 파이프라인에 연결할 수 있다는 것을 제외하면 match 구문과 동일하다. 다음과 같이 filter를 추가할 수 있다.

```
<source>
  @type http
  port 9999
  bind 0.0.0.0
</source>

<filter test.session>
  @type grep
  <exclude>
    key action
    pattern ^logout_session$
  </exclude>
</filter>

<match test.session>
  @type stdout
</match>
```

앞의 구성에서 데이터가 source되면 filter 섹션을 거친 다음 match 섹션을 거친다. filter는 유형과 규칙에 따라 이벤트를 수락하거나 거부한다. 여기서 우리는 logout_session 작업을 버리고 filter 내부에 grep 유형을 사용해 작업 키에 로그아웃이 있는 메시지를 제외했다.

다음은 몇 가지 추가 filter 플러그인이다.

filter_record_transformer

들어오는 이벤트 스트림을 변경하는 데 사용된다. record_transformer의 경우 다음 구성 예를 사용할 수 있다.

```
<filter myweb.access>
  @type record_transformer
  <record>
    host_param "#{Socket.gethostname}"
  </record>
</filter>
```

앞의 구성에서 record_transformer는 host_param 필드를 로그 이벤트에 추가한다.

filter_geoip

MaxMind GeoIP 데이터베이스를 사용해 로그에 지리적 위치 정보를 추가한다.

filter_stdout

이벤트를 표준 출력으로 출력하고 주로 디버깅 목적으로 사용한다.

system 지시자(시스템 전체 구성 설정)

system 지시자를 사용해 다양한 시스템 전체 구성을 설정할 수 있다. 다음은 system 지시자에서 사용할 수 있는 구성 옵션 중 일부다.

- log_level

- suppress_repeated_stacktrace

- emit_error_log_interval

- suppress_config_dump

- without_source

- process_name

다음과 같이 system 구성을 설정할 수 있다.

```
<system>
  process_name my_app
  log_level error
  without_source
</system>
```

여기에서는 먼저 관리자와 작업자 프로세스 이름을 my_app으로 설정하고, 기본 로그 수준을 error로 설정한다. 또한 입력 플러그인 없이 시작하도록 Fluentd에 지시한다.

label 지시자(출력 그룹화와 라우팅 용도)

lable은 주로 구성 파일에서 top-to-bottom 구문 분석 순서를 따르지 않는 라우팅 섹션으로, 구성 파일을 유지 관리하고 관리하는 문제를 해결한다. label을 go-to문으로 생각할 수도 있다. 다음은 레이블을 사용하는 간단한 구성 예시다.

```
<source>
  @type http
  bind 0.0.0.0
  port 9999
  @label @MYCLUE
</source>

<filter test.session>
  @type grep
  <exclude>
    key action
    pattern ^login$
  </exclude>
</filter>

<label @MYCLUE>
  <filter test.session>
    @type grep
    <exclude>
      key action
      pattern ^logout$
```

```
      </exclude>
    </filter>

    <match test.session>
      @type stdout
    </match>
  </label>
```

이전 구성에서 소스 아래의 @label 매개변수는 @MYCLUE 레이블 섹션으로 리디렉션된다.
컨트롤은 로그인에 대한 필터 정의를 건너뛰고 @MYCLUE 레이블로 직접 이동한다.

@include 지시자(구성 파일 가져오기)

@include 지시자를 사용해 별도의 디렉터리에서 구성 파일을 가져올 수 있다. @include
지시자는 다음과 같이 일반 파일 경로, glob 패턴 및 HTTP URL 규칙을 지원한다.

```
# 절대 경로
@include /path/to/config.conf

# 상대 경로를 사용하는 경우, 지시자는 구성 파일의 dirname을 사용해
# 경로를 확장한다
@include extra.conf

# 글롭(glob) 패턴 매칭[5]
@include config.d/*.conf

# http
@include http://example.com/fluent.conf
```

계속 진행하기 전에 에이전트를 실행해 로그를 확인하는 방법을 간단히 살펴본다. 다음
과 같은 간단한 구성을 실행한다.

```
<source>
  @type http
  port 9999
```

---

5   Glob 패턴은 와일드카드 문자를 사용해 일정한 패턴을 가진 파일 이름들을 지정하기 위한 패턴이다. – 옮긴이

```
  bind 0.0.0.0
</source>

<filter myapp.test>
  @type grep
  <exclude>
    key action
    pattern ^logout$
  </exclude>
 </filter>

<match myapp.test>
  @type stdout
</match>
```

기본 위치 /etc/td-agent/td-agent.conf에서 이전 구성을 변경한다. 이제 macOS에서 다음과 같이 **td-agent**를 다시 로드할 수 있다.

```
$ sudo launchctl load /Library/LaunchDaemons/td-agent.plist
# 로그를 확인한다.
$ tail -f /var/log/td-agent/td-agent.log
2020-12-21 12:21:57 +0530 [info]: parsing config file is succeeded \
  path="/etc/td-agent/td-agent.conf"
2020-12-21 12:21:58 +0530 [info]: using configuration file: <ROOT>
  <source>
    @type http
    port 9999
    bind "0.0.0.0"
  </source>
  <filter myapp.test>
    @type grep
    <exclude>
      key "action"
     pattern ^logout$
    </exclude>
  </filter>
  <match myapp.test>
    @type stdout
  </match>
```

```
</ROOT>
2020-12-21 12:21:58 +0530 [info]: starting fluentd-1.0.2 pid=43215 ruby="2.4.2"
2020-12-21 12:21:58 +0530 [info]: spawn command to main: \
  cmdline=["/opt/td-agent/embedded/bin/ruby", "-Eascii-8bit:ascii-8bit", \
  "/opt/td-agent/usr/sbin/td-agent", "--log", "/var/log/td-agent/td-agent.log", \
  "--use-v1-config", "--under-supervisor"]
2020-12-21 12:21:58 +0530 [info]: gem 'fluent-plugin-elasticsearch' version '2.4.0'
2020-12-21 12:21:58 +0530 [info]: gem 'fluent-plugin-kafka' version '0.6.5'
2020-12-21 12:21:58 +0530 [info]: gem 'fluent-plugin-rewrite-tag-filter' version '2.0.1'
2020-12-21 12:21:58 +0530 [info]: gem 'fluent-plugin-s3' version '1.1.0'
2020-12-21 12:21:58 +0530 [info]: gem 'fluent-plugin-td' version '1.0.0'
2020-12-21 12:21:58 +0530 [info]: gem 'fluent-plugin-td-monitoring' version '0.2.3'
2020-12-21 12:21:58 +0530 [info]: gem 'fluent-plugin-webhdfs' version '1.2.2'
2020-12-21 12:21:58 +0530 [info]: gem 'fluentd' version '1.0.2'
2020-12-21 12:21:58 +0530 [info]: adding filter pattern="myapp.test" type="grep"
2020-12-21 12:21:58 +0530 [info]: adding match pattern="myapp.test" type="stdout"
2020-12-21 12:21:58 +0530 [info]: adding source type="http"
2020-12-21 12:21:58 +0530 [info]: #0 starting fluentd worker pid=43221 ppid=43215 worker=0
2020-12-21 12:21:58 +0530 [info]: #0 fluentd worker is now running worker=0
```

이제 다음 curl 명령을 실행해 다양한 작업을 시뮬레이션할 수 있다.

```
$ curl -i -X POST -d 'json={"action":"login","user":2}' http://localhost:9999/myapp.test
```

```
HTTP/1.1 200 OK
Content-Type: text/plain
Connection: Keep-Alive
Content-Length: 0
```

현재 작업을 login으로 전달하고 있으므로 해당 위치의 로그를 확인해 로그가 출력됐는지 확인할 수 있다.

```
2020-12-21 12:31:31.529967000 +0530 myapp.test: {"action":"login","user":2}
```

다음 curl 명령에서 logout 상태로 작업하려고 하면 지정한 필터 규칙에 따라 작업이 삭제되며 출력 중인 로그를 볼 수 없다.

```
$ curl -i -X POST -d 'json={"action":"logout","user":2}' http://localhost:9999/myapp.test
HTTP/1.1 200 OK
Content-Type: text/plain
Connection: Keep-Alive
Content-Length: 0
```

Fluentd의 작동 방식을 이해했으니 이제 클라우드 네이티브 환경에 통합하고 쿠버네티스와 같은 컨테이너 오케스트레이터를 통해 배포하는 방법을 살펴본다.

쿠버네티스에서의 Fluentd

기본적으로 쿠버네티스에서 컨테이너의 로그는 표준 출력 스트림과 표준 오류 스트림에 기록된다. 이것은 쿠버네티스가 제공하는 기본 I/O 로깅이다. 컨테이너 엔진은 스트림을 쿠버네티스에 구성된 로깅 드라이버로 리디렉션해 JSON 형식의 파일에 로그를 기록한다. kubectl logs 명령을 사용해 사용자의 로그를 볼 수 있다. 그러나 이 접근 방식에는 분명한 문제가 있다. 컨테이너가 충돌하거나 포드가 제거되거나 노드 자체가 죽으면 더 이상 애플리케이션 로그에 액세스할 수 없다. 따라서 로그에는 컨테이너, 포드 및 노드와 독립적인 저장소가 있어야 한다. 이 개념을 공식적으로는 클러스터 수준 로깅이라고 하며 로그를 저장, 분석 및 쿼리하려면 별도의 백엔드가 필요하다. 쿠버네티스는 기본적으로 클러스터 수준 로깅을 위한 솔루션을 제공하지 않지만, Fluentd를 Elasticsearch와 같은 스토리지 솔루션과 결합해 확장 가능한 솔루션으로 구성할 수 있다.

쿠버네티스에서 권장하는 Fluentd 배포 방법을 살펴보기 전에, 클러스터 수준 로깅을 구현할 수 있는 다양한 접근 방식과 장단점을 살펴본다. 클러스터 수준 로깅 솔루션을 구축하는 방법에는 기본적으로 두 가지가 있다.

- 모든 애플리케이션 포드에서 사이드카 컨테이너를 사용한다.

- 모든 노드에서 실행되는 노드 수준 로깅 에이전트를 사용한다.

각 솔루션을 자세히 살펴보겠다.

사이드카 컨테이너 접근 방식

일반적으로 쿠버네티스에서는 5장에 설명된 대로 포드에서 애플리케이션을 실행한다. 사이드카 접근 방식에서는 애플리케이션 포드 내에 하나 이상의 사이드카 컨테이너를 생성할 수 있다. 사이드카 컨테이너 접근 방식은 두 가지 방식으로 사용할 수 있다.

- 사이드카 컨테이너를 사용해 애플리케이션 로그를 컨테이너의 자체 표준 출력으로 스트리밍할 수 있다.

- 사이드카 컨테이너 내에서 로깅 에이전트를 실행할 수 있다. 이 에이전트는 기본적으로 애플리케이션 컨테이너에서 로그를 선택해 로깅 백엔드로 전달한다.

사이드카 컨테이너 접근 방식에는 몇 가지 장점이 있다.

- 두 개의 사이드카 컨테이너를 사용해 특정 로그 파일을 다른 로그 스트림으로 스트리밍해, 다양한 로그 형식(정형 또는 비정형)으로 생성되는 애플리케이션 로그를 전달할 수 있다.

- 사이드카 컨테이너는 파일, 소켓 또는 저널에서 로그를 읽을 수 있으며, 각 사이드카 컨테이너는 stdout과 stderr 스트림에 로그를 출력한다.

- 사이드카 컨테이너를 사용해 애플리케이션 자체에서 회전할 수 없는 로그 파일을 회전할 수도 있다.

사이드카 컨테이너를 실행하는 데에는 몇 가지 단점도 있다.

- 로그를 파일에 쓴 다음 stdout으로 스트리밍하는 시나리오에서는 디스크 I/O가 크게 증가할 수 있다.

- 애플리케이션을 실행하는 포드가 한 개 이상 있으므로 각 포드에 여러 사이드카 컨테이너를 배포해야 한다.

노드 수준 로깅 에이전트 접근 방식

쿠버네티스에서 로깅을 처리하는 또 다른 방법은 쿠버네티스 클러스터의 각 노드에 로깅 에이전트를 배포하는 것이다. 에이전트는 애플리케이션 포드에서 생성되는 모든 로그에 액세스할 수 있는 데몬의 컨테이너로 실행될 수 있다. 사실 이것은 Fluentd 에이전트를 실행하는 데 선호하는 방법이기도 하다.

쿠버네티스 DaemonSet은 모든 노드가 Fluentd 로깅 에이전트 포드의 복사본을 실행할 수 있는 전략을 구현하는 데 사용된다. Fluentd는 공식적으로 DaemonSet(https://oreil.ly/OE3hD)에 쿠버네티스 클러스터에 잘 배포할 수 있는 규칙을 제공한다. 공식 Fluentd 리포지터리를 복제해 DaemonSet의 복사본을 가져올 수 있다.

```
$ git clone https://github.com/fluent/fluentd-kubernetes-daemonset
```

앞서 언급한 DaemonSet 사용을 시작하기 전에 쿠버네티스 클러스터가 필요하다. AKS와 같은 Azure 쿠버네티스 클러스터가 이미 실행 중인 경우 로그 파일을 저장하기 위한 로깅 백엔드를 배포해 시작한다. Elasticsearch는 생성된 로그를 저장하는 데 사용할 수 있는 로깅 백엔드 중 하나다. 다음과 같이 쿠버네티스에서 Helm을 사용해 Elasticsearch를 배포할 수 있다.

```
$ helm repo add elastic https://helm.elastic.co
$ helm install elasticsearch elastic/elasticsearch
```

포트 포워딩을 사용해 Elasticsearch 클러스터가 성공적으로 배포됐는지 확인할 수 있다.

```
$ kubectl port-forward svc/elasticsearch-master 9200
Forwarding from 127.0.0.1:9200 -> 9200
Forwarding from [::1]:9200 -> 9200
Handling connection for 9200
Handling connection for 9200
```

Elasticsearch는 http://localhost:9200에서 사용할 수 있어야 한다. Fluentd Daemon Set을 배포하려면 먼저 fluentd-daemonset-elasticsearch-rbac.yaml 파일에서 다음

환경 변수를 수정해야 한다.

- **FLUENT_ELASTICSEARCH_HOST**(Elasticsearch 엔드포인트)

- **FLUENT_ELASTICSEARCH_PORT**(Elasticsearch 포트, 일반적으로 9200)

Elasticsearch 세부 정보로 YAML 파일을 업데이트한 후에는 다음과 같이 깃허브 리포지터리로 이동하고 DaemonSet를 적용해 AKS에 Fluentd DaemonSet을 배포할 수 있다.

```
$ kubectl apply -f fluentd-daemonset-elasticsearch-rbac.yaml
```

그러면 쿠버네티스 클러스터에 Fluentd DaemonSet이 배포되고, 이제 모든 노드에는 Elasticsearch에 로그를 전달할 Fluentd 포드가 한 개 이상 실행된다.

```
$ ~ kubectl get pods --namespace=kube-system -o wide
NAME               READY    STATUS      RESTARTS    AGE       IP
  NODE                                 NOMINATED NODE         READINESS GATES
fluentd-6pttr       1/1     Running     2           3h37m     10.240.0.27
  aks-agentpool-25245360-vmss000000    <none>                 <none>
fluentd-9fj59       1/1     Running     1           3h37m     10.240.0.147
  aks-agentpool-25245360-vmss000001    <none>                 <none>
fluentd-dh7pn       1/1     Running     1           139m      10.240.1.84
  aks-agentpool-25245360-vmss000003    <none>                 <none>
fluentd-g5cnv       1/1     Running     2           3h37m     10.240.1.25
  aks-agentpool-25245360-vmss000002    <none>                 <none>
fluentd-mzw2j       1/1     Running     2           139m      10.240.2.0
  aks-agentpool-25245360-vmss000004    <none>                 <none>
fluentd-z52r2       1/1     Running     2           139m      10.240.2.143
  aks-agentpool-25245360-vmss000005    <none>                 <none>
kube-proxy-56bv2    1/1     Running     0           139m      10.240.2.47
  aks-agentpool-25245360-vmss000005    <none>                 <none>
```

이러한 로그를 확인해야 하며, Kibana[6]를 사용해 이를 수행할 수 있다. 다음과 같이

---

6   Kibana는 일반적으로 데이터(로그)를 시각화하는 데 사용되는 오픈소스 UI이다. 자세한 내용은 https://elastic.co/kibana에서 확인할 수 있다.

Helm과 포트 포워딩의 도움으로 Kibana를 유사하게 배포할 수 있다.

```
$ helm repo add elastic https://helm.elastic.co
$ helm install kibana elastic/kibana
$ kubectl port-forward deployment/kibana-kibana 5601
Forwarding from 127.0.0.1:5601 -> 5601
Forwarding from [::1]:5601 -> 5601
```

이제 Kibana(그림 6-6)가 http://localhost:5601에 준비돼 있어야 한다.

그림 6-6 Kibana로 로그 표시하기

또 다른 새로운 로그 집계 도구는 Grafana Labs(https://oreil.ly/vUFFW)의 Loki다. Loki는 전체 로그 스트림 대신 특정 로그 레이블을 효율적으로 기록하며 Fluentd와도 쉽게 통합할 수 있다. 이 주제는 이 책의 범위를 벗어나기 때문에 자세히 다루지는 않는다.

이제 클라우드 네이티브 환경에서 로깅이 작동하는 방식을 이해했으니 분산 추적에 관한 설명으로 6장을 마무리하겠다.

클라우드 네이티브 세계에서의 분산 추적

분산 추적은 최신 클라우드 네이티브 애플리케이션에서 관측성을 확보하고 구축하기 위한 중요한 핵심 요소 중 하나다. 분산 추적을 사용하면 분산 시스템에서 여러 서비스를 통과하는 요청의 흐름을 추적할 수 있으며, 각 서비스에서 소요된 시간과 기본 호출 세부 정보와 같은 메타데이터 정보를 다른 엔드포인트로 보낼 수 있다. 이 메타데이터는 나중에 재구성돼 런타임 시 애플리케이션 동작을 더욱 완벽하게 파악할 수 있어, 애플리케이션 지연 시간 문제를 정확히 찾아내고 병목 현상을 찾는 것과 같은 문제를 해결하는 데 도움이 된다.

분산 추적은 다음과 같은 중요한 질문에 답해준다.

- 서비스의 병목 현상은 무엇인가?

- 분산 시스템의 각 단계/서비스에 소요되는 시간은 얼마나 되는가?

- 업스트림과 다운스트림 서비스는 무엇이며 요청이 접하는 엔드포인트는 무엇인가?

분산 추적의 기본 사항을 더 잘 이해하기 위해 그림 6-7에 표시된 간단한 웹 애플리케이션을 살펴본다.

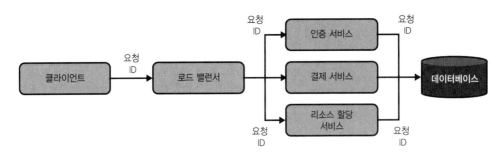

그림 6-7 다양한 서비스 계층을 통한 요청 전파를 보여주는 간단한 웹 애플리케이션

그림 6-7을 참조해 사용자의 계획에 따라 클라우드를 통해 일부 리소스를 프로비저닝하는 샘플 서비스가 있다고 가정한다. 정상적인 실행 흐름은 클라이언트가 인증 서비스

및 결제 서비스와 통신하는 로드 밸런서에 요청을 하는 것으로 시작되며, 리소스 할당 서비스를 최종 호출해 클라이언트에 리소스를 할당한다. 그림 6-8의 플로우에서는 전파되는 고유한 요청 ID를 볼 수 있으며, 나중에 추적을 함께 연결하는 데 도움이 된다.

이러한 트랜잭션의 흐름은 Gantt 차트를 사용해 시각화할 수 있다(그림 6-8 참조).

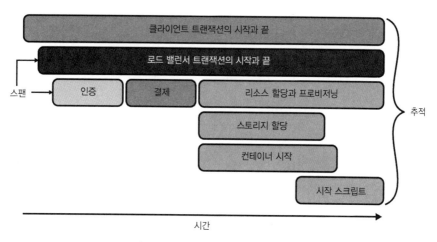

그림 6-8 간단한 웹 애플리케이션의 스팬과 추적

추적: 핵심 개념

그림 6-8의 Gantt 차트는 분산 추적 시스템의 다음과 같은 중요한 핵심 개념을 요약한다.

스팬

스팬Spans은 단일 작동 호출을 나타내며 분산 시스템에서 수행되는 개별 작업 단위를 나타내는 분산 추적의 기본 컴포넌트다. 스팬에는 다른 스팬에 대한 참조가 포함돼 있으므로 여러 스팬을 하나의 완전한 추적으로 조합할 수 있다. 이를테면 그림 6-8의 '로드 밸런서 트랜잭션의 시작과 끝' 스팬에는 인증 서비스와 상호작용하는 로드 밸런서 또는 결제 서비스와 상호작용하는 로드 밸런서와 같은 다른 스팬이 포함된다.

스팬은 루트와 시작 서비스를 제외하고 각 범위에 자식이 있는 부모-자식 관계의 형태로 생성된다(그림 6-9).

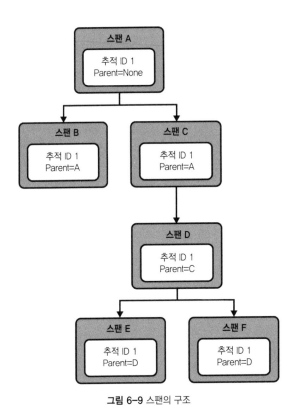

그림 6-9 스팬의 구조

추적

추적은 요청이 이동하는 모든 서비스에 대한 전체 여정을 나타낸다. 일반적으로 하나의 전체적인 추적은 요청에 대한 여러 스팬으로 구성된다. 일례로 클라이언트의 처음부터 끝까지의 전체 트랜잭션은 여러 스팬으로 구성된다.

컨텍스트 전파

서비스에서 다운스트림 서비스에 대한 모든 요청에 대해 전역 요청 실행 식별자[a global request execution identifier]는 메타데이터로 전달되며, 이는 각 요청에 대해 고유하게 유지된다.

이 전역 요청 실행 식별자는 나중에 요청 식별자를 기반으로 레코드를 그룹화해 요청의 전체 실행을 재구성하는 데 사용된다. 실행 식별자를 요청 메타데이터로 전달하는 프로세스를 분산 컨텍스트 전파라고 한다.

스팬 전체에 전파되는 메타데이터에는 태그와 로그라는 두 가지 추가 세부 정보와 함께 추적 ID와 스팬 ID도 포함된다. 태그는 오류 코드와 호스트 세부 정보와 같은 추가 정보를 제공하기 위해 스팬에 추가할 수 있는 키-값 쌍이다. 또한 로그는 범위별 로깅 메시지를 캡처하고 디버깅을 지원하는 키-값 쌍이다.

샘플링

메모리의 모든 데이터를 수집한 다음 추적 백엔드로 전송하면 네트워크, 애플리케이션 대기 시간과 비용에 심각한 영향을 미칠 수 있다. 이 문제를 벗어나고자 추적 시스템은 샘플링을 구현한다. 샘플링은 저장 비용과 성능 오버헤드를 피하기 위해 추적 데이터의 하위 집합만 수집하고 저장하는 프로세스다. 다양한 유형의 샘플링 방법이 있으며 주로 헤드 기반 샘플링 또는 꼬리 기반 샘플링으로 분류된다. 예를 들어 분당 x개의 추적을 수집하려는 경우 속도 제한이라는 샘플링 유형을 사용할 수 있다. 마찬가지로 특정 유형의 오류가 두드러질 때 추적을 샘플링하려는 경우 상황에 맞는 샘플링을 사용할 수 있다.

일반적인 추적 시스템 아키텍처와 추적 조합

클라우드 네이티브 환경에서 추적 시스템을 구현하기 위해 이미 존재하는 오픈소스 라이브러리를 사용하면 된다(다음 절에서 이를 자세히 설명한다). 그러면 추가로 재작성하지 않고도 애플리케이션을 계측하는 데 도움이 된다. 일반적으로 대부분의 추적 시스템은 그림 6-10과 같이 단순한 구조를 갖고 있다.

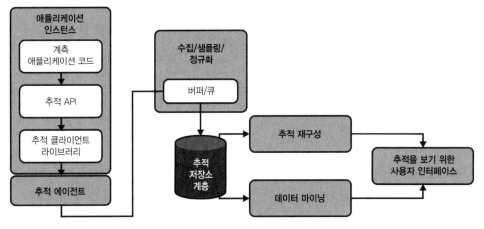

그림 6-10 일반 분산 추적 시스템 아키텍처

분산 추적을 사용하려면 먼저 클라이언트 라이브러리를 사용해 애플리케이션 코드를 계측해야 한다. 클라이언트 라이브러리는 Java, Go, Python을 비롯한 다양한 언어로 사용할 수 있다. 라이브러리는 일반적으로 동일한 인스턴스나 호스트에서 사용할 수 있는 에이전트로 데이터를 보낸다. 에이전트는 추적을 백엔드(예를 들어 비동기 버퍼 계층을 통한 스토리지 계층)로 전달하는 역할을 한다. 나중에 추적이 재구성돼 사용자 인터페이스에 표시된다. 추적은 또한 데이터 마이닝 기술을 사용해 추가 분석과 집계를 수행하는 데 사용할 수 있다.

추적은 요청에서 다음을 확인해 수집된다.

수신 요청 스팬

요청이 서비스에 들어오면 추적 시스템은 요청에 추적 헤더가 첨부돼 있는지 여부를 확인한다. 추적 헤더가 첨부되지 않은 경우 루트 범위가 생성된다. 그렇지 않으면 자식 스팬을 만들어야 한다.

발신 요청 스팬

요청이 한 서비스에서 다른 서비스로 나가는 경우 스팬이 먼저 생성되고 수신 서비스는 들어오는 요청 스팬에 설명된 대로 추적을 계속한다.

여러 가지 방법으로 클라우드 환경에서 분산 추적을 구현할 수 있다. 다음 절에서 그중 일부를 살펴본다.

추적 표준, 도구, 코드 계측

분산 추적은 수년 동안 발전했으며 클라우드 네이티브 환경에서 애플리케이션을 프로파일링하고 모니터링하는 표준 방법이 됐다. 2016년 OpenTracing은 CNCF 프로젝트가 됐고, 그 목표는 분산 추적을 위해 공급자에 구애받지 않는 스펙을 제공하는 것이었다. 이 기간 동안 Google은 OpenCensus라는 오픈소스 커뮤니티 프로젝트를 진행했으며, 나중에 Microsoft에서 이 프로젝트를 주도했다.

OpenTracing과 OpenCensus는 경쟁 프레임워크였다. 아키텍처는 다르지만 기본적으로 동일한 문제를 해결했다. 두 가지 표준으로 인해 지원과 기여에 대한 불확실성이 생기다 보니 업계에서는 널리 채택되지 않았다. 2019년 5월, CNCF는 OpenTracing과 OpenCensus를 OpenTelemetry라는 단일 표준으로 통합한다고 발표했다. OpenTelemetry는 이전 표준들의 이점을 합쳤으며, 커뮤니티에서 지원한다. 이 절에서는 OpenTracing과 OpenTelemetry를 사용해 기본 애플리케이션 코드를 계측하는 방법을 살펴본다.

오늘날 가장 인기 있고 실용적인 두 가지 추적 도구는 Zipkin과 Jaeger이다. Zipkin은 Google의 Dapper 추적 인프라(https://oreil.ly/DMb08)에서 개발한 최초의 추적 시스템이다. Jaeger는 Uber에서 개발했으며 CNCF에서 지원한다. Jaeger는 OpenTracing 스펙을 구현하며 선호하는 배포 방법은 쿠버네티스다. 우리는 Jaeger에 관해서만 논의할 것이다.

Jaeger는 수집기, 쿼리 서비스 및 UI의 세 가지 주요 컴포넌트로 구성된다는 점에서 추적 시스템의 일반 아키텍처와 아주 유사하다. 일반적으로 모든 호스트에 에이전트를 배포하고 추적 데이터를 집계해 수집기(버퍼링 서비스)로 보낸다. 추적 데이터는 데이터베이스, 가급적이면 Elasticsearch나 Cassandra에 저장된다.

이제 서로 다른 추적 표준과 Jaeger를 사용해 코드를 계측할 수 있는 몇 가지 간단한 방법을 살펴본다.

예를 들어 Python Jaeger 클라이언트를 사용한다.

```
$ pip install jaeger-client
```

여기에서 모든 Jaeger 컴포넌트를 하나의 도커 이미지에서 실행할 수 있다.

```
$ docker run -d -p6831:6831/udp -p16686:16686 jaegertracing/all-in-one:latest
```

그리고 docker ps를 사용해 도커 컨테이너를 확인할 수 있다.

```
$ ~ docker ps -a
CONTAINER ID  IMAGE                                COMMAND                 CREATED
874b2a03ebaa  jaegertracing/all-in-one:latest      "/go/bin/all-in-one-…" About a minute ago
STATUS           PORTS
Up About a minute  5775/udp, 5778/tcp, 14250/tcp, 6832/udp, 14268/tcp,
                              0.0.0.0:6831->6831/udp, 0.0.0.0:16686->16686/tcp
NAMES
jolly_mclean
```

로컬에서 http://localhost:16686로 접속해 Jaeger UI에 액세스할 수 있다.

이제 OpenTracing을 사용해 간단한 애플리케이션 코드를 계측하는 방법을 설명한다.
다음 예시에는 몇 가지 메서드로 영화 예약이 가능한지 여부를 확인하는 영화 예약 프
로그램이 있다. 만약 가능하다면 티켓을 예약한다.

```
import sys
import time
import logging
import random
from jaeger_client import Config
from opentracing_instrumentation.request_context import get_current_span, span_in_
context

def initialize_tracer(service):
  logging.getLogger('').handlers = []
  logging.basicConfig(format='%(message)s', level=logging.DEBUG)
  config = Config(
   config={
```

```
        'sampler': {
          'type': 'const',
          'param': 1,
        },
        'logging': True,
      },
    service_name=service,
  )
  return config.initialize_tracer()

def booking_manager(movie):
  with tracer.start_span('booking') as span:
    span.set_tag('Movie', movie)
    with span_in_context(span):
      get_cinema_details = check_movie(movie)
      get_showtime_details = check_movie_showtime(get_cinema_details)
      book_movie_now(get_showtime_details)

def check_movie(movie):
  with tracer.start_span('CheckCinema', child_of=get_current_span()) as span:
    with span_in_context(span):
      num = random.randint(1,30)
      time.sleep(num)
      cinema_details = "Cinema Details"
      flags = ['false', 'true', 'false']
      random_flag = random.choice(flags)
      span.set_tag('error', random_flag)
      span.log_kv({'event': 'CheckCinema' , 'value': cinema_details })
      return cinema_details

def check_movie_showtime( cinema_details ):
  with tracer.start_span('CheckShowtime', child_of=get_current_span()) as span:
    with span_in_context(span):
      num = random.randint(1,30)
      time.sleep(num)
      showtime_details = "Showtime Details"
      flags = ['false', 'true', 'false']
      random_flag = random.choice(flags)
      span.set_tag('error', random_flag)
      span.log_kv({'event': 'CheckCinema' , 'value': showtime_details })
```

```
      return showtime_details

def book_movie_now(showtime_details):
  with tracer.start_span('BookShow', child_of=get_current_span()) as span:
    with span_in_context(span):
      num = random.randint(1,30)
      time.sleep(num)
      Ticket_details = "Ticket Details"
      flags = ['false', 'true', 'false']
      random_flag = random.choice(flags)
      span.set_tag('error', random_flag)
      span.log_kv({'event': 'CheckCinema' , 'value': showtime_details })

assert len(sys.argv) == 2
tracer = initialize_tracer('movie_booking')
movie = sys.argv[1]
booking_manager(movie)
time.sleep(2)
tracer.close()
```

앞의 코드에서 먼저 로깅 및 샘플링을 위한 구성을 설정하는 initialize_tracer 메서드를 사용해 추적 프로그램을 초기화한다. 다음으로 주목해야 할 것은 tracer 인스턴스를 사용해 start_span으로 새로운 스팬을 시작하고, child_of를 사용해 루트 범위에 대한 새로운 자식 스팬을 시작하는 것이다. 예를 들어 루트 스팬은 booking_manager 메서드에서 생성되고 나머지 메서드(예: check_movie_showtime과 check_movie)는 주로 루트 스팬의 자식 스팬이다.

또한 메서드에서 태그와 로그를 설정한다. 예를 들어,

-> span.set_tag('error', random_flag)

-> span.log_kv({'event': 'CheckCinema' , 'value': showtime_details })

다음과 같이 영화 제목을 인수로 전달하는 식으로 구성해 Python 콘솔에서 이 프로그램을 간단히 실행할 수 있다.

```
$ python jaeger_opentracing.py godfather
Initializing Jaeger Tracer with UDP reporter
Using sampler ConstSampler(True)
opentracing.tracer initialized to <jaeger_client.tracer.Tracer object at 0x10eeae410> \
  [app_name=movie_booking]
Reporting span f99b147babd58321:5ca566beb40e89b0:931be7dc309045fd:1 movie_booking. \
  CheckCinema
Reporting span f99b147babd58321:1ad5d00d2acbd02:931be7dc309045fd:1 movie_booking. \
  CheckShowtime
Reporting span f99b147babd58321:f36b9959f34f61dc:931be7dc309045fd:1 movie_booking.BookShow
Reporting span f99b147babd58321:931be7dc309045fd:0:1 movie_booking.booking
```

이제 Jaeger UI에 액세스해 서비스의 드롭다운 메뉴에서 movie_booking을 찾을 수 있으며, Find Traces 버튼을 클릭하면 그림 6-11과 같이 추적이 나타나는 것을 볼 수 있다.

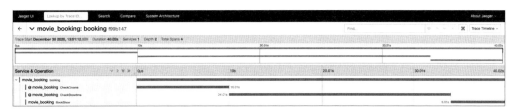

그림 6-11 영화 예약 서비스 추적

그림 6-11에서 4개의 스팬을 볼 수 있으며 movie_booking은 루트 스팬이고 나머지는 자식 스팬이다. 이것은 샘플 프로그램이기 때문에 데모 목적으로 코드에서 일부 오류를 무작위로 생성했다. 프로덕션에서 이러한 오류는 환경에서 발생하는 문제(예: I/O 문제로 인한 Redis 시간 초과)를 나타낸다.

OpenTracing이 이제 단계적으로 중단돼 OpenTelemetry를 사용해 코드를 계측할 수도 있다. 먼저 OpenTelemetry API와 SDK를 설치해야 한다.[7]

```
pip install opentelemetry-api
pip install opentelemetry-sdk
```

---

7   https://opentelemetry.io/docs/instrumentation/python/을 참고한다. – 옮긴이

OpenTelemetry가 어떻게 작동하는지 보기 위해 다음 Python 코드를 살펴본다.

```python
from opentelemetry import trace
from opentelemetry.exporter import jaeger
from opentelemetry.sdk.trace import TracerProvider
from opentelemetry.sdk.trace.export import BatchExportSpanProcessor

trace.set_tracer_provider(TracerProvider())

jaeger_exporter = jaeger.JaegerSpanExporter(
  service_name="my-helloworld-service",
  agent_host_name="localhost",
  agent_port=6831,
)

trace.get_tracer_provider().add_span_processor(
  BatchExportSpanProcessor(jaeger_exporter)
)

tracer = trace.get_tracer(__name__)

with tracer.start_as_current_span("foo"):
  with tracer.start_as_current_span("bar"):
    with tracer.start_as_current_span("tango"):
      print("Hello world from Opentelemetry! Happy Tracing")
```

앞의 코드는 OpenTelemetry를 사용하는 간단한 "hello world" 스타일의 Python 스크립트다. Jaeger 내보내기를 사용해 Jaeger 에이전트의 위치를 나타내는 방법을 주목한다.

앞의 스크립트를 실행하려면 Python3이 필요하다.

```
$ python3 opentelemetry_simple.py
Hello world from Opentelemetry! Happy Tracing
```

my-helloworld-service 서비스에서 동일한 Jaeger 엔드포인트(http://localhost:16686)에 UI로 다시 채워지는 스팬을 볼 수 있다.

애플리케이션 언어에 따라 모든 코드를 유사하게 계측할 수 있다. 다음과 같이 Python Flask 애플리케이션을 계측할 수도 있다.

```python
import flask
import requests

from opentelemetry import trace
from opentelemetry.exporter import jaeger
from opentelemetry.instrumentation.flask import FlaskInstrumentor
from opentelemetry.instrumentation.requests import RequestsInstrumentor
from opentelemetry.sdk.trace import TracerProvider
from opentelemetry.sdk.trace.export import (
    ConsoleSpanExporter,
    SimpleExportSpanProcessor,
)

trace.set_tracer_provider(TracerProvider())

jaeger_exporter = jaeger.JaegerSpanExporter(
    service_name="flask_app_example",
    agent_host_name="localhost",
    agent_port=6831,
)

trace.get_tracer_provider().add_span_processor(
    SimpleExportSpanProcessor(jaeger_exporter)
)

app = flask.Flask(__name__)
FlaskInstrumentor().instrument_app(app)
RequestsInstrumentor().instrument()

@app.route("/")
def hello():
    tracer = trace.get_tracer(__name__)
    with tracer.start_as_current_span("example-request"):
        requests.get("http://www.example.com")
    return "hello"

app.run(debug=True, port=5000)
```

다음과 같이 이전에 만든 스크립트를 실행하고 http://localhost:5000에 접속해 Jaeger UI에서 추적을 만들 수 있다.

```
$ python3 opentelemetry_flask.py
  * Serving Flask app "opentelemetry_flask" (lazy loading)
  * Environment: production
    WARNING: This is a development server. Do not use it in a production deployment.
    Use a production WSGI server instead.
  * Debug mode: on
  * Running on http://127.0.0.1:5000/ (Press CTRL+C to quit)
  * Restarting with stat
  * Debugger is active!
  * Debugger PIN: 156-661-048
127.0.0.1 - - [30/Dec/2020 20:54:37] "GET / HTTP/1.1" 200 -
127.0.0.1 - - [30/Dec/2020 20:54:37] "GET /favicon.ico HTTP/1.1" 404 -
```

다음은 클라우드 네이티브 환경에서 분산 추적을 사용해 관찰 가능하게 만드는 몇 가지 방법이다. 여기에 언급된 접근 방식 외에도 Istio와 같은 서비스 메시는 분산 추적을 수행하기 위한 사이드카 구현 아키텍처를 제공한다. 7장에서 서비스 메시를 소개할 것이다. 분산 추적에 관한 자세한 내용은 Yuri Shkuro의 『마스터링 분산 추적』(위키북스, 2020)을 참조한다.

이제 Azure에서 제공하는 모니터링에 대해 설명한다.

Azure Monitor

앞서 언급한 관찰 가능한 시스템 구축을 위한 맞춤형 솔루션 외에도, Microsoft Azure는 클라우드와 온프레미스 환경에서 실행되는 애플리케이션과 인프라를 모니터링하는데 도움이 되는 솔루션인 Azure Monitor도 제공한다. Azure Monitor는 주로 메트릭과 로그를 사용해 애플리케이션의 성능을 파악하고 리소스 종속성과 함께 애플리케이션에 영향을 미치는 잠재적 문제를 사전에 식별한다.

여기에 나열되고 그림 6-12에서 설명한 것처럼 Azure Monitor에는 애플리케이션과 인프라의 다양한 문제를 감지하는 데 도움이 되는 다양한 기능을 제공한다.

Application insights

클라우드 또는 온프레미스에서 호스팅되는 웹 앱의 가용성, 성능 및 사용량을 모니터링해 애플리케이션과 종속성 전반에 걸쳐 문제를 감지하고 진단할 수 있다.

Azure Monitor for containers and virtual machines

AKS에서 실행되는 컨테이너와 이를 호스팅하는 가상 머신의 성능을 모니터링할 수 있다.

Log analytics and log queries

Azure Data Explorer 기반의 Azure Monitor 로그를 사용해 로그를 쿼리할 수 있다.

Workbooks and dashboards

Azure 전체에서 여러 데이터 리소스를 활용할 수 있도록, 워크북과 대시보드를 사용해 데이터 분석을 위한 유연한 시각화를 만들 수 있다.

Azure Monitor metrics

Azure Monitor metrics를 사용해 인프라와 애플리케이션에서 수치 데이터를 수집할 수 있다.

Azure Monitor를 사용해 분산 추적 데이터를 사용할 수도 있다. 이를 수행하는 방법은 주로 두 가지가 있다. 첫 번째는 시간 차원이 추가된 호출 스택과 유사한 트랜잭션 진단 보기^{transaction diagnostics view}를 사용하는 것이다. 트랜잭션 진단 보기는 하나의 단일 트랜잭션/요청에 대한 가시성을 제공하고, 요청별로 안정성 문제와 성능 병목 현상의 근본 원인을 찾는 데 도움이 된다. 두 번째 방법은 많은 트랜잭션을 집계해 시스템이 상호작용하는 방식과 평균 성능, 오류율에 대한 토폴로지 보기를 표시하는 애플리케이션 맵 뷰^{application map view}를 사용하는 것이다.

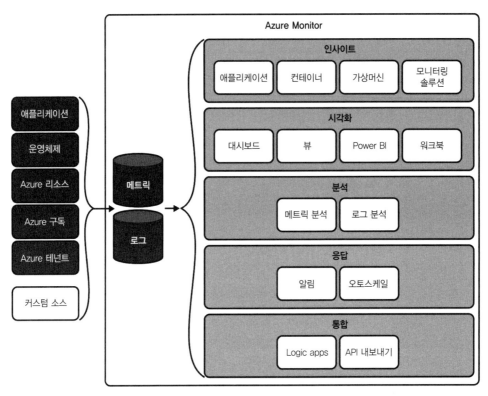

그림 6-12 Azure Monitor

또한 Azure Monitor를 다른 시스템과 통합해 사용해 모니터링 데이터를 사용하는 사용자 지정 관측성 플랫폼을 구축할 수 있다.

요약

6장에서는 클라우드 네이티브 환경에서 증가하는 요구 사항으로 관측성을 제시했다. 관측성을 소개했으며 관측성 기반 개발이 애플리케이션과 클라우드 인프라에 대한 인사이트를 얻기 위한 새로운 진북true north [8]과 함께 모니터링을 보완하는 방법을 소개했다.

---

8   사전적인 의미로는 지구 표면을 따라 지리적인 북극을 향하는 방향이지만, 여기서는 '올바른 방향' 정도로 해석하는 것이 맞다. – 옮긴이

또한 관측성의 세 가지 핵심 요소를 설명했으며, Azure를 이용해 최신 분산 시스템을 로깅, 모니터링 및 추적하는 방법을 소개했다. 마지막으로 Azure가 Azure Monitor로 몇 가지 유사한 작업을 수행하기 위해 기본 제공 솔루션을 어떻게 제공하고 있는지 간략하게 살펴봤다. 이 지식을 바탕으로 클라우드 네이티브 환경에서 관측 가능한 시스템을 자신 있게 구축함과 동시에 애플리케이션에 관측성을 구축할 수 있다.

7장에서는 서비스 메시와 서비스 디스커버리가 클라우드 네이티브 환경에서 어떻게 지원되는지 알아본다.

서비스 디스커버리와 서비스 메시: 새로운 영역을 찾아 경계를 넘어

모던 애플리케이션은 마이크로서비스 아키텍처로 바뀌었고, 마이크로서비스는 클라우드를 통해 확장성과 효율성이 증가했다. 마이크로서비스를 적용하면 애플리케이션은 독립적이고 분리된 컴포넌트로 나뉘게 된다. 일반적으로 마이크로서비스는 잘 정의된 API/인터페이스를 이용해 통신한다. 디커플링은 이러한 네트워크로 연결된 독립적인 실행형 애플리케이션으로 코드베이스를 분리해 이뤄진다. 애플리케이션을 마이크로서비스 아키텍처로 변경하면 다음과 같은 많은 장점이 있다. 서비스별로 확장할 수 있고, 서비스별로 릴리스 주기를 분리할 수 있으며, 애플리케이션 컴포넌트를 작성하기 위해 다른 언어를 선택할 수도 있다. 또한 이러한 독립적인 서비스를 기반으로 팀을 구성할 수도 있다.

그러나 이제 애플리케이션을 더 작은 애플리케이션으로 나눴기 때문에 이런 바이너리에는 고유한 수명 주기를 가진다. 이 수명 주기는 필요에 따라 독립적으로 예약되며 독립적으로 종료된다. 하지만 네트워크를 통해 통신을 유지해야 한다. 이 시나리오에서 많은 마이크로서비스가 실행되고 서로 통신한다고 상상해보자. 다음과 같은 몇 가지 질문을 할 수 있을 것이다.

- 서비스가 기본적으로 동적일 때 서비스는 서로 어떻게 통신하는가?(즉, 서비스는 네트워크를 통해 통신하기 때문에 IP 주소는 서비스에 도달하기에 충분한 정보를 제공하지 않는다. 서비스를 독립적으로 종료하고 다른 호스트에서 다시 예약할 수 있기 때문이다)

- 카나리아 배포, A/B 테스트 및 서킷 브레이킹^{Circuit breaking}과 같은 고급 시나리오를 포함해 필요에 따라 트래픽을 제어하고 관리하거나 트래픽을 라우팅하는 방법은 무엇인가?

- 서비스 간의 보안을 보장하고 서비스 간의 트래픽을 암호화하려면 어떻게 해야 하는가?

이러한 문제를 해결하기 위해 애플리케이션 내에 추가적으로 인프라 관련 로직을 작성하고 구축할 수 있다. 그러나 이렇게 하면 비즈니스 요구 사항이 아닌 것들로 인해 애플리케이션에서 해야 할 범위가 늘어나고, 사용하는 모든 마이크로서비스 스택에 이 로직을 구현해야만 한다.

다행히 이러한 문제는 훨씬 더 유연한 관리, 보안 및 서비스 제어 기능을 제공하는 서비스 디스커버리와 서비스 메시 기술로 클라우드 네이티브 환경에서 해결했다.

서비스 디스커버리^{Service Discovery}는 서비스가 통신할 수 있도록 서로를 검색하는 메커니즘이다. 서비스 디스커버리는 주로 클라우드에서 서비스의 네트워크 위치를 찾는 데 중점을 둔다. 물리 서버가 있는 기존 환경에서는 서버의 고정 IP 주소와 간단한 구성 파일을 사용해 IP를 저장할 수 있다. 이 설정은 로컬이나 물리 환경 설정에서는 제대로 작동한다. 그러나 클라우드 환경에서 확장성이 뛰어난 애플리케이션의 경우 이 접근 방식은 실패한다. 이제 애플리케이션은 본질적으로 동적이기 때문에 필요에 따라 애플리케이션을 다시 시작하거나 일정이 변경되거나 종료될 수 있다. 이러한 시나리오에서는 IP가 변경될 수 있으므로 IP를 하드코딩할 수 없다. 서비스 디스커버리는 클라우드의 IP 주소에 각 서비스 이름을 매핑하기 때문에 도움이 된다.

서비스 메시는 서비스 간 통신과 함께 증가하는 복잡성을 해결하는 데 중점을 둔다. 서비스 메시는 클라우드 환경 내에서 모든 서비스 간 네트워크 통신을 처리하는 전용 인프라다. 기존 애플리케이션 코드를 거의 또는 전혀 변경하지 않고도 높은 가시성, 탄력성, 트래픽 관리 및 보안 제어를 제공한다.

7장에서는 클라우드 네이티브 세계에서 탁월한 서비스 디스커버리 플랫폼인 CoreDNS에 관해 살펴본다. CoreDNS는 클러스터 DNS 관리와 이름 확인을 위해 AKS에서도 사용한다. 또한 Azure와 같은 클라우드 환경에서 널리 사용하는 탁월한 서비스 메시인 Istio도 다룬다.

서비스 디스커버리

서비스 디스커버리는 최신 클라우드 네이티브 환경의 기본 컴포넌트이며, 서비스가 네트워크를 통해 서로를 찾고 통신할 수 있게 한다. 일반적으로 서비스 디스커버리에는 클라우드 환경의 모든 서비스/애플리케이션을 등록해야 하는 서비스 레지스트리가 포함된다. 서비스 레지스트리는 서비스 위치를 보관하는 중앙 리포지터리다. 일반적인 시나리오에서 새로운 서비스는 환경에 들어갈 때 먼저 서비스 레지스트리에 자신을 등록한다. 서비스 레지스트리는 서비스의 최신 네트워크 위치를 업데이트하고 소비자 서비스가 서비스에 연결을 요청할 때 서비스 위치를 소비자에게 제공한다.

이 절에서는 CoreDNS를 살펴보고 클라우드 환경에서 CoreDNS를 서비스 디스커버리 도구로 사용하는 방법을 알아본다.

CoreDNS 소개

CoreDNS는 표준 DNS, TLS를 통한 DNS 및 gRPC 프로토콜을 통한 DNS를 지원하는 확장 가능한 DNS 서버다. 2016년 Miek Gieben이 만들었으며, Caddy 웹 서버(https://caddyserver.com)의 일부로 개발된 서버 프레임워크를 활용한다. 고도로 구성 가능하고, 유연하며, 확장 가능한 플러그인 아키텍처를 갖고 있다. CNCF의 지원을 받은 뒤 더 널리 채택됐으며, 2019년에는 CNCF로부터 "graduated" 성숙도를 받았다.[1]

CoreDNS는 쿠버네티스 1.13 이상의 버전에서는 kube-dns를 대체하는 공식 기본 DNS 서버다. CoreDNS는 kube-dns의 구현체의 안정성과 보안 문제를 해결했으며, 다음과 같은 몇 가지 주요 차이점이 있다.

---

[1] CNCF는 sandbox, incubated 및 graduated 등 프로젝트에 다양한 성숙도 수준을 할당하며, 이는 Crossing the Chasm 다이어그램의 Innovator, Early Adopters 및 Early Majority 계층에 해당한다. 성숙도 수준은 CNCF가 어떤 기업이 프로젝트를 채택해야 하는지를 알기 위해 프로젝트에 할당하는 표시다.

- CoreDNS는 단일 컨테이너를 실행하는 반면, kube-dns는 kubedns, dnsmasq 및 사이드카의 세 가지 컨테이너를 실행한다.

- CoreDNS는 쿠버네티스와 역호환되는 범용 DNS 서버로 사용하도록 설계됐다.

- CoreDNS는 주로 kube-dns의 기능을 향상시키는 Go 프로세스다.

CoreDNS 플러그인 아키텍처에서는 DNS 서버 기능을 안정적으로 유지하고 플러그인을 사용해 추가 기능을 사용할 수 있다. 최종 사용자는 특정 포트에서 서비스를 제공하도록 영역을 구성해 여러 서버를 정의할 수 있다. 각 서버는 보낼 응답 유형을 결정하는 플러그인 체인을 통해 요청을 전달한다.

- 쿼리된 포트에서 여러 서버가 수신하도록 구성된 경우 가장 긴 접미사 매치the longest suffix match를 사용해 쿼리에 대해 가장 특정한 영역이 있는 서버를 확인한다. 예를 들어 사용자가 www.health.abc.com에 대한 쿼리를 만들고 abc.com과 health.abc.com으로 구성된 두 개의 서버가 있는 경우 쿼리는 후자의 서버로 라우팅된다.

- 적절한 서버를 찾으면 해당 서버에 대해 구성된 플러그인 체인을 통해 라우팅된다.

- 각 플러그인은 쿼리를 검사하고 쿼리에 따라 다음과 같은 상황이 발생할 수 있다.
  - 플러그인에서 쿼리를 처리하면 적절한 응답이 클라이언트로 다시 전송된다. 여기에서 쿼리 처리가 중지되고 더 이상 플러그인이 호출되지 않는다.
  - 쿼리가 플러그인에 의해 처리되지 않으면 체인의 다음 플러그인을 호출한다. 체인의 마지막 플러그인도 쿼리를 처리할 수 없는 경우, CoreDNS는 호출 클라이언트에 SERVFAIL을 반환한다.
  - 체인에 있는 다른 플러그인들도 쿼리를 보기 위해 호출되는 fallthrough 방법을 사용해 쿼리를 처리하는 경우, fallthrough 키워드를 사용해 쿼리를 활성화한다.
  - 힌트를 사용해 쿼리를 처리하면 체인의 다음 플러그인이 항상 호출된다. 그러나 클라이언트로 반환되는 응답을 볼 수 있도록 힌트를 제공한다.

그림 7-1은 CoreDNS가 쿼리를 처리할 때 발생하는 단계를 보여준다.

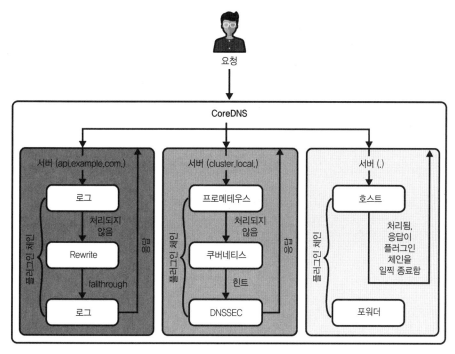

그림 7-1 CoreDNS 쿼리 프로세스

이제 CoreDNS를 설치하는 방법과 Corefile이라고 하는 구성 파일을 사용해 구성하는 방법을 살펴본다.

CoreDNS 설치와 구성

이 책의 깃허브(https://oreil.ly/yiZNL)에서 제공되는 바이너리를 사용해 CoreDNS를 설치한다. OS용 바이너리를 가져오면 로컬 리포지터리로 이동할 수 있다. 예를 들어 macOS용 바이너리 coredns_1.8.1_darwin_amd64.tgz를 다운로드한 경우, 파일의 압축을 풀고 /usr/local/bin으로 이동한다. 다음 명령[2]을 실행해 CoreDNS가 제대로 작

---

2 Cloud Shell에서 실행하는 경우 coredns_1.8.1_linux_amd64.tgz 파일을 다운로드받아 tar -xvzf coredns_1.8.1_linux_amd64. tgz 명령을 이용해 압축을 해제한다. 이후, 버전을 확인하려는 경우 압축을 해제한 위치에서 ./coredns -version 명령을 입력하면 된다. – 옮긴이

동하는지 확인한다.

```
$ coredns -version
CoreDNS-1.8.1
darwin/amd64, go1.15.7, 95622f4
```

CoreDNS는 Corefile에서 처리하는 다양한 구성 옵션을 제공한다. CoreDNS가 시작될 때 -conf 플래그가 전달되지 않으면 현재 디렉터리에서 Corefile이라는 파일을 찾는다. 이 파일은 주로 다음을 정의한다.

- 어떤 서버가 어떤 포트에서 수신을 대기하는지

- 각 서버가 어떤 영역에 대해 권한이 있는지

- 서버에 로드되는 플러그인이 무엇인지

Corefile은 일반적으로 다음과 같다.

```
ZONE:[PORT] {
  [PLUGIN]...
}
```

여기서 ZONE은 DNS 영역을 나타내고 PORT는 영역 서버가 실행되는 곳(일반적으로 포트 53)이며 PLUGIN은 사용자가 로드해야 하는 플러그인을 정의한다.

Corefile의 가장 일반적인 항목 중에는 CoreDNS 내에서 서버를 정의하는 다양한 서버 블록(즉, 특정 도메인 이름에 대한 쿼리가 처리되는 방식)이 있다. 다음은 예시다.

```
example.com {

}
```

앞의 서버 블록은 foo.example.com과 같은 좀 더 구체적인 서버 블록이 존재하지 않는 한 example.com에서 끝나는 모든 쿼리를 처리한다. 더 구체적인 예를 들어 Corefile에 다음이 있다고 가정한다.

```
cloudnativeazure.io:53 {
  log
  errors
}

.:53 {
  forward . 8.8.8.8
  log
  errors
  cache
}
```

이 예에는 **cloudnativeazure.io**와 루트(.)에 대한 두 개의 서버 블록이 있다. 둘 다 포트 53에서 수신 대기 중이다. 또한 CoreDNS가 수신하는 모든 쿼리에 대한 로그, 에러를 기록하는 에러 로그, 프론트엔드 캐시(즉, 영역 전송^{Zone Transfer}과 메타데이터를 제외한 모든 레코드가 최대 3600초 동안 캐시됨)를 활성케 하는 캐시와 같은 여러 플러그인이 정의돼 있다. Corefile이 있는 동일한 디렉터리에 간단히 **coredns**를 입력하거나 **coredns -conf Corefile**을 수행해 앞의 Corefile을 실행할 수 있다.

```
$ coredns -conf Corefile
.:53
cloudnativeazure.io.:53
CoreDNS-1.8.1
darwin/amd64, go1.15.7, 95622f4
```

다른 터미널에서 **cloudnativeazure.io**를 dig하면 다음이 표시된다.[3]

```
$ ~ dig @127.0.0.1 cloudnativeazure.io:53
; <<>> DiG 9.10.6 <<>> @127.0.0.1 cloudnativeazure.io:53
; (1 server found)
;; global options: +cmd
;; Got answer:
;; ->>HEADER<<- opcode: QUERY, status: NXDOMAIN, id: 48995
```

---

3   Azure Cloud Shell에서 새 세션 창을 열 수 있다. 위의 Corefile 실행 명령어를 입력한 상태에서 Cloud Shell 상단에서 다섯 번째 아이콘(Open New Session)을 클릭해 새로운 세션 창에서 다음 명령어를 수행한다. – 옮긴이

```
;; flags: qr rd ra ad; QUERY: 1, ANSWER: 0, AUTHORITY: 1, ADDITIONAL: 1

;; OPT PSEUDOSECTION:
; EDNS: version: 0, flags:; udp: 4096
;; QUESTION SECTION:
;cloudnativeazure.io:53. IN A

;; AUTHORITY SECTION:
. 1800 IN SOA a.root-servers.net. nstld.verisign-grs.com. 2021021001 \
 1800 900 604800 86400

;; Query time: 82 msec
;; SERVER: 127.0.0.1#53(127.0.0.1)
;; WHEN: Wed Feb 10 23:45:28 IST 2021
;; MSG SIZE rcvd: 126
```

다음과 같이 CoreDNS 터미널에서 로그를 볼 수 있다.

```
$ coredns -conf Corefile
.:53
cloudnativeazure.io.:53
CoreDNS-1.8.1
darwin/amd64, go1.15.7, 95622f4

[INFO] 127.0.0.1:59741 - 48995 "A IN cloudnativeazure.io:53. udp 51 false 4096" NXDOMAIN \
  qr,rd,ra,ad 115 0.05160016s
```

여기서는 CoreDNS의 기본 사항만 다룬다. 자세한 내용은 John Belamaric과 Cricket Liu의 『CoreDNS 시작하기』(에이콘, 2021)를 읽어볼 것을 추천한다.

이제 쿠버네티스에서 서비스 디스커버리에 CoreDNS를 사용하는 방법을 살펴본다.

CoreDNS와 쿠버네티스 서비스 디스커버리

앞서 언급했듯이 CoreDNS는 쿠버네티스 v1.13 이상의 기본 서비스 디스커버리 메커니즘으로, 바로 사용할 수 있다. 다음 코드 블록에서 볼 수 있듯이 kube-system 네임스페이스에서 실행되는 포드는 core-dns 유형이다.

```
$ kubectl get pods --namespace=kube-system -o wide
NAME                                        READY  STATUS   RESTARTS AGE     IP
  NODE                                      NOMINATED NODE   READINESS GATES
coredns-748cdb7bf4-9xggk                    1/1    Running  0        4h31m   10.244.0.3
  aks-agentpool-13363041-vmss000002         <none>           <none>
coredns-748cdb7bf4-f6glb                    1/1    Running  0        4h30m   10.244.0.5
  aks-agentpool-13363041-vmss000002         <none>           <none>
coredns-autoscaler-868b684fd4-7ck6z         1/1    Running  0        4h30m   10.244.0.4
  aks-agentpool-13363041-vmss000002         <none>           <none>

$ kubectl get deployments --namespace=kube-system
NAME                READY   UP-TO-DATE   AVAILABLE   AGE
coredns             2/2     2            2           4h31m
coredns-autoscaler  1/1     1            1           4h31m
```

CoreDNS 쿠버네티스 플러그인은 쿠버네티스 서비스와 엔드포인트 리소스를 감시하고
해당 데이터를 캐시한다. 요청이 이뤄지면 CoreDNS 플러그인은 요청된 이름에 해당
하는 리소스가 있는지 확인한 다음 적절한 데이터를 반환한다. 쿠버네티스 API 서버의
watch 기능을 사용해 응답 레코드는 들어오는 요청을 기반으로 즉시 빌드된다.

CoreDNS가 쿠버네티스 클러스터에서 서비스 디스커버리를 지원하는 방법을 살펴
본다. 다음과 같이 쿠버네티스 클러스터에서 간단한 Nginx 포드를 실행한다고 가정
한다.

```
$ kubectl get pods
NAME    READY   STATUS    RESTARTS   AGE
nginx   1/1     Running   0          3m20s

$ kubectl get services
NAME        TYPE        CLUSTER-IP     EXTERNAL-IP   PORT(S)   AGE
kubernetes  ClusterIP   10.0.0.1       <none>        443/TCP   41m
nginx       ClusterIP   10.0.148.122   <none>        80/TCP    3m26s
```

이 Nginx 서버에 액세스하려면 dig와 curl과 같은 일부 DNS 유틸리티가 있는 infoblox/
dnstools 포드를 실행해야 한다. 다음 명령을 사용한다.

```
$ kubectl run --restart=Never -it --image infoblox/dnstools dnstools
```

```
If you don't see a command prompt, try pressing enter.
dnstools#
```

앞의 명령은 새로 스핀되는 컨테이너 안에 사용자를 기록하고 명령 프롬프트에 남긴다.

쿠버네티스에서 DNS 기반 서비스 디스커버리는 DNS 이름을 정의하는 스펙이나 DNS 스키마를 정의한다. 이는 클러스터에서 실행 중인 서비스를 찾는 데 사용된다. 쿠버네티스 클러스터의 모든 DNS 레코드는 클러스터 도메인이라고 하는 단일 도메인에 속하며, 일반적으로 대부분의 쿠버네티스 클러스터에서 기본적으로 cluster.local로 설정된다. DNS 스펙은 서비스에 할당된 각 IP(즉, 클러스터 IP)에 대해 서비스 이름과 네임스페이스에서 파생된 이름이 service.namespace.svc.cluster-domain인 클러스터 IP를 포함하는 A 레코드가 존재한다고 정의한다. 따라서 생성한 Nginx 포드에 액세스하려면 infoblox/dnstools 컨테이너에서 다음 명령을 실행하면 된다.

```
dnstools# curl nginx.default.svc.cluster.local
<!DOCTYPE html>
<html>
<head>
<title>Welcome to nginx!</title>
<style>
    body {
        width: 35em;
        margin: 0 auto;
        font-family: Tahoma, Verdana, Arial, sans-serif;
    }
</style>
</head>
<body>
<h1>Welcome to nginx!</h1>
<p>If you see this page, the nginx web server is successfully installed and working.
Further configuration is required.</p>

<p>For online documentation and support please refer to
<a href="http://nginx.org/">nginx.org</a>.<br/>
Commercial support is available at
<a href="http://nginx.com/">nginx.com</a>.</p>
```

```
<p><em>Thank you for using nginx.</em></p>
</body>
</html>
dnstools#
```

dig 명령을 실행해 서비스에 관한 A 레코드를 볼 수 있다.

```
dnstools# dig nginx.default.svc.cluster.local

; <<>> DiG 9.11.3 <<>> nginx.default.svc.cluster.local
;; global options: +cmd
;; Got answer:
;; WARNING: .local is reserved for Multicast DNS
;; You are currently testing what happens when an mDNS query is leaked to DNS
;; ->>HEADER<<- opcode: QUERY, status: NOERROR, id: 52488
;; flags: qr aa rd; QUERY: 1, ANSWER: 1, AUTHORITY: 0, ADDITIONAL: 1
;; WARNING: recursion requested but not available

;; OPT PSEUDOSECTION:
; EDNS: version: 0, flags:; udp: 4096
; COOKIE: 5086e790e261bf20 (echoed)
;; QUESTION SECTION:
;nginx.default.svc.cluster.local. IN A
;; ANSWER SECTION:
nginx.default.svc.cluster.local. 5 IN A 10.0.148.122

;; Query time: 1 msec
;; SERVER: 10.0.0.10#53(10.0.0.10)
;; WHEN: Sat Feb 27 07:37:10 UTC 2021
;; MSG SIZE rcvd: 119
```

Microsoft Azure는 Azure DNS라는 호스팅 서비스를 통해서도 DNS를 서비스로 제공한다. 다음에서 살펴보겠다.

Azure DNS

Azure DNS는 주로 DNS 도메인에 대한 이름 확인^{name resolution}을 처리하기 위한 Azure 인프라를 사용하는 호스팅 서비스다. Azure DNS를 사용해 DNS 도메인을 호스팅하고

DNS 레코드를 관리할 수 있다. Azure에서 도메인을 호스팅하면 다른 Azure 서비스와 동일한 자격 증명, API, 도구 및 청구를 사용해 DNS 레코드를 관리할 수 있다.

Azure DNS는 퍼블릭과 프라이빗 도메인 모두에서 호스트 이름을 확인하는 데 사용할 수 있다. 퍼블릭 DNS의 기능은 Azure를 통해 사전 구매한 도메인 이름을 호스팅하는 데 사용할 수 있고, 프라이빗 DNS를 사용하면 가상 네트워크 내에서 도메인 이름을 관리하고 확인할 수 있다.

CoreDNS는 Azure DNS에서 영역을 제공하는 데 사용되는 Azure 관련 플러그인도 제공한다. 다음과 같이 Azure 플러그인을 활성화할 수 있다.

```
azure AZURE_RESOURCE_gROUP:ZONE... {
  tenant <TENANT_ID>
  client <CLIENT_ID>
  secret <CLIENT_SECRET>
  subscription <SUBSCRIPTION_ID>
  environment <ENVIRONMENT>
  fallthrough [ZONES...]
  access private
}
```

앞의 코드를 살펴보면,

- AZURE_RESOURCE_gROUP:ZONE은 Azure에서 호스팅 영역이 속한 리소스 그룹을, ZONE은 데이터가 포함된 영역을 의미한다.

- CLIENT_ID와 CLIENT_SECRET은 Azure의 자격 증명이며, tenant에서 사용할 TENANT _ID를 지정한다. SUBSCRIPTION_ID는 구독 ID이다.

- environment는 Azure ENVIRONMENT를 지정한다.

- fallthrough는 영역zone이 일치하고 레코드를 생성할 수 없는 경우, 요청이 다음 플러그인으로 전달돼야 함을 지정하는 부분이다. ZONES를 생략하면 플러그인이 권한이 있는 모든 영역에 대해 fall-through가 발생한다.

- **access**는 DNS 영역이 퍼블릭이나 프라이빗인지 여부를 지정한다. 기본값은 퍼블릭이다.

지금까지 분산 클라우드 네이티브 환경에서 서비스 디스커버리의 역할과 중요성을 설명했다. 이제 서비스 메시가 어떤 결과를 가져올지 살펴본다.

서비스 메시

서비스 메시는 클라우드 네이티브 애플리케이션의 플랫폼 계층에서 관측성, 안정성과 보안을 추가로 제공하는 도구다. 서비스 메시는 일반적으로 애플리케이션에서 사이드카로 배포되는 확장 가능한 네트워크 프록시 집합으로 구현된다. 이러한 프록시는 주로 마이크로서비스 간의 통신 처리를 담당하며, OSI 스택의 7계층에서 작동한다. 서비스 메시는 몇 가지 추가 기능과 함께 다음을 수행한다.

- 로드 밸런싱, 속도 제한, 트래픽 이동 및 서킷 브레이커를 통한 트래픽 관리 제공
- 카나리아 배포로 애플리케이션 릴리스 주기 관리에 도움
- 상태 확인, 재시도 및 타임아웃과 같은 몇 가지 안정성 추가
- 결함 주입과 디버그 라우팅 지원
- TLS와 ACL 정책을 통한 보안 제공
- 클러스터 내의 모든 트래픽에 대한 자동 메트릭, 로그 및 추적 제공
- 강력한 ID 기반 인증과 권한 부여를 사용해 클러스터에서 서비스 간 통신 보호

서비스 메시의 일반 아키텍처는 데이터 플레인과 컨트롤 플레인의 두 가지 상위 수준으로 구성된다. 그림 7-2는 서비스 메시에 배치된 4개의 서비스(A-D)를 보여준다.

보다시피 각 서비스 인스턴스에는 모든 트래픽 흐름과 관리를 담당하는 사이드카 프록시 인스턴스가 있다. 이는 기본적으로 서비스 A가 서비스 C와 통신하기를 원할 때, 서비스 A가 로컬 사이드카 프록시를 통해 통신을 시작한 다음 서비스 C 사이드카 프록시

에 도달한다는 것을 의미한다. 이렇게 하면 서비스가 로컬 네트워크 프록시를 인식하지 못하고 더 큰 네트워크로부터 격리된 상태를 유지한다. 따라서 서비스가 다른 서비스와 통신해야 할 때마다 프록시는 요청을 가로채서 수신자에게 전달한다.

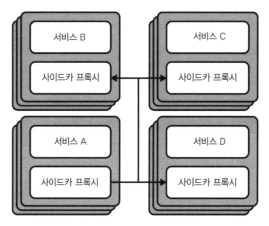

그림 7-2 서비스 메시 일반 아키텍처

모든 사이드카 프록시의 컬렉션은 서비스 메시 아키텍처의 데이터 플레인을 구성한다. 데이터 플레인의 역할은 다음과 같다.

- 요청 전달

- 서비스 디스커버리

- 상태 확인

- 서비스 요청 라우팅

- 로드 밸런싱

- 인증 및 권한 부여

- 관측성 제공

따라서 데이터 플레인은 기본적으로 클러스터의 모든 네트워크 요청이나 패킷에 영향을 미친다.

반면 컨트롤 플레인은 서비스 메시의 모든 사이드카 프록시(데이터 플레인)에 대한 정책 및 구성 세부 정보를 제공한다. 컨트롤 플레인을 사용하면 데이터 플레인을 제어하고 구성할 수 있다. 모든 상위 수준 구성은 컨트롤 플레인으로 전송된 다음, 데이터 플레인 구성으로 변환된다. 컨트롤 플레인은 다음을 통해 데이터 플레인을 지원한다.

- 서비스 간 라우팅

- 데이터 플레인 사용을 위한 서비스 디스커버리 데이터 채우기

- 로드 밸런싱, 서킷 브레이커 및 타임 아웃을 담당하는 구성에 대한 입력 값 지정

- 클러스터에서 유효성 검사, 인증 및 권한 부여 설정 구성

다음 절에서는 최신 클라우드 네이티브 환경에서 서비스 메시의 컨트롤 플레인 역할을 하는 Istio를 살펴본다.

Istio 소개

모놀리식 애플리케이션이 마이크로서비스로 전환되면서, 개발자와 운영팀은 서비스 메시에서 서비스가 서로 통신하는 방식과 관련해 어려움을 겪었다. 서비스 메시의 크기가 커지면 유지 및 관리가 어려워지고, 서로 다르게 움직이는 부분이 같이 작동하는 방식을 이해하는 것도 어려워진다.

Istio는 분산 클라우드 네이티브 애플리케이션에서 마이크로서비스 간의 통신을 단순화하는 오픈소스 서비스 메시다. Istio는 재시도, 서킷 브레이커, 트래픽 조절, 라우팅 동작, 카나리아 배포 등과 같은 복원 패턴을 적용하는 풍부한 내장 기능을 제공한다. 또한 Istio를 사용하면 애플리케이션 코드의 변경 없이 로드 밸런싱, 모니터링 및 인증을 사용해 배포된 마이크로서비스 네트워크를 쉽게 구성할 수 있다.

이전 절에서 논의한 것처럼 서비스 메시 아키텍처는 데이터 플레인과 컨트롤 플레인으로 구성된다. Istio는 Envoy를 데이터 플레인으로 사용하고, istiod를 컨트롤 플레인으로 사용한다(그림 7-3 참조).

Envoy(데이터 플레인)

Envoy는 C++로 작성된 고성능 프록시로, 서비스 메시의 각 애플리케이션에 대한 모든 인바운드와 아웃바운드 트래픽을 가로채는 역할을 한다. 애플리케이션과 함께 사이드카로 배포되며 TLS 종료, 로드 밸런싱, 서킷 브레이킹, 상태 확인, 동적 서비스 디스커버리, 폴트 주입 등을 포함한 많은 기능을 제공한다. 사이드카 프록시 모델을 사용하면 코드 변경 없이 Istio를 서비스 메시로 사용할 수 있다.

Istiod(컨트롤 플레인)

Istiod는 프록시를 구성하고 관리한다. Istiod는 세 가지 하위 컴포넌트로 이뤄진다.

- 런타임 시 Envoy 프록시 구성을 담당하는 파일럿[Pilot]

- 인증서 발급 및 교체를 담당하는 시타델[Citadel]

- Istio 내에서 구성의 유효성 검사, 수집, 집계, 변환 및 배포를 담당하는 갤리[Galley]

Istiod는 트래픽을 제어하는 고급 라우팅 규칙을 Envoy의 환경 설정으로 변환하고, 런타임 시 Envoy 사이드카로 전파한다.

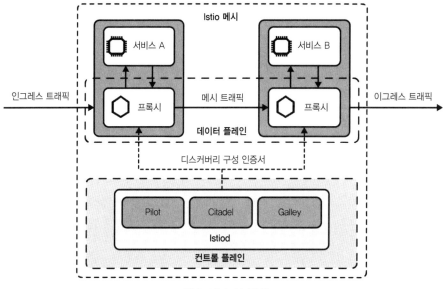

그림 7-3 Istio 아키텍처

이제 Azure 쿠버네티스 환경에서 Istio와 Envoy를 사용하는 방법을 살펴본다.

Azure Kubernetes Service에서 Istio 설치

다음 세 가지 방법으로 쿠버네티스 클러스터에 Istio를 설치할 수 있다.

- Istio는 istioctl이라는 명령줄 도구를 제공하며, 해당 도구를 통해 Istio 컨트롤 플레인과 Envoy 프록시 데이터 플레인에 충분한 사용자 지정 수준을 제공한다.

- 쿠버네티스 API의 사용자 지정 리소스 정의[CRD]를 통해 Istio 쿠버네티스 오퍼레이터[operator]로 설치를 관리할 수 있다.

- Helm 차트를 사용해 Istio를 직접 설치할 수 있다.

방법 1과 2에서도 Helm 차트가 간접적으로 사용되는데, 여기서는 Helm을 이용해 Istio를 설치한다.

Helm을 이용해 Istio 설치

Helm을 사용해 Istio를 설치하려면 이미 실행 중인 AKS 클러스터가 필요하다(Azure에서 AKS 클러스터를 실행하는 방법에 대한 복습이 필요한 경우 5장 검토). 다음 단계에서는 AKS 클러스터에 Istio를 설치한다.

1. 로컬 컴퓨터에서 다음 명령을 실행해 Istio를 다운로드한다.[4]

   ```
   $ curl -L https://istio.io/downloadIstio | ISTIO_VERSION=1.9.2 TARGET_
   ARCH=x86_64 sh -

   $ cd istio-1.9.2
   ```

2. `istio-system`이라는 Istio 컴포넌트에 대한 새 네임스페이스를 만든다.

   ```
   $ kubectl create namespace istio-system

   namespace/istio-system created
   ```

---

4 가장 최신 버전을 다운로드하기 위해 curl -L https://istio.io/downloadIstio | sh - 명령어를 입력한다. – 옮긴이

3. istiod 컨트롤 플레인에서 사용하는 클러스터 전체 리소스가 포함된 Istio 기본 차트를 설치한다.

```
$ helm install istio-base manifests/charts/base -n istio-system
NAME: istio-base
LAST DEPLOYED: Sun Mar 28 15:59:16 2021
NAMESPACE: istio-system
STATUS: deployed
REVISION: 1
TEST SUITE: None
```

4. istiod 서비스를 배포하는 Istio 디스커버리 차트를 설치한다.

```
$ helm install istiod manifests/charts/istio-control/istio-discovery -n istio-
system

NAME: istiod
LAST DEPLOYED: Sun Mar 28 16:02:23 2021
NAMESPACE: istio-system
STATUS: deployed
REVISION: 1
TEST SUITE: None
```

5. 설치를 확인한다.

```
$ helm list -A
NAME            NAMESPACE       REVISION    UPDATED
  STATUS CHART        APP VERSION
istio-base      istio-system    1           2021-03-28 15:59:16.429126 +0530 IST
  deployed base-1.9.2
istiod          istio-system    1           2021-03-28 16:02:23.950541 +0530 IST
  deployed istio-discovery-1.9.2
$ kubectl get pods -n istio-system
NAME                    READY   STATUS      RESTARTS    AGE
istiod-6d68c86c8d-5nv2r 1/1     Running     0           10m
```

클러스터에 새 포드가 배포될 때마다 Istio 사이드카 프록시(Envoy 프록시)도 동일한 포드에 들어가 Istio의 모든 기능을 활용할 수 있도록 하는 것이 중요하다. 이를 수행하는 방법에 대해 다음 절에서 알아본다.

사이드카 프록시(Envoy 프록시) 자동화

Istio를 서비스 메시로 최대한 활용하기 위해서는 클러스터의 포드도 Istio 사이드카 프록시를 사용해야 한다. 기본적으로 Envoy 프록시인 istio-proxy는 수동 또는 자동의 두 가지 방법으로 배포할 수 있다. 수동 배포 방법을 사용하면 주입[Injection]과 프록시 구성을 수정할 수 있다. 자동 배포 방법은 이름에서 알 수 있듯이 변경 승인 컨트롤러[mutating admission controller]를 사용해 포드 생성 시 자동 프록시 구성을 활성화한다. 특정 구성이 필요한 경우에는 수동 방법이 유용하지만 자동 방법이 선호된다. 다음은 자동 방법을 어떻게 사용하는지 관찰해본다.

쿠버네티스 승인 컨트롤러

승인 컨트롤러(admission controller)는 요청이 인증되고 권한이 부여된 후 오브젝트가 지속되기 전에, 쿠버네티스 API 서버에 대한 요청을 가로채는 코드의 일부다. 쿠버네티스는 kubeapiserver 라이브러리에 컴파일된 다양한 승인 컨트롤러를 제공한다.

`MutatingAdmissionController`는 승인되는 오브젝트를 수정할 수 있다. 즉, 요청과 일치하는 모든 변환[mutating] 웹 후크를 호출한다.

자동 사이드카 주입을 사용하려면 원하는 네임스페이스에서 `istio-injection` 레이블을 사용하고 `enabled`로 설정한다. 이렇게 하면 해당 네임스페이스에서 생성된 모든 새 포드가 애플리케이션과 함께 프록시 사이드카를 배포할 수 있다. 이러한 상황을 더욱 잘 이해하기 위해 먼저 사이드카 주입이 없는 Nginx 포드를 배포하고, 이후 배포에서 사이드카 프록시가 자동으로 주입되도록 사이드카 주입을 활성화한다.

하나의 포드에 Nginx를 배포했다고 가정한다.[5]

```
$ kubectl apply -f nginx_Deployment.yaml
deployment.apps/nginx-deployment created

$ kubectl get deployment -o wide
NAME            READY  UP-TO-DATE  AVAILABLE  AGE  CONTAINERS  IMAGES      SELECTOR
```

---

5   4장의 Deployment 부분을 참고한다. – 옮긴이

```
nginx-deployment  1/1    1            1          105s  nginx      nginx:1.14.2  app=nginx

$ kubectl get pod
NAME                                READY  STATUS   RESTARTS  AGE
nginx-deployment-6b474476c4-bqgh8   1/1    Running  0         4m5s
```

기본 네임스페이스에 istio-injection=enabled 레이블을 지정한다.

```
$ kubectl label namespace default istio-injection=enabled --overwrite
namespace/default labeled
$ kubectl get namespace -L istio-injection
NAME             STATUS  AGE  ISTIO-INJECTION
default          Active  24m  enabled
istio-system     Active  18m
kube-node-lease  Active  25m
kube-public      Active  25m
kube-system      Active  25m
```

포드가 생성되면 주입이 발생하기 때문에 Nginx 포드를 종료하고 새로운 Nginx 포드를 스핀시킬 수 있다. 이때 포드에 사이드카가 자동으로 주입된다.

```
$ kubectl delete pod -l app=nginx
pod "nginx-deployment-6b474476c4-bqgh8" deleted

$ kubectl get pod -l app=nginx
NAME                                READY  STATUS   RESTARTS  AGE
nginx-deployment-6b474476c4-pfgqv   2/2    Running  0         57s
```

디플로이먼트로 인해 두 개의 컨테이너가 스핀업했다. 이것은 포드 내에서 실행되는 사이드카 프록시다. 다음 설명을 통해 이를 확인할 수 있다.

```
$ kubectl describe pod -l app=nginx

Events:
Type    Reason     Age        Fromm                       Message
----    ------     ----       ----                        -------
Normal  Scheduled  <unknown>  default-scheduler           Successfully
  assigned default/nginx-deployment-6b474476c4-pfgqv to aks-agentpool-20139558-vmss000001
```

```
Normal  Pulling    2m35s     kubelet, aks-agentpool-20139558-vmss000001 Pulling image
  "docker.io/istio/proxyv2:1.9.2"
Normal  Created    2m34s     kubelet, aks-agentpool-20139558-vmss000001 Created
  container nginx
Normal  Created    2m34s     kubelet, aks-agentpool-20139558-vmss000001 Created
  container istio-init
Normal  Started    2m34s     kubelet, aks-agentpool-20139558-vmss000001 Started
  container istio-init
Normal  Pulled     2m34s     kubelet, aks-agentpool-20139558-vmss000001 Container image
  "nginx:1.14.2" already present on machine
Normal  Pulled     2m34s     kubelet, aks-agentpool-20139558-vmss000001 Successfully
  pulled image "docker.io/istio/proxyv2:1.9.2"
Normal  Started    2m34s     kubelet, aks-agentpool-20139558-vmss000001 Started
  container nginx
Normalv Pulling    2m34s     kubelet, aks-agentpool-20139558-vmss000001 Pulling image
  "docker.io/istio/proxyv2:1.9.2"
Normal  Pulled     2m33s     kubelet, aks-agentpool-20139558-vmss000001 Successfully
pulled image
  "docker.io/istio/proxyv2:1.9.2"
Normal  Created    2m33s     kubelet, aks-agentpool-20139558-vmss000001 Created
  container istio-proxy
Normal  Started    2m33s     kubelet, aks-agentpool-20139558-vmss000001 Started
  container istio-proxy
```

이제 사이드카 프록시를 배포하는 방법을 알아봤다. 트래픽 관리, 보안, 정책 시행 및 관측성을 위해 Istio를 사용할 수도 있다. 이 책의 범위를 벗어나기 때문에 이러한 측면에 대해서는 다루지 않는다.

서비스 메시를 사용할 때 시각화하고 관리할 수 있어야 한다. 다음 절에서는 Istio 기반 서비스 메시용 관리 콘솔인 Kiali를 중점적으로 살펴본다.

Kiali를 사용한 Istio 서비스 메시 관리

Kiali는 Istio를 위한 관리 콘솔로, 사용자 환경에 대한 관측성이 추가돼 있어 서비스 메시를 쉽게 운영하고 구성할 수 있다. Kiali는 대시보드를 통해 서비스 메시에 대한 명확한 그림을 제공하고 있으며, 트래픽 토폴로지를 사용해 구조와 상태를 대시보드에 표시한다. 이 절에서는 Istio 서비스 메시에 대한 가시성을 확보하기 위해 쿠버네티스 클러스터에 Kiali를 설치하는 방법을 알아본다.

이전에 Istio를 설치할 때 사용한 istio-1.9.2 디렉터리에서 Istio용 인그레스와 이그레스 게이트웨이를 설치하는 것으로 시작한다.

```
Istio-1.9.2 $ helm install istio-ingress manifests/charts/gateways/istio-ingress -n \
  istio-system
NAME: istio-ingress
LAST DEPLOYED: Mon Apr 5 15:19:01 2021
NAMESPACE: istio-system
STATUS: deployed
REVISION: 1
TEST SUITE: None

Istio-1.9.2 $ helm install istio-egress manifests/charts/gateways/istio-egress -n \
  istio-system
NAME: istio-egress
LAST DEPLOYED: Mon Apr 5 15:19:31 2021
NAMESPACE: istio-system
STATUS: deployed
REVISION: 1
TEST SUITE: None
```

이제 Helm 차트를 사용해 Kiali를 설치한다.

```
$ kubectl create namespace kiali-operator
namespace/kiali-operator created
$ istio-1.9.2 helm install --set cr.create=true --set cr.namespace=istio-system \
  --namespace kiali-operator --repo https://kiali.org/helm-charts \
  kiali-operator kiali-operator

NAME: kiali-operator
LAST DEPLOYED: Mon Apr 5 15:27:03 2021
NAMESPACE: kiali-operator
STATUS: deployed
REVISION: 1
TEST SUITE: None
```

```
NOTES:
Welcome to Kiali! For more details on Kiali, see: https://kiali.io

The Kiali Operator [v1.32.0] has been installed in namespace [kiali-operator]. It will
be ready soon.
You have elected to install a Kiali CR in the namespace [istio-system]. You should be
able to access Kiali soon.


If you ever want to uninstall the Kiali Operator, remember to delete the Kiali CR first
before uninstalling the operator to give the operator a chance to uninstall and remove
all the Kiali Server resources.

(Helm: Chart=[kiali-operator], Release=[kiali-operator], Version=[1.32.0])
```

이렇게 하면 기본적으로 Kiali 구성을 저장하는 YAML 파일인 Kiali 사용자 지정 리소스[CR]
와 함께 최신 Kiali operator가 설치된다.

Kiali 대시보드에 액세스하기 위해 먼저 인터넷에 노출시켜야 한다. 이를 위해 다음과 같
이 인그레스 게이트웨이 주소를 가져온다.

```
$ export INGRESS_HOST=$(kubectl -n istio-system get service istio-ingressgateway -o \
  jsonpath='{.status.loadBalancer.ingress[0].ip}')
$ export INGRESS_DOMAIN=${INGRESS_HOST}.nip.io
```

이제 자체 서명된 인증서를 만들어야 한다.

```
$ CERT_DIR=/tmp/certs
$ mkdir -p ${CERT_DIR}
$ openssl req -x509 -sha256 -nodes -days 365 -newkey rsa:2048 -subj "/O=example Inc./ \
  CN=*.${INGRESS_DOMAIN}" -keyout ${CERT_DIR}/ca.key -out ${CERT_DIR}/ca.crt
$ openssl req -out ${CERT_DIR}/cert.csr -newkey rsa:2048 -nodes -keyout \
${CERT_DIR}/tls.key -subj "/CN=*.${INGRESS_DOMAIN}/O=example organization"
$ openssl x509 -req -days 365 -CA ${CERT_DIR}/ca.crt -CAkey ${CERT_DIR}/ca.key \
  -set_serial 0 -in ${CERT_DIR}/cert.csr -out ${CERT_DIR}/tls.crt
$ kubectl create -n istio-system secret tls telemetry-gw-cert --key=${CERT_DIR}/tls.key \
  --cert=${CERT_DIR}/tls.crt
```

이때 게이트웨이, 가상 서비스 및 도착지 규칙을 생성하는 다음의 환경 설정을 통해 Kiali를 노출시킬 수 있다.

- Gateway는 실행되는 위치와 관계없이 HTTP/TCP 트래픽에 대한 로드 밸런서를 구성해 쿠버네티스 클러스터로 트래픽을 라우팅하는 데이터 플레인을 나타낸다.

- VirtualService는 호스트가 지정될 때 적용할 트래픽 라우팅 규칙 집합을 정의한다. 라우팅 규칙은 특정 유형의 트래픽과 일치할 수 있으며 규칙과 일치하면 트래픽이 지정된 대상 서비스로 전송된다.

- DestinationRule은 트래픽을 서비스로 전달 시 적용될 정책 집합을 구성한다.

코드는 다음과 같다.

```
$ cat <<EOF | kubectl apply -f -
apiVersion: networking.istio.io/v1alpha3
kind: Gateway
metadata:
  name: kiali-gateway
  namespace: istio-system
spec:
  selector:
    istio: ingressgateway
  servers:
  - port:
    number: 443
    name: https-kiali
    protocol: HTTPS
  tls:
    mode: SIMPLE
    credentialName: telemetry-gw-cert
  hosts:
  - "kiali.${INGRESS_DOMAIN}"
---
apiVersion: networking.istio.io/v1alpha3
kind: VirtualService
metadata:
  name: kiali-vs
```

```
    namespace: istio-system
spec:
  hosts:
  - "kiali.${INGRESS_DOMAIN}"
  gateways:
  - kiali-gateway
  http:
  - route:
    - destination:
      host: kiali
      port:
        number: 20001
---
apiVersion: networking.istio.io/v1alpha3
kind: DestinationRule
metadata:
  name: kiali
  namespace: istio-system
spec:
  host: kiali
  trafficPolicy:
    tls:
      mode: DISABLE
---
EOF
```

이제 https://kiali.$\{INGRESS_DOMAIN\}에서 Kiali UI에 액세스할 수 있다(이 경우 https://kiali.40.118.246.227.nip.io이다). 이 URL로 이동하면 Kiali 로그인 화면이 표시되며 여기에서 Kiali 운영자의 토큰을 입력해야 한다. 다음을 수행해 토큰을 얻을 수 있다.

```
$ kubectl get secrets --namespace=kiali-operator -o wide
NAME                                    TYPE                                    DATA AGE
default-token-7ng8l                     kubernetes.io/service-account-token     3    142m
kiali-operator-token-jj88t              kubernetes.io/service-account-token     3    141m
sh.helm.release.v1.kiali-operator.v1    helm.sh/release.v1                      1    141m

$ ~ kubectl describe secret kiali-operator-token-jj88t --namespace=kiali-operator
Name:       kiali-operator-token-jj88t
Namespace:  kiali-operator
```

```
Labels:      <none>
Annotations: kubernetes.io/service-account.name: kiali-operator
             kubernetes.io/service-account.uid: 9a30ba7a-7d21-484d-9e7a-0a38458690a4


Type: kubernetes.io/service-account-token

Data
====
ca.crt:      1765 bytes
namespace:   14 bytes
```

```
token: eyJhbGciOiJSUzI1NiIsImtpZCI6InVvQXNpV01QRG1fRjhma0RRZjVIWXBNVHRnZDhJdHhoOXI2Rm
Q2eGxDZDQifQ.eyJpc3MiOiJrdWJlcm5ldGVzL3NlcnZpY2VhY2NvdW50Iiwia3ViZXJuZXRlcy5pby9zZXJ2
aWNlYWNjb3VudC9uYW1lc3BhY2UiOiJraWFsaS1vcGVyYXRvciIsImt1YmVybmV0ZXMuaW8vc2VydmljZWFjY2
91bnQvc2VjcmV0Lm5hbWUiOiJraWFsaS1vcGVyYXRvci10b2tlbi1qqjg4dCIsImt1YmVybmV0ZXMuaW8vc2
VydmljZWFjY291bnQvc2VydmljZS1hY2NvdW50Lm5hbWUiOiJraWFsaS1vcGVyYXRvciIsImt1YmVybmV0ZXM
uaW8vc2VydmljZWFjY291bnQvc2VydmljZS1hY2NvdW50LnVpZCI6IjlhMzBiYTdhLTdkMjEtNDg0ZC05ZTd
hLTBhMzg0NTg2OTBhNCIsInN1YiI6InN5c3RlbTpzZXJ2aWNlYWNjb3VudDpraWFsaS1vcGVyYXRvcjpraWF
saS1vcGVyYXRvciJ9.uJ6056HMQGvc0OQIK1OOMj1PCSrWMpYZL0jKiG27EBurhUcZ73ngr1S0IfzcNnRwJLu
WUkMPrzzKOzVvrUUMf6biPb0MieWn001HX6mfHOzNgXRAxdP-0ApehmEiCyENQS4DEQL2Eg8mUuaFsExuwzpx
8LAibdLRpbI7sQa4P5B7he2Huol5FzJsoySjaKcP6eJGOaIbscIz-qtDcoM311EXhZr6xx8G7b5O7VEYuzs-
LNKNyqCJL_iDyxV73WGgaPA2KHUjM-ESpBF-qkoWZDMy6oLqbe24Kcv-Mzmji_WlTMc28mXttjiMgVPllUeQf
FTK4wYNvpnFEQCJ6ogYC4JJoRLSUuPslSC2JX_Bi4OaiGus1BH3JtFQsxxmL3f7ZnPa-XY66Zk_ZyKZF1rqLK
nzXCa85KkZZnCA83kpKT4ksM9MnqTBGBLNMW7OV4gTDT19zUvQm--VgaoN2lnHZ-oqHPzeNym7690YHzSAA_
C_g1un1gtc8RlkUDM8u4F-DUSDGnJTBqjUQLiwXDyJS_epCpLuuA-6xCtx9DLkWTcGy886SPX1u3OLVeZUfRR1u
mjteEdId8Z884Iqx1T4V8Qo6AomdI0mLjbyFbpKoDLTfaTA98SuaEbko0oF5dzxo2xBgYXy-b1iE4KO9r_PnBZ-
BLVQ0zfO _1Bjym9JYWo
```

이제 토큰을 복사해 로그인할 수 있다. 또한 서비스 메시 내에서 Istio와 애플리케이션의 상태를 추적하는 메트릭을 기록하려면 Istio와 함께 프로메테우스를 설치해야 한다(이를 수행하는 방법에 관한 복습이 필요한 경우 6장을 참조한다).

다음 매니페스트를 사용해 프로메테우스를 설치 및 구성한다.

```
$ kubectl apply -f https://raw.githubusercontent.com/istio/istio/release-1.9/samples/ \
  addons/prometheus.yaml
```

그림 7-4는 Kiali 대시보드다. Istio 인그레스 게이트웨이가 istiosystem 네임스페이스의 다른 디플로이먼트와 함께 Kiali로 트래픽을 보내는 것을 알 수 있다. 대시보드는 UI

에서 직접 사용할 수 있도록 다양한 Istio 구성과 기능을 제공한다. 예를 들어 Overview (개요) 탭에서 default(기본) 네임스페이스를 확인하면 이 네임스페이스의 모든 디플로이 먼트에 대해 사이드카 프록시 자동 주입이 이미 활성화돼 있음을 알 수 있다(그림 7-5 참조). UI에서 이 기능을 사용해 사이드카 프록시의 자동 주입을 활성화하거나 비활성화할 수 있다.

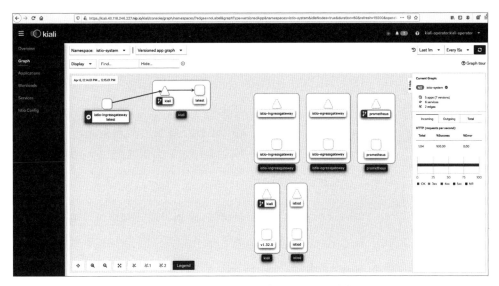

그림 7-4 간단한 인바운드 트래픽을 보여주는 Kiali 대시보드

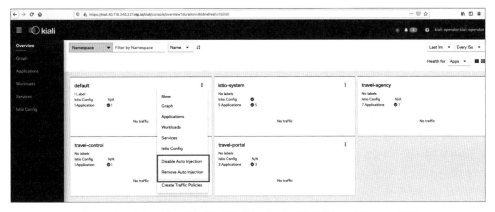

그림 7-5 기본 네임스페이스에서 자동 주입 사이드카 프록시의 상태를 보여주는 Kiali 대시보드

Kiali 대시보드 탐색하기

이 절에서는 Kiali 대시보드에서 바로 Istio 기능을 사용하는 방법을 설명한다. 이 데모에서는 소규모 여행 애플리케이션 서비스의 예를 사용하고 있다. 애플리케이션에 많이 초점을 두진 않겠지만 Kiali의 기능과 클라우드 네이티브 애플리케이션에 대한 모든 세부 정보를 얼마나 효율적으로 제공하는지 강조한다. 또한 데모 애플리케이션의 비즈니스 로직에 대한 높은 수준의 개요도 제공한다. 자세한 내용은 데모 여행 애플리케이션의 Kiali 공식 문서(https://oreil.ly/vTZfc)를 참조한다.

이 애플리케이션은 서로 다른 네임스페이스로 구성된 두 개의 비즈니스 도메인을 시뮬레이션한다. 첫 번째 네임스페이스는 travel-portal이며 사용자가 항공편, 호텔, 자동차 및 여행 보험을 검색하고 예약할 수 있는 여러 여행 상점이 있다. 상점 애플리케이션은 채널(웹 또는 모바일) 및 사용자(신규 또는 기존)와 같은 요청의 특성에 따라 다르게 작동할 수 있다. 모든 포털은 travel-agency 네임스페이스에 배포된 travels라는 서비스를 사용한다.

두 번째 네임스페이스는 travel-agency라고 하며, 여행 견적을 제공하기 위해 만들어진 서비스를 호스팅한다. 주요 여행 서비스는 여행사의 비즈니스 진입점이 될 것이다. 목적지 도시와 사용자를 매개변수로 받아 여행 예산을 구성하는 모든 요소(항공료, 숙박, 자동차 예약, 여행 보험)를 계산한다.

각 서비스는 독립적으로 견적을 제공하며, 여행 서비스는 이를 단일 응답으로 집계해야 한다.

다른 기능으로, 주요 비즈니스 대시보드를 실행하는 travel-control이라는 세 번째 네임스페이스도 있다.

다음과 같이 서비스에 이 세 가지 네임스페이스를 배포한다.

```
$ kubectl create namespace travel-agency
$ kubectl create namespace travel-portal
$ kubectl create namespace travel-control

$ kubectl apply -f <(curl -L https://raw.githubusercontent.com/kiali/demos/master/
```

```
travels/ \
  travel_agency.yaml) -n travel-agency
$ kubectl apply -f <(curl -L https://raw.githubusercontent.com/kiali/demos/master/
travels/ \
  travel_portal.yaml) -n travel-portal
$ kubectl apply -f <(curl -L https://raw.githubusercontent.com/kiali/demos/master/
travels/ \
  travel_control.yaml) -n travel-control
```

여행 데모 애플리케이션을 배포한 후 가장 먼저 해야 할 일은 사이드카 프록시 지원을
활성화하는 것이다. 그림 7-6에서 강조 표시된 상자에 있는 세 개의 점을 클릭해, 새로
생성된 모든 네임스페이스에 대해 자동 주입을 활성화한다.

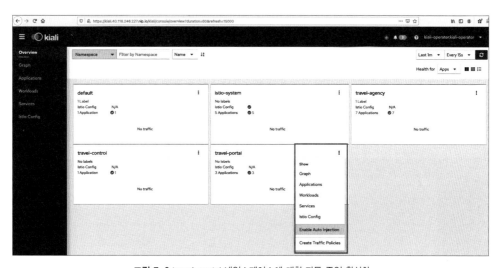

그림 7-6 travel-portal 네임스페이스에 대한 자동 주입 활성화

또한 오른쪽 상단 모서리에 있는 Actions작업 버튼을 클릭해 이미 배포된 워크로드(예: 포
드)에 대한 자동 주입을 활성화할 수도 있다(그림 7-7 참조).

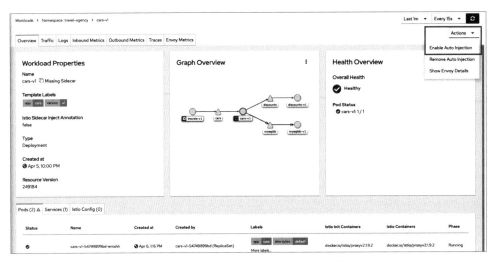

그림 7-7 자동차 워크로드에 대한 자동 주입 활성화

Kiali 대시보드를 통해서 워크로드에 대한 자동 주입을 활성화하면 사이드카가 자동으로 주입된 애플리케이션 포드가 재배포된다. 이는 Nginx 포드에 대해 이전에 논의한 방법과 유사하다.

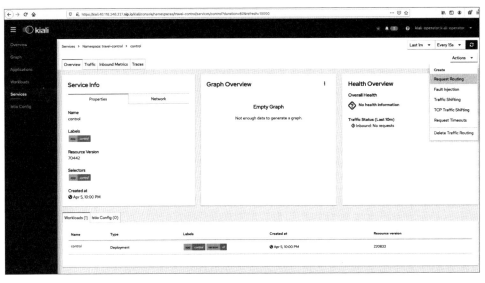

그림 7-8 서비스 탭의 작업

또한 그림 7-8과 같이 Services^{서비스} 탭의 서비스에 대한 요청 라우팅 기능을 사용해 원하는 양의 트래픽을 특정 게이트웨이 호스트로 라우팅하기 위한 Istio 구성을 생성할 수 있으며, 서킷 브레이커를 사용하는 트래픽 규칙을 생성할 수 있다.

컨트롤 서비스의 라우팅 요청 기능을 사용해 트래픽 규칙을 생성할 수도 있다. **Add Rule**^{규칙 추가} 버튼을 클릭하면 모든 요청이 제어 워크로드로 라우팅되는 기본 규칙이 추가된다. 마찬가지로 그림 7-9와 같이 호스트가 있는 게이트웨이를 로드 밸런서에 추가하고 **Update**^{업데이트} 버튼을 클릭해 업데이트할 수 있다.

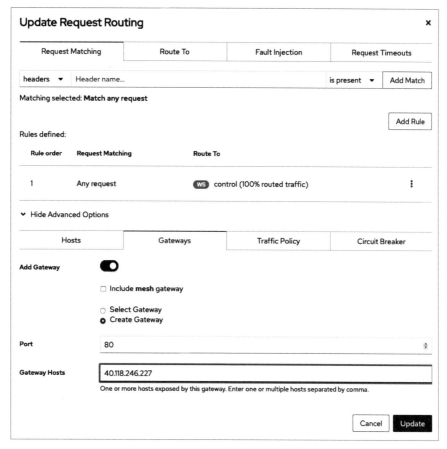

그림 7-9 Kiali를 통해 Istio 구성에서 서비스에 대한 요청 라우트 추가

Kiali는 또한 즉시 사용 가능한 로그, 프로메테우스를 통한 메트릭을 제공한다. 독자의 환경에 이를 배포한 경우 Jaeger를 통한 추적을 제공한다. 전체 기능을 확인하려면 Kiali UI를 살펴본다.

요약

7장에서는 Azure와 같은 클라우드 환경에서 애플리케이션을 효과적으로 연결하는 데 도움이 되는 두 가지 중요한 개념인 서비스 디스커버리와 서비스 메시에 대해 살펴봤다. 쿠버네티스 환경에서 서비스 디스커버리 메커니즘으로 kube-dns를 대체하는 기본 DNS로 CoreDNS를 소개했다. 또한 Istio 전체 기능 세트를 제공하는 Istio 서비스 메시를 소개했다. Istio 서비스 메시에서 Envoy를 데이터 플레인으로 사용해 유용한 인사이트를 얻을 수 있었다. Istio 기반 서비스 메시에 대한 전체 관리 콘솔을 제공하는 Kiali에 대한 절로 7장을 마무리했다. Kiali는 스택의 모든 항목에 대한 단일 보기를 제공해 클라우드 네이티브 서비스에 관측성을 제공한다.

8장에서는 쿠버네티스에서 컨테이너 네트워킹이 작동하는 방식과 다양한 정책 관리 기술을 사용해 인프라를 보호하는 방법을 자세히 설명한다.

네트워크와 정책 관리: 문지기 관찰

7장에서는 Azure에서 인프라를 구축하고 애플리케이션을 검색하고 모니터링하는 방법을 설명했다. 이제 이러한 애플리케이션을 보호할 시간이다! 시간이 지나면서 단순한 설정 오류로 인한 수많은 클라우드 데이터 유출 사고가 있었지만, 현실적으로 클라우드 인프라를 보호하는 것은 어렵지 않다. 클라우드 네트워킹 기술은 빠르게 발전해왔으며, 오늘날 여러 공급자에서 네트워크 구성을 개선하고 보안을 강화하는 데 도움이 되는 클라우드 네이티브 소프트웨어를 제공하고 있다.

Azure에는 기본적으로 보안 계층을 제공하는 테넌트, 관리 그룹 또는 구독에 대한 정책을 설정할 수 있는 Azure Policy 제품이 함께 제공된다. 예를 들어 Azure에서 관리 그룹이나 구독 내에서 공개적으로 액세스할 수 있는 스토리지 계정이 없도록 하는 정책을 설정할 수 있다.

8장에서는 컨테이너 네트워킹과 이를 사용해 인프라를 개선할 수 있는 다양한 방법을 살펴본다. 또한 보안을 유지하기 위해 인프라에 정책을 적용하는 방법도 설명한다.

컨테이너 네트워킹과 여러 프로젝트의 기반이 되는 표준에 대한 설명으로 시작해, 네트워킹 연결과 네트워크 정책 적용을 제공하는 캘리코^{Calico}와 플라넬^{Flannel}과 같은 제품에 중점을 둘 것이다. OPA^{Open Policy Agent}를 사용한 시스템 정책 적용에 대한 논의로 8장을 마무리한다.

컨테이너 네트워크 인터페이스

7장에서 언급했듯이 컨테이너는 광범위한 보안과 이식성을 제공한다. 가장 큰 이점 중 하나는 네트워킹 스택에서 발생한다. Linux cgroup과 네트워크 네임스페이스는 보안 및 텔레메트리를 강화하고 성능을 관리하기 위한 다양한 네트워크 기능을 제공한다. 컨테이너 네트워크 기능의 유연성과 강력한 성능을 보여주는 좋은 예로 실리움^{Cilium}이 있다. 실리움은 로드 밸런싱, 보안, 텔레메트리, 대역폭 관리 및 기타 기능을 쿠버네티스의 추가 기능으로 제공하는 소프트웨어 도구다. 8장의 뒷부분에서 실리움에 대해 자세히 설명한다.

3장에서는 업계가 컨테이너 런타임과 컨테이너 이미지에 대한 표준 스펙을 어떻게 갖고 있는지 간략하게 언급했다. 컨테이너 네트워크 인터페이스^{CNI, Container Network Interface}는 관련 네트워크 설정을 구성하기 위한 표준으로 2015년에 만들어졌다(결국에는 CNCF 인큐베이팅 프로젝트 목록에 추가됐다). CNI 스펙(https://oreil.ly/XK4A3)을 통해 다음과 같은 기본 요소를 관리할 수 있다.

- 인터페이스 이름과 네트워크 네임스페이스 바인딩

- IP 주소

- 라우팅

- DNS 설정

- 시스템 설정

CNI 구성에 관한 예시는 다음과 같다.

```
{
  "cniVersion": "1.0.0",
  "name": "dbnet",
  "plugins": [
    {
      "type": "bridge",
      "bridge": "cni0",
```

```
    "args": {
      "labels" :
        { "appVersion" : "1.0"
      }
    },
    "ipam": {
      "type": "host-local",
      "subnet": "10.1.0.0/16",
      "gateway": "10.1.0.1"
    },
    "dns": {
      "nameservers": [ "10.1.0.1" ]
    }
  },
  {
    "type": "tuning",
    "sysctl": {
      "net.core.somaxconn": "500"
    }
  }
]
}
```

CNI를 사용하는 이유

업계에서 네트워킹을 위한 스펙이 왜 필요한지 의문이 들 수 있다. 3장에서 언급했듯이 컨테이너 에코시스템에는 도커와 쿠버네티스와 같은 컨테이너 시스템에 연결되는 많은 네트워킹 프로젝트가 있다. 여러 그룹에서 공개적으로 사용 가능한 네트워킹 관련 플러그인을 만들고 있으므로 컨테이너의 네트워크 계층을 설명하고 제어하는 표준 방법이 필요하다.

CNI 플랫폼은 진정한 인프라 가상화를 가능하게 한다. 클라우드를 포함해 네트워크 인프라 관리에 대해 걱정할 필요가 없다! 컨테이너 플랫폼을 네트워크 인프라로 활용하면 복잡한 네트워크 인프라를 구현하고 운영하는 비용을 크게 줄일 수 있다. 또한 물리 또는 전용 가상 네트워크 장치에 투자하지 않고도 확장과 업그레이드를 할 수 있다.

Azure에서 CNI가 작동하는 방법

Azure는 CNI를 지원하지만 컨테이너를 Azure VNet(가상 네트워크)에 연결하는 두 가지 특수 플러그인이 있다.

- CNI 네트워크 플러그인을 구현하는 azure-vnet

- CNI IPAM(IP 주소 관리) 플러그인을 구현하는 azure-vnet-ipam

이런 플러그인은 컨테이너가 Azure VNet 컨트롤 플레인과 올바르게 인터페이스할 수 있도록 한다. AKS^Azure Kubernetes Service와 독립 실행형 Azure 가상 머신 모두에서 이러한 플러그인을 사용할 수 있다.

Windows 네트워킹

Linux와 Windows용 네트워킹 스택은 기본적으로 매우 다르지만 Azure CNI 플러그인은 Windows를 최고 등급으로 지원한다. 즉, 별도의 네트워크 인프라를 만들지 않고도 동일한 인프라에서 Windows와 Linux 컨테이너를 모두 실행할 수 있다.

Azure CNI 구성은 다음과 같다.[1]

```
{
  "cniVersion": "1.0.0",
  "name": "azure",
  "plugins": [
    {
        "type":"azure-vnet",
        "mode":"bridge",
        "bridge":"azure0",
        "ipam":{
            "type":"azure-vnet-ipam"
        }
    },
     "ipam": {
       "type": "azure-vnet-ipam",
```

---

1 아래의 JSON은 일부 잘못된 것으로 보이나, 원문을 그대로 실었다. https://learn.microsoft.com/ko-kr/azure/virtual-network/deploy-container-networking을 참고한다. – 옮긴이

```
        "Environment": "azure"
      },
      "dns": {
          "nameservers": [ "10.1.0.1" ]
        }
      },
    {
      "type": "tuning",
      "sysctl": {
        "net.core.somaxconn": "500"
      }
    }
  ]
}
```

azure-vnet과 azure-vnet-ipam 플러그인을 사용하면 IP 구성 및 관리를 기존 호스트에서 Azure VNet의 컨트롤 플레인에서 한다.

다양한 CNI 프로젝트

CNI 프로젝트에는 세 가지 범주로 나뉘어진 기본 CNI 플러그인 세트가 포함돼 있다.

Main

이 플러그인은 인터페이스(bridge, ipvlan, macvlan, ptp, host-device)를 만든다.

IPAM

이 플러그인은 인터페이스(dhcp, host-local, static)에 IP 주소를 할당한다.

Meta

다음과 같은 작업을 하도록 하는 다른 기본 플러그인이다.

- Sysctl 조정

- 대역폭 제한

- 방화벽

- 플라넬(8장 뒷부분에서 설명)

CNI 플러그인 페이지(https://cni.dev/plugins)에서 이러한 기본 플러그인에 관한 자세한 정보를 찾을 수 있다.

여기서 언급한 CNI 플러그인 외에도, CNI 호환 플러그인을 작성하는 서드파티의 방대한 에코시스템이 있다. 이 글을 쓰는 시점에 25개 이상의 외부 프로젝트에서 CNI 표준을 활용했다. 이러한 프로젝트는 로드 밸런싱, IPAM, 오버레이 네트워크, 보안 및 네트워크 텔레메트리를 비롯한 다양한 유형의 기능을 제공한다.

소규모 프로젝트에는 다음과 같은 것들이 있다.

- Infoblox
- Juniper Contrail
- VMware NSX

일부 CNI 플러그인은 매우 특정한 인프라용(예를 들어 Cisco의 ACI CNI)으로 설계됐지만 많은 플러그인이 Azure 서비스와 완벽하게 호환된다. 다음 절에서는 캘리코^{Calico}, 실리움^{Cilium}, 플라넬^{Flannel} 및 OPA에 대해 살펴보고 이러한 시스템이 네트워크 인프라를 구축하고 보호하는 데 어떻게 도움이 되는지 살펴본다.

캘리코

캘리코^{Calico}는 Windows와 Linux에서 컨테이너, 가상 머신 및 베어메탈 설치를 위한 오픈소스 네트워크 보안 및 정책 솔루션이다. 캘리코는 네트워크 보안 정책 시행과 제로 트러스트 네트워크 구현 기능을 제공한다. 또한 최첨단 순수 Linux eBPF$^{Extended Berkeley}$ $^{Packet Filter}$ 데이터 플레인, 표준 Linux 네트워킹 데이터 플레인 및 Windows HNS 데이터 플레인을 비롯한 여러 데이터 플레인을 지원한다. 캘리코는 호스트 데이터 플레인상에서 실행돼 네트워크 정책 적용을 준수하고 있으며, 표준 Linux 네트워킹 스택을 지원한다.

캘리코를 사용하는 이유

인프라가 성장함에 따라 네트워크 연결 및 정책 관리는 기하급수적으로 더 어려워진다. 또한 의도한 정책이 정확하고 올바르게 적용됐는지, 정책에 대한 피드백이 적용됐는지 확인하는 것은 예외적으로 어렵다. 이것이 바로 캘리코가 빛나는 이유다. 이를 통해 네트워크 정책을 추상화되고 확장 가능한 방식으로 정의한 다음, 네트워크 성능 저하 없이 정책이 적용되도록 할 수 있다.

기본 아키텍처

캘리코에는 플랫폼 운영을 단순화하는 클라이언트/데이터 저장소 아키텍처가 있다. 여기에는 다음과 같은 주요 컴포넌트가 포함된다(그림 8-1에도 표시된다).

Felix

네트워크 ACL(액세스 제어 목록), 라우팅 정보, 인터페이스 관리 및 상태 보고를 설치하는 네트워크 프로그래밍 데몬이다.

BIRD

Felix에서 라우팅 정보를 가져오고 BGP^{Border Gateway Protocol}를 통해 경로를 재배포한다.

confd

캘리코 데이터 저장소에서 라우팅 변경 사항을 수신하고 BIRD로 전달한다.

Calico CNI plug-in

컨테이너의 네트워크 인터페이스다.

Data store

정책, 워크로드 및 IPAM 할당에 대한 운영 정보를 포함한다.

Typha

데이터 저장소에 연결하는 노드 수를 확장하는 데 사용되는 데이터 저장소에 대한 캐싱 프록시다.

calicoctl

캘리코 오브젝트를 생성, 읽기, 업데이트 및 삭제하기 위한 CLI이다.

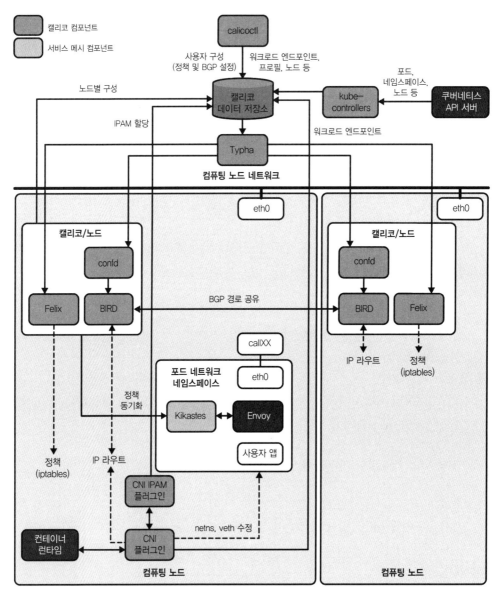

그림 8-1 캘리코 아키텍처

캘리코 배포

캘리코를 배포하는 방법으로 AKS 설치 시 네트워크 정책 엔진의 일부로 설치하거나 쿠버네티스에 수동으로 배포하는 두 가지 옵션이 있다.

AKS 설치를 통한 캘리코 배포

Azure는 네트워크 정책 엔진으로 캘리코에 대해 최고 수준으로 지원한다. 그림 8-2에 표시된 것처럼 AKS 인스턴스 생성 시에 네트워크 구성 단계에서 설치할 수 있다.

그림 8-2 AKS에 대한 네트워크 정책 구성

이 단계에서 AKS 설치의 일부로 캘리코를 클릭하면 Calico Typha 포드가 각 쿠버네티스 컴퓨팅 노드에 설치된다.

캘리코 수동 설치

쿠버네티스 클러스터에 캘리코를 수동으로 설치하려면 kubectl을 사용해 operator를 다운로드하고 구성 컴포넌트들을 설치할 수 있다.

1. 먼저 operator를 설치한 다음 캘리코 리소스를 설치한다. 그러면 `tigera-operator` 네임스페이스가 생성된다.

   ```
   $ kubectl create -f https://docs.projectcalico.org/manifests/tigera-operator.yaml
   $ kubectl create -f https://docs.projectcalico.org/manifests/custom-resources.yaml
   ```

2. 모든 캘리코 노드가 현재 실행 중인지 확인한다.

   ```
   $ kubectl get pods -n calico-system
   ```

3. 모든 포드가 Running 상태가 될 때까지 기다린다.

custom-resources.yaml 파일의 ipPools 구성은 배포 후에 수정할 수 없다. 즉, ipPools(각 포드에 할당된 IP 주소)는 custom-resources.yaml 파일을 적용한 후 설정된다.

calicoctl 설치

캘리코를 제어하려면 해당 CLI 유틸리티에 액세스할 수 있어야 한다. 캘리코 설치 문서(https://oreil.ly/xcqco)에 설명된 대로 유틸리티에 액세스하는 몇 가지 방법이 있다. 이 예시에서는 머신에 CLI를 다운로드하고 kubectl 플러그인으로 실행한다.

1. 호스트에 로그인하고 /usr/local/bin으로 이동한다.

    ```
    $ cd /usr/local/bin
    ```

2. 바이너리를 다운로드한다.[2]

    ```
    $ curl -o kubectl-calico -O -L "https://github.com/projectcalico/calicoctl/
    releases/ \ download/v3.21.0/calicoctl-linux-ppc64le"
    ```

3. 바이너리를 실행 가능하도록 설정한다.

    ```
    $ chmod +x kubectl-calico
    ```

4. 플러그인이 작동하는지 확인한다.

    ```
    $ kubectl calico -h
    ```

캘리코 깊게 살펴보기

캘리코를 사용하면 얻을 수 있는 이점과 작동 방식 및 설치 방법에 관한 몇 가지 기본 사항을 간략히 살펴봤다. 이제 사용 방법을 알아볼 차례다. 이 절의 나머지 부분에서는 표준 Linux 네트워크 스택 대신 eBPF를 데이터 플레인으로 사용한다.

---

2 해당 URL은 macOS 기준이다. https://projectcalico.docs.tigera.io/maintenance/clis/calicoctl/install#install-calicoctl-as-a-kubectl-plugin-on-a-single-host 문서를 참고해 환경에 맞는 바이너리를 다운로드한다. – 옮긴이

Azure는 데이터 플레인에서 알 수 없는 IP를 허용하지 않기 때문에 노드 간에 VXLAN 기반 오버레이 네트워크만 사용할 수 있다. 이는 AKS가 아닌 자체 관리 클러스터(그림 8-3)를 구축하는 경우에만 가능하다. AKS에서는 그림 8-4와 같이 Azure를 네트워크 공급자로 사용해야 한다.

그림 8-3 자체 관리 설정(VXLAN 사용)

그림 8-4 AKS 네트워크 설정

eBPF 활성화

캘리코 인프라를 설정하기 위한 다음 단계는 eBPF 데이터 플레인을 활성화하는 것이다. eBPF를 활성화하면 새로운 커널 기능을 활용할 수 있으며, 로드 밸런싱에 대한 kube-proxy 사용을 제거할 수 있다. eBPF가 활성화되면 kube-proxy의 사용이 비활성화 된다. 이 블로그 게시물(https://oreil.ly/uwP4Z)에서 캘리코의 eBPF 구현에 관해 자세히 알아볼 수 있다.

eBPF를 활성화하려면 다음 단계를 따른다.[3]

1. 다음을 실행해 API 서버를 찾는다.[4]

    ```
    $ kubectl get configmap -n kube-system kube-proxy -o jsonpath='{.data.
    ```

---

3   https://thenewstack.io/turbocharging-aks-networking-with-calico-ebpf/에 더욱 자세하게 설명돼 있으니 이를 참고한다. – 옮긴이

4   kubectl cluster-info | grep -i kubernetes 명령어를 입력해 API 서버를 찾을 수도 있다. – 옮긴이

```
kubeconfig}' \
  | grep server
    server: https://d881b853ae312e00302a84f1e346a77.hcp.us-east-1.azmk8s.io
```

2. Tigera-operator 네임스페이스를 업데이트한다.

```
kind: ConfigMap
apiVersion: v1
metadata:
  name: kubernetes-services-endpoint
  namespace: tigera-operator
data:
  KUBERNETES_SERVICE_HOST: "<API server host>"
  KUBERNETES_SERVICE_PORT: "<API server port>"
```

3. operator를 재시작해 변경 사항을 선택한다.

```
$ kubectl delete pod -n tigera-operator -l k8s-app=tigera-operator
```

4. kube-proxy 디플로이먼트를 비활성화한다(리소스 절약을 위해).

```
$ kubectl patch networks.operator.openshift.io cluster --type merge -p \
  '{"spec":{"deployKubeProxy": false}}'
```

5. calicoctl을 사용해 eBPF를 활성화한다.[5]

```
$ calicoctl patch felixconfiguration default --patch='{"spec": {"bpfEnabled":
true}}'
```

eBPF를 실행하는 데 문제가 있는 경우 캘리코에서 제공하는 문제 해결 가이드를 참고한다(oreil.ly/YvY3k).

 만약 커널 버전이 4.16 이상인 환경에서 eBPF를 사용하는 경우 캘리코는 자동으로 XDP를 사용해 패킷을 처리하기 때문에 성능이 향상된다. 처리량이 많은 서비스나 DOS되는 서비스에 유용하다.

---

5 calicoctl 명령어를 실행하기 위해서는 calicoctl을 설치해야 한다. – 옮긴이

캘리코 보안 정책 구현

이제 네트워크가 구성됐으므로 일부 보안 정책을 적용할 준비가 됐다. 캘리코 네트워크 정책에는 다음을 포함해 쿠버네티스보다 더 많은 기능 세트를 갖고 있다.

- 정책 순서 지정

- 규칙 거부

- 일치 규칙에 대한 유연성 향상

캘리코 네트워크 정책은 OSI 5~7 계층과 암호화 ID를 사용해 애플리케이션 보안을 지원한다. 캘리코 네트워크 정책 구성 페이지(https://oreil.ly/QJCSu)에서 예시를 찾을 수 있다.

네트워크 정책은 여러 가지 방법으로 적용할 수 있다.

- 전역(모든 네임스페이스의 모든 포드)으로 적용하는 GlobalNetworkPolicy

- 네트워크 또는 호스트별로 적용하는 HostEndpoint

- 네임스페이스별로 적용하는 NetworkPolicy

GlobalNetworkPolicy: ICMP 트래픽 허용

우리가 만들 첫 번째 정책은 클러스터 내의 모든 호스트에서 ping과 traceroute에 대한 ICMP 트래픽을 허용하는 글로벌 네트워크 정책이다. 다음과 같이 global-policy.yaml 파일을 만든다.

```
apiVersion: projectcalico.org/v3
kind: GlobalNetworkPolicy
metadata:
  name: allow-ping-in-cluster
spec:
  selector: all()
  types:
  - Ingress
  ingress:
```

```
 - action: Allow
   protocol: ICMP
   source:
     selector: all()
   icmp:
     type: 8 # Ping request
 - action: Allow
   protocol: ICMPv6
   source:
     selector: all()
   icmp:
     type: 128 # Ping request
```

다음을 실행해 정책을 적용한다.

```
$ calicoctl create global-policy.yaml
```

네트워크 정책: 두 개의 레이블 간 네임스페이스 내 트래픽 허용

이 예에서는 셀렉터가 green인 프로덕션 네임스페이스에서 셀렉터가 blue인 동일한 네임스페이스 포드로의 포트 TCP/1234 트래픽을 허용한다. network-policy.yaml이라는 새로운 파일을 만든다.

```
apiVersion: projectcalico.org/v3
kind: NetworkPolicy
metadata:
  name: allow-tcp-1234
  namespace: production
spec:
  selector: color == 'blue'
  ingress:
  - action: Allow
    protocol: TCP
    source:
      selector: color == 'green'
    destination:
      ports:
        - 1234
```

다음을 실행해 정책을 적용한다.[6]

```
$ calicoctl create network-policy.yaml
```

이 정책이 적용되면 트래픽은 포트 TCP 1234에서 모든 green 포드로 흐른다.

실리움

지난 5년 동안 도입된 가장 혁신적인 네트워킹 도구 중 하나는 실리움[Cilium] 프로젝트로, eBPF를 많이 활용해 클라우드 네이티브 인프라를 지향하는 일련의 네트워킹, 관측성 및 보안 기능을 제공한다.

실리움은 eBPF Linux 커널 기술을 활용해 커널과 그 위에서 실행되는 애플리케이션에 대한 낮은 오버헤드, 고성능 가시성 및 제어 논리를 가능하게 한다. 실리움은 세 가지 핵심 요소에 대한 기능을 제공하기 때문에 인프라 아키텍트에게 인기 있는 선택지다.

네트워킹

실리움은 Linux eBPF를 활용하는 자체 CNI를 구현한다. 따라서 실리움의 성능이 향상되고 kube-proxy에 의존하는 대신 로드 밸런싱을 수행할 수 있다. 또한 대규모 설치에 중요한 다중 클러스터 연결을 허용한다.

관측성

실리움은 eBPF를 사용해 독보적인 통합 관측성 소프트웨어로 자리매김했다. 아울러 네트워크 연결과 데이터의 모든 계층에서 심층 패킷 검사를 수행할 수 있다.

보안

실리움의 가장 유용한 기능 중 하나는 IPSec을 통해 호스트 간에 투명한 암호화를 수행할 수 있다는 것이다. 즉, 애플리케이션을 변경할 필요 없이 매우 효율적인 메커니즘을 통해 종단 간 암호화를 얻을 수 있다. 실리움은 자체 레이블+CIDR 일치 보

---

6   calicoctl 명령어를 실행하기 위해서는 calicoctl 설치를 해야 한다. – 옮긴이

안 정책을 제공하지만, OSI 7계층 필터링(예를 들어 아웃바운드 DNS 쿼리 필터링 또는 수신 HTTP 요청 필터링)도 수행한다.

마지막으로 실리움을 사용하면 정책 결정에 대한 7계층 내부 검사를 수행할 수 있다(자세한 내용은 블로그 게시물(https://oreil.ly/6J9Di)을 참조한다).

실리움의 eBPF를 핵심으로 사용하면 소프트웨어가 시스템 성능에 영향을 미치지 않고 모든 네트워크 트래픽을 심층적으로 검사하고 (필요한 경우) 조작할 수 있다.

실리움 에이전트[cilium-agent]는 모든 노드에서 실행되고(그림 8-5 참조) 쿠버네티스 API를 통해 구성을 수락한다. 에이전트는 해당 구성을 컨테이너의 네트워크 인터페이스, 호스트의 네트워크 또는 호스트의 네트워크 카드 중 하나에 대해 실행되는 eBPF 프로그램으로 전환한다.

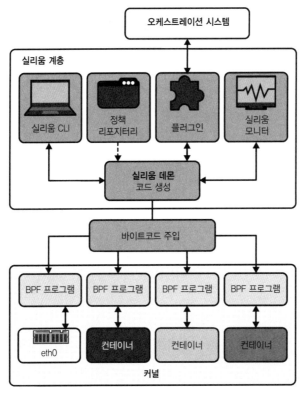

그림 8-5 실리움 아키텍처

실리움 배포

실리움은 자체 관리형 쿠버네티스 클러스터 또는 관리형 AKS 클러스터에 설치할 수 있다. 두 경우 모두 실리움은 Helm을 통해 배포할 수 있기 때문에 설치가 쉽다. 또한 실리움은 네트워크 트래픽이 클러스터의 포드 간에 자유롭게 흐를 수 있는지 확인하기 위해 연결 검사를 수행하는 컨테이너를 제공한다.

자세한 내용은 Azure에서 실리움을 배포하기 위한 문서(https://oreil.ly/UjGVr)를 참조한다.

자체 관리형 실리움 설치

quick-install 파일을 사용해 실리움을 설치한다.

```
$ kubectl apply -f https://raw.githubusercontent.com/cilium/cilium/v1.9/install/ \
  kubernetes/quick-install.yaml
```

다음 코드는 호스트 간의 연결 확인connectivity-check을 설치한다.

```
$ kubectl apply -f https://raw.githubusercontent.com/cilium/cilium/v1.9/examples/ \
  kubernetes/connectivity-check/connectivity-check.yaml
```

이렇게 하면 연결을 확인하기 위해 다양한 네트워크 경로를 사용해 서로 연결하는 일련의 포드가 배포된다. 연결 경로에는 서비스 로드 밸런싱 유무와 다양한 네트워크 정책 조합이 포함된다.

AKS 실리움 설치

AKS에서 실리움을 설정하기 위해 Helm 차트를 사용한다.

1. 먼저 새 AKS 클러스터를 만든다.

   ```
   $ export RESOURCE_gROUP_NAME=aks-test
   $ export CLUSTER_NAME=aks-test
   $ export LOCATION=westus

   $ az group create --name $RESOURCE_gROUP_NAME --location $LOCATION
   ```

```
$ az aks create \
  --resource-group $RESOURCE_gROUP_NAME \
  --name $CLUSTER_NAME \
  --location $LOCATION \
  --node-count 2 \
  --network-plugin azure
```

2. 이제 Azure API와 상호작용하는 서비스 주체[Service Principal]를 만들고 Helm에 전달할 환경 변수를 채운다.

```
$ az ad sp create-for-rbac --name cilium-operator > azure-sp.json

$ AZURE_SUBSCRIPTION_ID="$(az account show | jq -r .id)"
$ AZURE_CLIENT_ID="$(jq -r .appId < azure-sp.json)"
$ AZURE_CLIENT_SECRET="$(jq -r .password < azure-sp.json)"
$ AZURE_TENANT_ID="$(jq -r .tenant < azure-sp.json)"
$ AZURE_NODE_RESOURCE_gROUP="$(az aks show --resource-group $RESOURCE_gROUP_NAME \
  --name $CLUSTER_NAME | jq -r .nodeResourceGroup)"
```

3. 실리움 리포지터리를 로컬에 설치한 다음 쿠버네티스 클러스터에 실리움을 설치한다.

```
$ helm repo add cilium https://helm.cilium.io/
$ helm install cilium cilium/cilium --version 1.9.9 \
  --namespace kube-system \
  --set azure.enabled=true \
  --set azure.resourceGroup=$AZURE_NODE_RESOURCE_gROUP \
  --set azure.subscriptionID=$AZURE_SUBSCRIPTION_ID \
  --set azure.tenantID=$AZURE_TENANT_ID \
  --set azure.clientID=$AZURE_CLIENT_ID \
  --set azure.clientSecret=$AZURE_CLIENT_SECRET \
  --set tunneldisabled \
  --set ipam.mode=azure \
  --set masquerade=false \
  --set nodeinit.enabled=true --set kubeProxyReplacement=strict \
  --set hostFirewall=true \
  --set loadBalancer.algorithm=maglev \
  --set k8sServiceHost=REPLACE_WITH_API_SERVER_IP \
  --set k8sServicePort=REPLACE_WITH_API_SERVER_PORT
```

4. 4개의 초기 포드가 생성됐는지와 실리움과 **cilium-operator** 포드가 모두 실행 중인지 확인해 설치를 확인한다.

```
$ kubectl -n kube-system get pods --watch
cilium-operator-ad4375ds5-2x2q3      1/1      Running      0      4m18s
cilium-s5x8xk                        1/1      Running      0      4m19s
```

Hubble 설치

Hubble(https://oreil.ly/jsisf)은 네트워크 사용 및 성능에 대한 통계와 서비스 간의 종속성을 보여주는 맵을 볼 수 있는 UI이다. Hubble의 실시간 업데이트 그래프 인터페이스 (그림 8-6 참조)를 사용하면 컨테이너 간의 데이터 흐름과 레이아웃에 대한 많은 정보를 표시할 수 있다. 또한 실리움 정책을 모델링하는 인터페이스를 제공한다.

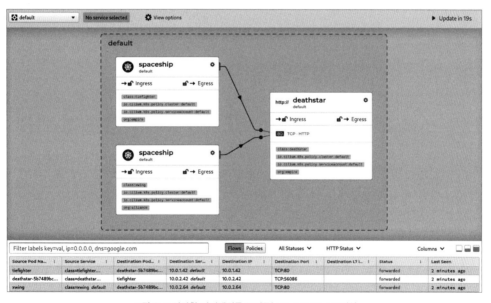

그림 8-6 간단한 아키텍처를 보여주는 Hubble UI 스크린샷

kubectl을 사용해 Hubble을 설치할 수 있다.

```
$ kubectl apply -f https://raw.githubusercontent.com/cilium/cilium/v1.9/install/
kubernetes/ \
 quick-hubble-install.yaml
```

클라우드에 실리움 통합

이미 언급한 것처럼 실리움에는 활용할 수 있는 다양한 기능이 있다. 이 절에서는 실리움을 네트워크 공급자와 정책 시행자(방화벽)로 사용한다. 그런 다음 실리움으로 관측성을 살펴본다.

호스트 방화벽

캘리코에 대한 심층 분석과 유사하게 여기에서는 일련의 네트워크 정책을 구현한다.

실리움의 장점은 L3, L4 또는 L7에서 정책을 시행할 수 있다는 것이다. 네트워크 정책 시행에는 표 8-1과 같이 세 가지 모드가 있다.

표 8-1 네트워크 정책 시행 모드

모드	설명
기본	규칙에 엔드포인트가 선택되고, 규칙에 수신 또는 송신 섹션이 있는 경우 엔드포인트는 정책에 따라 거부된다.
항상 사용	특정 엔드포인트를 선택하는 규칙이 없는 경우에도 모든 엔드포인트에서 정책 시행이 활성화된다.
사용 안 함	모든 엔드포인트에서 정책 시행이 비활성화되고 모든 트래픽이 허용된다.

실리움 에이전트가 관리하는 모든 엔드포인트에 대해 런타임 시 정책 시행 모드를 구성하려면 다음 명령을 사용하고 default, always 또는 never 모드를 선택한다.

```
$ cilium config PolicyEnforcement={default,always,never}
```

정책은 명시적인 허용 규칙이 없는 경우 트래픽이 차단되는 허용 목록 모델에 대해 작성된다.

L3 과 L4 규칙은 다음 방법을 사용해 지정할 수 있다.

레이블 (https://oreil.ly/0X1q1)

셀렉터를 사용해 포드를 그룹화한다.

서비스 (https://oreil.ly/3opXd)

쿠버네티스 서비스를 사용해 정책을 정의한다.

엔티티 (https://oreil.ly/74D8C)

실리움에서 관리하는 사전에 정의된 특정 범위이다.

IP/CIDR (https://oreil.ly/61Xbc)

IP 또는 IP 범위(CIDR)이다.

DNS names (https://oreil.ly/9Ztcc)

DNS 이름이다.

예를 들어 레이블이 지정된 두 포드 간의 트래픽을 허용하려는 경우 다음 정책을 생성할 수 있다.

```
apiVersion: cilium.io/v2
kind: CiliumNetworkPolicy
metadata:
  name: "l3-rule"
spec:
  endpointSelector:
    matchLabels:
      role: backend
  ingress:
  - fromEndpoints:
    - matchLabels:
      role: frontend
```

다음을 실행해 이 정책을 적용할 수 있다.

```
$ cilium policy import l3-rule-example-1.yaml
```

또한 아웃바운드 이그레스 DNS를 Google 퍼블릭 DNS 서버로 제한하려는 L4 예시를 생성하려면, 다음 예에 표시된 규칙을 작성한다.

```
apiVersion: "cilium.io/v2"
kind: CiliumNetworkPolicy
metadata:
  name: "allow-to-google-dns"
spec:
  endpointSelector:
    {}
  egress:
  - toCIDR:
    - 8.8.8.8/32
    - 8.8.8.4/32
    toPorts:
    - ports:
      - port: '53'
        protocol: UDP
    - ports:
      - port: '53'
        Protocol: TCP
```

다음을 실행해 규칙을 적용할 수 있다.

```
$ cilium policy import l4-rule-example-1.yaml
```

마지막으로 실리움은 HTTP(s), Kafka 및 DNS 트래픽에 대한 L7 가시성을 허용한다.
다음 예에서는 포트 80의 /admin 엔드포인트에 대한 트래픽을 모든 포드에 허용한다.

```
apiVersion: "cilium.io/v2"
kind: CiliumNetworkPolicy
metadata:
  name: "rule1"
spec:
  description: "Allow HTTP GET /admin"
  endpointSelector:
    {}
  ingress:
  - fromEndpoints:
    toPorts:
    - ports:
      - port: "80"
```

```
    protocol: TCP
  rules:
    http:
    - method: "GET"
      path: "/admin"
```

L7 정책 규칙에 대한 자세한 내용은 7계층 정책 실리움 설명서(https://oreil.ly/autkh)에서 확인할 수 있다.

 실리움은 네트워크 정책을 모델링하고 시각화하는 대화형 도구를 제공한다. 실리움 에디터 페이지(https://oreil.ly/LOIAW)에서 사용해볼 수 있다.

관측성

앞서 간략하게 언급했듯이 실리움 운영자는 Hubble을 통해서 인프라에서 일어나는 일을 관측할 수 있다. Hubble을 설치하고 (설치 단계에서) 연결 테스트를 수행하면 네임스페이스 내에서 네트워크 흐름을 관측할 수 있다. 여기서는 한 단계 더 나아가 3계층과 4계층 프로토콜의 가시성을 제공하는 새로운 실리움 기능을 활용해 각 포트의 트래픽에 대한 좀 더 구체적인 세부 정보를 제공한다. 7계층 관측성을 사용하려면 7계층 정책을 구현해야 한다.

3계층과 4계층 가시성을 활성화하려면, 포드에서 주석을 활성화해야 한다. 다음은 예시다.

```
$ kubectl annotate pods --all io.cilium.proxy-visibility="<Egress/53/UDP/DNS>, \
 <Ingress/80/TCP/HTTP>"
```

이렇게 하면 DNS 트래픽에 대한 아웃바운드(이그레스)와 포드의 HTTP 트래픽에 대한 인바운드(인그레스) 메트릭이 활성화된다.

가시성 정보는 주석에서 쉼표로 구분된 튜플 목록으로 표시된다.

```
<{Traffic Direction}/{L4 Port}/{L4 Protocol}/{L7 Protocol}>
```

활성화되면 Hubble에서 프로토콜별로 정보를 표시한다. 그림 8-7에서 DNS 가시성의 예시를 참조한다.

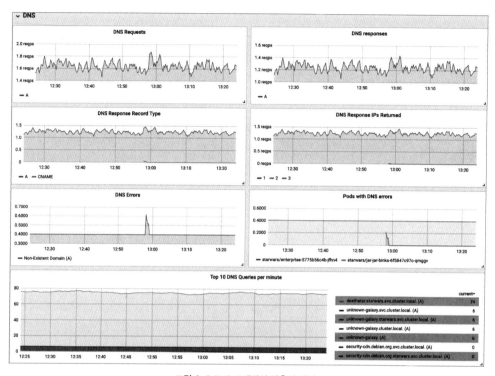

그림 8-7 DNS 트래픽의 관측성 예시

TLS(전송 계층 보안) 암호화 연결을 검사하는 방법을 알아보려면 실리움을 사용한 TLS 암호화 연결 검사 페이지(https://oreil.ly/2GH2B)를 방문한다.

플라넬

플라넬Flannel은 원래 Red Hat의 CoreOS 프로젝트의 일부였던 쿠버네티스용 OSI 3계층 네트워크 패브릭 시스템이다(https://oreil.ly/kgo3k). 쿠버네티스의 가장 간단한 CNI 중 하나다. 플라넬이라는 이름의 하나의 바이너리 에이전트를 사용해 각 호스트에서 실행하고 오버레이 파드 네트워크를 구성한 다음, 구성을 쿠버네티스 데이터 스토어에 저장한다. 플라넬은 네트워크 연결만 제공한다. 어떤 종류의 네트워크 정책 시행도 지원하지 않는다.

플라넬 배포

다음을 실행해 클러스터를 설정할 때 플라넬을 빠르게 설치할 수 있다.

```
$ kubectl apply -f https://raw.githubusercontent.com/coreos/flannel/master/ \
 Documentation/kube-flannel.yml
```

kube-flannel.yml을 적용하면 다음이 정의된다.

- RBAC(역할 기반 액세스 제어)를 위한 `ClusterRole`과 `ClusterRoleBinding`

- 플라넬이 사용할 쿠버네티스 서비스 계정

- CNI 구성과 Flannel 구성을 모두 포함하는 `ConfigMap`. 플라넬 구성의 네트워크는 포드 네트워크의 CIDR^{Classless Inter-Domain Routing} 방식과 일치해야 한다. 백엔드 선택도 여기에서 이뤄지며 기본값은 VXLAN이다.

- 각 노드에 플라넬 포드를 배포하기 위한 모든 아키텍처용 DaemonSet. 포드에는 두 개의 컨테이너가 있다. 하나는 플라넬 데몬 자체이고, 하나는 kubelet이 읽을 수 있는 위치에 CNI 구성을 배포하기 위한 `initContainer`이다.

포드를 실행하면 포드 네트워크 CIDR에서 IP 주소가 할당된다. 포드들이 어떤 노드에 있든지 간에 서로 통신할 수가 있다.

 이 매니페스트는 포드 네트워크를 10.244.0.0/16으로 구성하고 기본적으로 VXLAN 백엔드를 사용하도록 구성한다. 10.244.X.0/24 마스크가 포드의 각 노드에 제공된다.

fkube-flannel.yaml 파일의 net-conf.json에 기록된 데이터를 수정해 다른 주소 공간, 더 작은 마스크 또는 다른 백엔드 설정을 사용하도록 백엔드를 재구성할 수 있다. 플라넬 백엔드 문서(https://oreil.ly/gi1ht) 및 플라넬 구성(https://oreil.ly/VUqtK) 페이지에서 백엔드 구성에 관한 자세한 정보를 찾을 수 있다.

이제 쿠버네티스 워커 노드에는 Azure VNet의 IP 주소가 할당되지만, 배포된 모든 포드에는 구성된 포드 네트워크 IP 범위의 IP 주소가 할당된다. 네트워크 트래픽 분리를 위해 여러 개의 포드 네트워크를 갖고 싶다면 별도의 플라넬 프로세스를 실행해야 한다.

플라넬 깊게 살펴보기

플라넬은 더 간단한 쿠버네티스 CNI이며 최소한의 구성이 필요하다. 네트워크의 시스템 간에 오버레이 네트워크를 생성하는 플러그형 백엔드가 있다(그림 8-8 참조). 지원되는 전송 백엔드는 다음과 같다.

- VXLAN
- Host-gw
- User Datagram Protocol[UDP]
- Alivpc
- Alloc
- Amazon Virtual Private Cloud[VPC]
- Google Compute Engine[GCE]
- IPIP
- IPsec

플라넬 프로젝트 팀은 통신을 위한 백엔드로 VXLAN 또는 host-gw를 권장한다. 트래픽을 암호화해야 하는 경우 IPSec도 옵션이다. 플라넬 문서(https://oreil.ly/gi1ht)에서 지원되는 백엔드에 관한 자세한 정보를 찾을 수 있다.

플라넬을 사용하면 하나의 데몬에서 여러 네트워크를 실행할 수 없다. 다른 구성 파일을 사용해 별도의 데몬을 실행해야 한다.

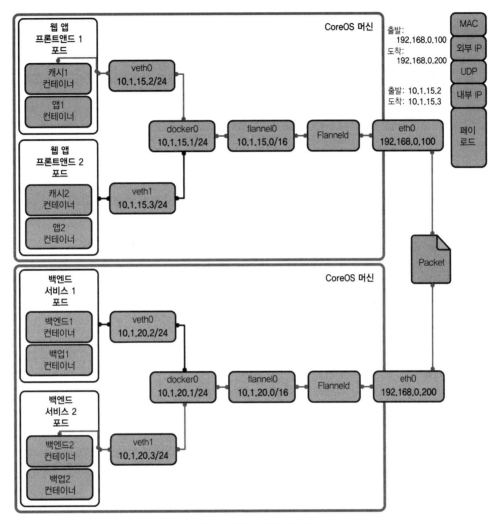

그림 8-8 플라넬 아키텍처의 예

Azure Policy

클라우드 기반 인프라를 보호하는 소프트웨어를 적극적으로 실행하는 것은 분명 유용하지만, Azure Policy를 사용하면 클라우드 인프라의 여러 측면, 특히 리소스 보안에 관해 포괄적인 정책을 설정할 수 있다.

Azure Policy에는 세 가지 주요 기능이 있다.

- 특정 구성을 방지하거나 시행하는 정책 생성

- 자체 정책과 산업계 벤치마크에 관한 규정 준수 보고

- 기존 리소스에 관한 일괄 수정과 새 리소스에 대한 자동 수정으로 리소스를 규정 준수에 적용

Azure Policy의 유스 케이스에는 리소스 일관성, 규정 준수, 보안, 비용 및 관리를 위한 거버넌스 구현이 있을 것이다.

Azure Policy 정의는 JSON 형식(https://oreil.ly/TtvcM)으로 정의되며 계층적 방식으로 적용된다. 이는 하나의 정책을 하나의 관리 그룹(및 그 안의 모든 구독/리소스)에 적용할 수 있고 더욱 관대한 정책을 별도의 관리 그룹(및 그 안의 모든 구독/리소스)에 설정할 수 있음을 의미한다.

Azure Policy 빠르게 시작하기

Azure에는 기본적으로 몇 가지 기본 내장된 정책이 포함돼 있다. 터미널에서 다음 명령을 실행해볼 수 있다.

```
$ az policy definition list
```

또는 포털(https://oreil.ly/13q1f)에서 볼 수 있다(그림 8-9).

Azure Policy에는 산업 표준(예: PCI v3.2.1:2018)에 부합하는 정책 모음인 이니셔티브도 포함된다.

이 시점에서 정책이 생성됐지만 범위가 할당되지 않았다. 구독(및 구독 내의 모든 리소스)에 정책을 적용하거나 모든 하위 관리 그룹과 구독을 포함할 관리 그룹에 정책을 적용할 수 있다.

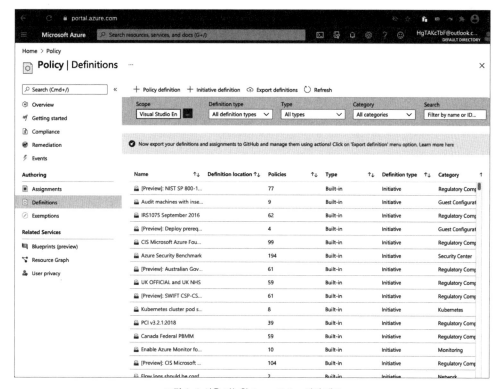

그림 8-9 사용 가능한 Azure Policy 정의 개요

어느 쪽이든 구독에 대해 `Microsoft.PolicyInsights` 리소스 공급자를 등록해야 한다. 다음을 실행해 활성화할 수 있다.

```
$ az provider register --namespace 'Microsoft.PolicyInsights'
```

Azure Policy에는 영향[effect]이라고 하는 다양한 정책 적용 모드가 있다. 현재 7가지 유형의 Azure Policy 영향이 있다.

- Append

- 감사

- AuditIfNotExists

- 거부

- DeployIfNotExists

- 사용 안 함

- 수정

"Azure Policy의 영향 파악(https://oreil.ly/9Nj2D)" 문서에서 그 사용법을 읽을 수 있다.

Azure Policy 생성

Azure Policy를 만드는 것은 쉽다. 다음 예에서는 미국 내 Azure 리전의 리소스 배포만 허용하는 정책을 만들고 있다. 사용자가 미국 외 리전에서 리소스를 생성하려고 하면 거부된다.[7]

```
{
    "properties": {
        "displayName": "Allowed locations",
        "description": "This policy enables you to restrict the locations your organization
                        can specify when deploying resources.",
        "mode": "Indexed",
        "metadata": {
            "version": "1.0.0",
            "category": "Locations"
        },
        "parameters": {
            "allowedLocations": {
                "type": "array",
                "metadata": {
                    "description": "The list of locations that can be specified
                                    when deploying resources",
                    "strongType": "location",
                    "displayName": "Allowed locations"
                },
                "defaultValue": [ "westus2", "eastus", "eastus2", "southcentralus",
                "centralus", "northcentralus", "westus", "westcentralus", "westus3" ]
```

7　Azure Policy 구조를 이해하기 위해 다음 구성을 참고한다. – 옮긴이

```
            }
        },
        "policyRule": {
            "if": {
                "not": {
                    "field": "location",
                    "in": "[parameters('allowedLocations')]"
                }
            },
            "then": {
                "effect": "deny"
            }
        }
    }
}
```

다음을 실행해 정책을 생성한다.

```
$ az policy definition create --name 'allowed-regions' --display-name 'Deny non-US
regions' \
  --description 'This policy ensures that resources are only created in US regions.' \
  --rules 'region-rule.json' --params 'region-params.json'---mode All
```

응답에서, 다음의 예처럼 id 필드에 새 정책의 경로가 표시된다.

```
"id": "/subscriptions/<subscription-ID>/providers/Microsoft.Authorization/ \
  policyDefinitions/allowed-regions"
```

다음을 실행해 구독에 정책을 할당한다.

```
$ az policy assignment create --name 'allowed-regions' --scope ' \
  /subscriptions/<subscription-id>' --policy '/subscriptions/<subscription-ID>/ \
  providers/Microsoft.Authorization/policyDefinitions/allowed-regions"
```

이제 정책이 적용된다. 미국 외 리전에서 리소스를 생성하려고 하면 그림 8-10과 유사한 오류가 발생한다.

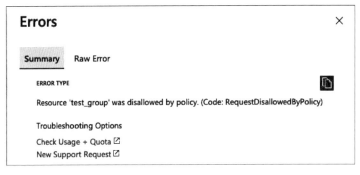

그림 8-10 Azure Policy로 인한 새 리소스 그룹 배포 시 오류 메시지

Azure Policy 제한

Azure Policy에는 적용할 수 있는 정책, 예외, 매개변수 및 조건의 수에 제한이 있다. 이 제한은 정책의 범위에 따라 변경될 수 있다. 자세한 내용은 설명서(https://oreil.ly/Fazfu)를 참조한다.

쿠버네티스와 Azure Policy

Azure Policy는 쿠버네티스도 지원하기 때문에 쿠버네티스 디플로이먼트 정책과 관련한 인사이트를 얻고 쿠버네티스 관련 정책을 만들 수 있다. "쿠버네티스 클러스터에 대한 Azure Policy 이해(https://oreil.ly/123qR)"와 "Azure Policy를 이용한 클러스터 보호(https://oreil.ly/3kBOZ)"를 읽고 이를 수행하는 방법에 관한 자세한 정보를 찾을 수 있다. 또한 Azure Policy를 쿠버네티스에 적용하는 방법을 제공한다.

OPA(Open Policy Agent)

오픈 정책 에이전트, 즉 OPA^Open Policy Agent는 소프트웨어에 대해 권한 부여 정책을 수행할 수 있는 오픈소스, 범용 정책 엔진이다(그림 8-11). OPA를 사용하면 정책을 코드로 지정할 수 있으며 소프트웨어와 통합할 수 있는 간단한 API를 제공한다.

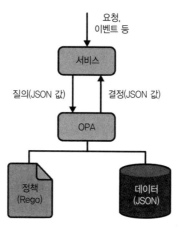

그림 8-11 OPA 작동 방식

OPA 정책은 Rego라는 선언적 언어로 만들어진다(정책 언어 문서(https://oreil.ly/7wBtm) 참조). 그런 다음 호스트의 OPA 서비스에 정책이 배포된다. 8장에서 논의한 많은 시스템과 달리 OPA는 어떠한 집행도 수행하지 않는다. 오히려 정책 결정을 수행한다. OPA는 정책과 데이터를 평가해 클라이언트로 다시 전송되는 쿼리 결과를 생성한다. 정책은 고급 선언적 언어로 작성되며 API를 통해 원격이나 로컬 파일 시스템을 통해 OPA에 동적으로 로드할 수 있다.

OPA는 쿠버네티스, SSH, Sudo 및 Envoy와 같은 타사 서비스/시스템이 다음과 같은 질문에 답하기 위해 사용할 수 있는 REST API를 제공한다.

- 어떤 사용자가 어떤 리소스에 액세스할 수 있는지

- 어떤 서브넷에 외부 트래픽이 허용되는지

- 어떤 클러스터로 워크로드를 배포해야 하는지

- 어떤 레지스트리의 바이너리가 다운로드되는지

- 어떤 OS 기능이 컨테이너와 실행되는지

- 어떤 시간에 시스템에 액세스하는지

자세한 내용은 OPA REST API 문서 페이지(https://oreil.ly/ 3blq5)에서 확인할 수 있다. OPA가 제공하는 주요 API는 다음과 같다.

`GET /v1/policies`

모든 정책 가져오기

`GET /v1/policies/⟨name⟩`

특정 정책 가져오기

`PUT /v1/policies/⟨name⟩`

정책을 생성하거나 업데이트

`DELETE /v1/policies/⟨name⟩`

정책 삭제

`GET/POST /v1/data/⟨name⟩`

문서를 생성하거나 반환

OPA를 사용하면 여러 인프라의 여러 보안 정책을 하나의 시스템으로 중앙 집중화할 수 있다. OPA 에코시스템 페이지(https://oreil.ly/qirGh)에서 OPA 통합의 전체 목록을 확인할 수 있다. OPA가 없으면 소프트웨어에 관한 정책 관리를 처음부터 구현해야 한다. 정책 언어(구문과 의미)와 평가 엔진과 같은 필수 컴포넌트는 고객을 위한 올바른 동작과 긍정적인 사용자 경험을 보장하기 위해 신중하게 설계, 구현, 테스트, 문서화 및 유지 관리해야 한다.

쿠버네티스에서 OPA 배포

쿠버네티스에 OPA를 배포하는 것은 간단하다.

1. 배포 정의 파일(deployment-opa.yaml)을 생성한다.

```
apiVersion: apps/v1
kind: Deployment
```

```
metadata:
  name: opa
  labels:
    app: opa spec:
  replicas: 1
  selector:
    matchLabels:
      app: opa
  template:
    metadata:
      labels:
        app: opa
      name: opa
    spec:
      containers:
      - name: opa
        image: openpolicyagent/opa:edge
        ports:
        - name: http
          containerPort: 8181
        args:
        - "run"
        - "--ignore=.*"  # exclude hidden dirs created by Kubernetes
        - "--server"
        - "/policies"
        volumeMounts:
        - readOnly: true
            mountPath: /policies
            name: policy
      volumes:
      - name: policy
        configMap:
          name:  policy
```

2. 서비스 정의 파일(service-opa.yaml)을 생성한다.

```
kind: Service
apiVersion: v1
metadata:
  name: opa
```

```
    labels:
        app: opa
  spec:
    type: NodePort
    selector:
        app: opa
  ports:
    - name: http
      protocol: TCP
    port: 8181
      targetPort: 8181
```

3. 두 개의 파일을 적용한다.

```
$ kubectl create -f deployment-opa.yaml
$ kubectl create -f service-opa.yaml
```

OPA를 사용한 정책 배포

앞서 언급했듯이 OPA는 일반화된 정책 엔진이며 많은 소프트웨어 에코시스템(https://
oreil.ly/qirGh)과 연결할 수 있다. 이 예에서는 OPA를 사용해 시스템에 SSH 액세스를
프로비저닝한다.

이 예에서는 세 개의 그룹이 있다.

sre

모든 애플리케이션의 관리자다.

foo-frontend

foo-frontend 애플리케이션의 기여자[contributor]다.

bar-backend

bar-backend 애플리케이션의 기여자[contributor]다.

우리는 다음 정책을 적용할 것이다.

- sre 그룹은 모든 호스트에 SSH로 연결하고 sudo 명령을 실행할 수 있다.

- 애플리케이션 개발과 관련된 그룹의 다른 사용자는 호스트에 로그인할 수 있지만, sudo 명령을 실행할 수는 없다.

다음 예에서는 sre 그룹과 애플리케이션과 관련된 그룹에 대한 SSH 권한 부여를 허용하는 정책을 생성한다.

```
package sshd.authz

import input.pull_responses
import input.sysinfo

import data.hosts

# 기본적으로 사용자에게는 권한이 없다.
default allow = false

# "관리자" 역할이 있는 모든 사용자에게 액세스를 허용한다.
allow {
    data.roles["sre"][_] == input.sysinfo.pam_username
}

# 호스트에서 실행되는 코드에 기여한 모든 사용자에게 액세스를 허용한다.
#
# 이 rule은 "/etc/host_identity.json." 파일에서 "host_id" 값을 가져온다.
# 위의 pull 정책에서 요청했기 때문에 "pull_responses" 아래의 입력에서 사용할 수 있다.
#
# 그런 다음 승인을 요청하는 사용자 이름과 해당 호스트의 모든 기여자를 비교한다.
allow {
    hosts[pull_responses.files["/etc/host_identity.json"].host_id].contributors[_] == \
        sysinfo.pam_username
}

# 사용자가 권한이 없다면, 오류 메시지로 응답한다.
errors["Request denied by administrative policy"] {
```

```
    not allow
}
```

sre 그룹에 대해서만 sudo 액세스를 허용하는 두 번째 정책을 생성한다.

```
package sudo.authz

# 기본적으로 사용자에게는 권한이 없다.
default allow = false

# "관리자" 역할이 있는 모든 사용자에게 액세스를 허용한다.
allow {
    data.roles["sre"][_] == input.sysinfo.pam_username
}

# 사용자가 권한이 없다면, 오류 메시지로 응답한다.
errors["Request denied by administrative policy"] {
    not allow
}
```

이제 다음 두 가지 정책을 모두 OPA에 등록할 수 있다.

```
curl -X PUT --data-binary @sshd_authz.rego localhost:8181/v1/policies/sshd/authz
curl -X PUT --data-binary @sudo_authz.rego localhost:8181/v1/policies/sudo/authz
```

이 명령이 성공적으로 실행되면, 정책이 적용되고 sre 그룹의 사용자만 모든 머신에 대한 SSH와 sudo 액세스 권한을 갖게 된다. 한편, 관련 서비스 그룹은 서비스가 배포된 시스템에 대한 SSH 액세스 권한만 갖는다.

요약

클라우드 네이티브 인프라를 운영하면 운영자에게 많은 이점을 제공하지만 인프라가 제대로 보호되지 않으면 비즈니스에 심각한 위험을 초래할 수 있다. 8장에서 인프라를 보호하고 감사하는 방법을 검토했다.

먼저 CNI 표준을 살펴보고 이 표준이 플라넬, 실리움과 같은 다른 플랫폼의 기반이 되는 방법을 살펴봤다. 그리고 이런 시스템을 사용해 클라우드 인프라에 연결하고 네트워크 보안을 제공하는 방법을 관찰했다. 그런 다음 Azure Policy를 통해 클라우드 인프라를 관리하기 위한 비네트워크 정책 메커니즘과 Open Policy Agent를 통한 애플리케이션 정책을 살펴봤다. 보안 네트워크 설정과 잘 정의된 정책을 사용해 클라우드 인프라를 구축하면 인프라를 안전하게 확장할 수 있다. 이제 컨테이너와 클라우드 네트워킹의 기본 사항을 이해했으니 클라우드에서 데이터를 저장하고 제공하는 방법을 이해해보자.

## 9장

분산 데이터베이스와 스토리지: 중앙 은행

클라우드 네이티브 인프라를 구축 시 극복해야 할 가장 큰 장애물 가운데 하나는 온라인과 오프라인에서 모두 사용할 수 있는 안정적이고 확장 가능한 스토리지를 운영하는 일이다. 클라우드에서 실행되는 스토리지 서비스의 초기 반응은 냉담했지만 많은 클라우드 네이티브 스토리지 프로젝트가 성공했다. 가장 눈에 띄는 것은 Vitess이다. Azure를 포함한 클라우드 서비스는 가상 머신과 가상 머신 확장 집합을 위한 관리 디스크(https://oreil.ly/7Jrlz)와 고급 스토리지 계정(예: Gen2) 및 관리형 데이터베이스 서비스(예: MySQL, SQL Server 및 Redis)에도 상당한 투자를 했다. 이 모든 것이 Azure 클라우드에서 스토리지를 최고 수준의 개념으로 만들었다. 9장에서는 Azure에서 스토리지 솔루션을 규모에 맞게 실행해야 하는 이유와 관리하기 쉬운 방식으로 오케스트레이션할 수 있는 방법을 알아본다.

클라우드 네이티브 아키텍처에서의 분산 데이터베이스 필요성

Azure는 많은 관리형 데이터(SQL과 NoSQL 모두) 솔루션을 제공하지만, 때로는 클라우드에서 실행 시 더 크고 특별한 설정을 해야 할 수도 있다. 자체 운영되는 CNCF 데이터베이스 프로젝트의 에코시스템(https://oreil.ly/VfsnY)을 통해 Azure PaaS 서비스가 제공하는 것보다 큰 규모로 확장하고 더 많은 기능과 성능 옵션을 제공할 수 있다.

9장에서 자세히 설명하겠지만 CNCF 환경은 주로 클라우드 운영을 위해 설계된 스토리지 솔루션 세트가 있다. 이런 시스템의 이점은 서버 관리 오버헤드가 최소화되면서도 시스템을 완전히 제어할 수 있다는 것이다.

9장에서는 CNCF 환경의 일부인 성숙한 데이터 저장소 중 일부를 살펴본다. Vitess, Rook, TiKV, etcd는 모두 엄청난 규모로 확장할 수 있는 성숙한 클라우드 데이터 저장소이며 Azure에서 최고의 데이터 시스템으로 실행되고 있다. 이러한 시스템은 클라우드 인프라에서 운영되는 데이터 에코시스템의 기본 컴포넌트를 나타낸다.

AKS에서 상태 저장 워크로드 실행

이 글을 쓰는 시점에서 AKS(Azure Kubernetes Service)는 여러 가용 영역(즉, 리전 내의 여러 데이터 센터)을 지원한다. 그러나 다중 장애 도메인은 지원하지 않는다. 즉, AKS 클러스터가 하나의 가용성 영역에만 있는 경우 클러스터의 여러 노드를 사용할 수 없기 때문에 이론적으로 가동 중지 시간이 발생할 수 있다. AKS가 장애 도메인을 지원할 때까지 AKS 클러스터를 여러 가용 영역에 분할하는 것이 좋다.

Azure 스토리지와 데이터베이스 옵션

클라우드 데이터 저장소 구축을 시작하기 전에 유스 케이스, 특히 구축하려는 스토리지, 성능 및 비용을 철저히 평가해야 한다. Azure의 PaaS 서비스는 특정한 유스 케이스에서는 CNCF 제품을 사용하는 것보다 더 적합할 수 있다. 예를 들어 Azure의 Hadoop Distributed File System[HDFS] 스토리지 제품인 Gen2 스토리지 계정은 대용량 데이터를 저장하기 위한 매우 경제적인 솔루션이다.

이 글을 쓰는 시점에서 Azure는 다음과 같은 스토리지와 데이터베이스 PaaS 서비스를 제공한다.

- Azure Cosmos DB
- Azure Cache for Redis
- Azure Database for:
  - MySQL

- PostgreSQL

- MariaDB

- Storage accounts(blob, Network File System^{NFS} 및 hierarchical storage 제공)

- Azure Storage Explorer

특히 PaaS 서비스의 성능, 가용성, 비용을 고려해 Azure 제품의 성능을 평가하고 유스 케이스에 맞는 시스템을 사용하고 있는지 확인하는 것이 좋다. Azure는 비용 모델링에 매우 유용한 가격 계산기 도구(https://oreil.ly/EPxmK)를 제공한다.

Azure PaaS 서비스가 요구 사항에 맞지 않는다고 생각되면 9장을 계속 읽고 다른 잠재적인 데이터 스토리지 솔루션을 알아보자.

Vitess 소개: 분산 샤딩 MySQL

Vitess(https://vitess.io)는 MySQL과 MariaDB의 수평적 확장을 위한 데이터베이스 클러스터 시스템이다. 데이터베이스를 보호하고 확장하기 위한 수단으로 2010년 YouTube 엔지니어가 만들었다. 성능, 보안 및 모니터링을 지원하는 여러 기능을 포함하지만, 가장 중요한 것은 데이터베이스 토폴로지를 관리하고 수직 및 수평 샤딩 그리고 리샤딩을 최고 수준으로 지원하는 강력한 도구를 제공한다는 것이다. 여러 측면에서 NoSQL 방식으로 SQL 데이터베이스를 운영할 수 있게 하면서, 관계형 데이터베이스의 모든 이점을 얻을 수 있다.

Vitess를 사용하는 이유

스스로에게 물어보자. "Azure Cosmos DB를 사용하는 대신 Vitess를 실행해야 하는 이유는 무엇인가?" Cosmos DB는 전 세계적으로 분산된 쓰기와 복제본을 위한 매력적인 옵션이지만 현재 비용 모델에서 대규모(초당 수천 개의 쿼리)로 실행하기에는 막대한 비용이 든다. 때문에 Vitess와 같은 시스템은 더 폭넓은 사용자 정의가 가능한 설정으로 높은 처리량의 관계형 데이터베이스가 필요한 사람들에게 매력적인 제품이다.

Vitess는 다음과 같은 장점을 제공한다.

확장성

개별 스키마를 확장하고 축소할 수 있다.

관리 용이성

중앙 컨트롤 플레인은 모든 데이터베이스 관련 작업을 관리한다.

보호

쿼리를 재작성하고, 쿼리 거부 목록을 작성하며, 테이블 수준 ACL^{액세스 제어 목록}을 추가
할 수 있다.

샤드 관리

데이터베이스 샤드를 쉽게 생성하고 관리할 수 있다.

성능

클라이언트 연결 풀링과 쿼리 중복 제거를 포함해 많은 내부 기능이 성능 개선을 위
해 만들어졌다.

Vitess는 관계형 데이터베이스의 운영 및 스케일링 오버헤드와 클러스터 상태를 관리하
는 데 도움이 된다. 또한 Vitess는 기존 클라우드 데이터베이스 제품(Cosmos DB 포함)
보다 광범위한 구성을 제공하므로, 확장과 복제 요구 사항을 충족시킨다.

Vitess 아키텍처

Vitess는 미들웨어 스타일의 시스템을 만들어 샤딩을 서비스 형태로 제공하는 동시에
MySQL을 사용해 데이터를 저장한다. 클라이언트 애플리케이션은 VTGate로 알려진 데
몬에 연결한다(그림 9-1 참조). VTGate는 쿼리를 적절한 VTTablet 인스턴스로 라우팅
하는 클러스터 인식 라우터이며, 이 인스턴스는 MySQL의 각 인스턴스를 관리한다. 토
폴로지 서비스는 데이터가 저장되는 위치와 각 VTTablet 인스턴스의 데이터 서비스 기
능을 포함해 인프라의 토폴로지를 저장한다.

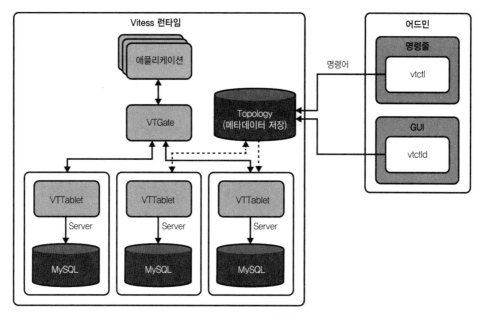

그림 9-1 Vitess 아키텍처

Vitess는 또한 'vtctl, CLI'와 'vtctld, 웹 인터페이스' 두 가지 관리 인터페이스를 제공한다.

VTGate는 클라이언트에서 데이터베이스로 쿼리를 라우팅하기 위한 쿼리 라우터(또는 프록시)이다. 클라이언트는 VTGate 인스턴스가 있는 위치를 제외하고는 아무것도 알 필요가 없다. 즉, 클라이언트-서버 아키텍처가 간단해진다.

쿠버네티스에 Vitess 배포

Vitess는 쿠버네티스에 대한 최고 수준의 지원을 제공하며 매우 간단히 시작할 수 있다. 이 과정에서는 클러스터와 스키마를 만든 다음 클러스터를 확장한다.

1. 먼저 Vitess 리포지터리를 복제하고 vitess/examples/operator 폴더로 이동한다.

```
$ git clone https://github.com/vitessio/vitess.git
$ cd vitess/examples/operator
```

2. 이제 다음을 실행해 쿠버네티스 operator를 설치한다.

```
$ kubectl apply -f operator.yaml
```

3. 그런 다음, 다음을 실행해 초기 Vitess 클러스터를 생성한다.

```
$ kubectl apply -f 101_initial_cluster.yaml
```

4. 다음과 같이 초기 클러스터 설치가 성공했는지 확인할 수 있다.

```
$ kubectl get pods
NAME                                             READY  STATUS   RESTARTS  AGE
example-etcd-faf13de3-1                          1/1    Running  0         78s
example-etcd-faf13de3-2                          1/1    Running  0         78s
example-etcd-faf13de3-3                          1/1    Running  0         78s
example-vttablet-zone1-2469782763-bfadd780       3/3    Running  1         78s
example-vttablet-zone1-2548885007-46a852d0       3/3    Running  1         78s
example-zone1-vtctld-1d4dcad0-59d8498459-kwz6b   1/1    Running  2         78s
example-zone1-vtgate-bc6cde92-6bd99c6888-vwcj5   1/1    Running  2         78s
vitess-operator-8454d86687-4wfnc                 1/1    Running  0         2m29s
```

이제 두 개의 레플리카로 실행되는 작은 단일 영역 Vitess 클러스터가 있다.

자세한 데이터베이스 운영 예제는 Vitess Kubernetes Operations 예제 페이지(https://oreil.ly/23I3O)에서 확인할 수 있다.

가장 일반적인 사용 사례 중 하나는 데이터베이스 레플리카를 추가하거나 제거하는 것이다. 다음을 실행해 이 작업을 쉽게 수행할 수 있다.[1]

```
$ kubectl edit planetscale.com example

# replicas를 추가하거나 제거하려면 해당 리소스의 replicas 필드를 원하는 값으로 변경한다.

keyspaces:
- name: commerce
  turndownPolicy: Immediate
```

---

1 아래 명령어는 리소스 타입을 명시하는 부분이 누락된 것으로 보인다. kubectl edit VitessCluster.planetscale.com example 명령어를 입력해 값을 수정할 수 있다. – 옮긴이

```
partitionings:
- equal:
      parts: 1
      shardTemplate:
        databaseInitScriptSecret:
          name: example-cluster-config
          key: init_db.sql
        replication:
          enforceSemiSync: false
        tabletPools:
        - cell: zone1
            type: replica
            replicas: 2 # Change this value
```

 분산 데이터 스토리지 구축 시 고려해야 할 사항 중 하나는 장애 도메인의 크기를 결정하는 것
이다. Vitess는 서버당 최대 250GB의 데이터를 저장할 것을 권장한다. 여기에는 MySQL의 성
능상의 이유도 있지만, 샤드 크기/장애 도메인이 클수록 다른 일반적인 운영 작업이 더 어려워
지기 때문이다. Vitess가 서버당 250GB를 권장하는 이유에 관한 자세한 내용은 Vitess 블로그
(https://oreil.ly/VSi3J)를 참조한다.

Rook 소개 : 쿠버네티스의 스토리지 오케스트레이터

지금까지 관계형 SQL 데이터베이스 스토리지와 고성능 서비스를 설명했지만 클라우드
에서는 서비스를 제공하고 운영해야 하는 다른 유형의 스토리지가 있다. 이를 Blob 파
일 시스템이라고 한다. Blob 스토리지는 관계형 데이터베이스에 적합하지 않은 이미지,
비디오, 기타 파일을 저장하는 데 적합하다. Blob 스토리지에는 많은 양의 데이터를 효
율적으로 저장하고 복제하는 것과 관련해 추가적인 문제가 있다.

Rook(https://rook.io)은 파일, 블록, 오브젝트 오픈소스 클라우드 네이티브 스토리지 오케
스트레이터이며 소프트웨어 정의 Blob 스토리지를 제공한다. Rook은 2018년에 CNCF
프로젝트로 졸업했으며 쿠버네티스에서 스토리지를 실행하도록 특별히 설계됐다.
Vitess와 마찬가지로 Rook은 자가 확장과 자가 치유를 포함해 클러스터의 많은 일상
적인 작업을 관리한다. 또한 재해 복구, 모니터링 및 업그레이드와 같은 작업을 자동화
한다.

Rook 아키텍처

Rook은 실제 스토리지 솔루션이 아닌 쿠버네티스 오케스트레이터다. Rook은 다음의 스토리지 시스템을 지원한다.

- Ceph: 수년 동안의 프로덕션 배포를 해온 블록 스토리지, 오브젝트 스토리지 및 공유 파일 시스템을 위한 확장성이 뛰어난 분산 스토리지 솔루션
- Cassandra: 매우 빠른 성능, 조정 가능한 일관성 및 대규모 확장성을 특징으로 하는 고가용성 NoSQL 데이터베이스
- NFS: 원격 호스트가 네트워크를 통해 파일 시스템을 마운트하고 로컬에 마운트 된 것처럼 해당 파일 시스템과 상호작용 가능

Rook은 쿠버네티스 클러스터에서 여러 스토리지 제공자를 오케스트레이션할 수 있다. 각각 리소스를 배포하고 관리하기 위한 자체 operator가 있다.

쿠버네티스에 Rook 배포

이 예에서는, Rook(Cassandra) 쿠버네티스 operator를 사용해 Cassandra 클러스터를 배포한다. Rook을 통해 Ceph 클러스터를 배포하는 경우, Helm 차트(https://oreil.ly/NCQxr)로 배포할 수도 있다.

1. Rook operator를 복제한다.

```
$ git clone --single-branch --branch master https://github.com/rook/rook.git
```

2. operator를 설치한다.

```
$ cd rook/cluster/examples/kubernetes/cassandra
$ kubectl apply -f operator.yaml
```

3. 다음을 실행해 operator가 설치됐는지 확인할 수 있다.

```
$ kubectl -n rook-cassandra-system get pod
```

4. 이제 cassandra 폴더로 이동해 클러스터를 생성한다.

```
$ cd rook/cluster/examples/kubernetes/cassandra
$ kubectl create -f cluster.yaml
```

5. 원하는 모든 노드가 실행 중인지 확인하려면 다음 명령을 실행한다.

```
$ kubectl -n rook-cassandra get pod -l app=rook-cassandra
```

쿠버네티스의 kubectl edit 명령을 사용해 Cassandra 클러스터를 확장하고 축소하는
것은 매우 쉽다. Spec.Members 값을 up이나 down으로 변경해 상황에 따라 클러스터를
조정할 수 있다.

```
$ kubectl edit clusters.cassandra.rook.io rook-cassandra
# rack을 확장하려면, rack의 Spec.Members 필드를 원하는 값으로 변경한다.
# rack을 축소하려면, rack의 Spec.Members 필드를 원하는 값으로 변경한다.
# yaml을 수정하고 저장한 후, 무슨 일이 일어나고 있는지 클러스터의 상태와 이벤트 정보를
# 확인한다 :

apiVersion: cassandra.rook.io/v1alpha1
kind: Cluster
metadata:
  name: rook-cassandra
  namespace: rook-cassandra
spec:
  version: 3.11.6
  repository: my-private-repo.io/cassandra
  mode: cassandra
  annotations:
  datacenter:
    name: us-east2
    racks:
      - name: us-east2
        members: 3 # Change this number up or down
```

```
$ kubectl -n rook-cassandra describe clusters.cassandra.rook.io rook-cassandra
```

 Cassandra 구성에 관한 자세한 내용은 Cassandra CRD 문서(https://oreil.ly/jBH6b)에서 확인
할 수 있다.

마찬가지로 Ceph(https://oreil.ly/tY2ZZ)와 NFS(https://oreil.ly/eAoSJ) 클러스터는 Rook operator를 사용해 쉽게 배포할 수 있다.

TiKV 소개

PingCAP, Inc.에서 만든 TiKV^{Titanium Key-Value}(https://tikv.org)는 오픈소스, 분산 및 트랜잭션 키-값 저장소다. 다른 많은 키-값 시스템과 NoSQL 시스템과 달리, TiKV는 원자성, 일관성, 격리 및 내구성^{ACID} 준수를 제공하는 트랜잭션 API와 간단한(원시) API를 제공한다.

TiKV를 사용하는 이유

TiKV는 다음과 같은 기능을 제공한다.

- 지역 복제

- 수평적 확장성

- 일관된 분산 트랜잭션

- 보조 프로세서 지원

- 자동 샤딩

TiKV는 자동 샤딩 및 지역 복제 기능과 100TB 이상의 데이터를 저장하도록 확장할 수 있는 기능을 가진 매력적인 옵션이다. 또한 복제를 위해 Raft 프로토콜을 사용해 강력한 합의 보장을 제공한다.

TiKV 아키텍처

앞서 언급했듯이 TiKV에는 다양한 유스 케이스에 사용할 수 있는 원시^{raw} API, 트랜잭션 API 두 가지가 있다. 표 9-1에는 이 두 API 간의 차이점이 요약돼 있다.

표 9-1 TiKV API: 원시 대 트랜잭션

	원시(raw)	트랜잭션
설명	개별 키-값 쌍과 직접 상호작용하기 위한 하위 수준 키-값 API	ACID 의미 체계를 제공하는 상위 수준 키-값 API
원자성	단일 키	다중 키
다음 경우에 사용...	애플리케이션에 분산 트랜잭션이나 다중 버전 동시성 제어(multiversion concurrency control, MVCC)가 필요하지 않다.	애플리케이션에 분산 트랜잭션 또는 MVCC가 필요하다.

TiKV는 그림 9-2와 같이 RocksDB를 각 노드의 스토리지 컨테이너로 활용하고, Raft 그룹을 활용해 분산 트랜잭션을 제공한다. Placement 드라이버는 클러스터 관리자 역할을 하며 모든 샤드가 복제 제약 조건을 충족하고 데이터가 풀에서 로드 밸런싱됐는지 확인한다. 마지막으로 클라이언트는 성능에 최적화된 Google 원격 프로시저 호출(gRPC) 프로토콜을 사용해 TiKV 노드에 연결한다.

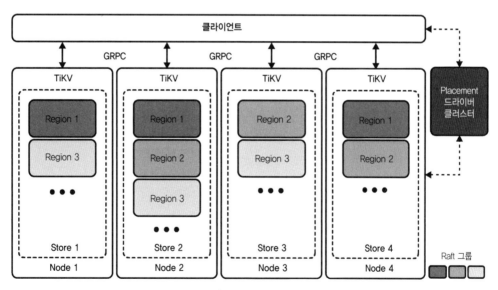

그림 9-2 TiKV 아키텍처

TiKV 노드(그림 9-3 참조) 내에서 RocksDB는 기본 스토리지 메커니즘을, Raft는 트랜잭션에 대한 합의를 제공한다. TiKV API는 클라이언트가 상호작용할 수 있는 인터페이스를 제공하고, corprocessor는 SQL과 유사한 쿼리를 처리하며 기본 저장소에서 결과를 조합한다.

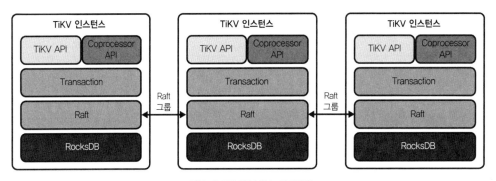

그림 9-3 TiKV 인스턴스 아키텍처

쿠버네티스에 TiKV 배포

TiKV는 앤서블, 도커 및 쿠버네티스를 포함한 여러 자동화 방법을 통해 배포할 수 있다. 다음 예제에서 쿠버네티스와 Helm을 사용해 기본 클러스터를 배포할 것이다.[2]

1. TiKV 사용자 지정 리소스 정의를 설치한다.

```
$ kubectl apply -f https://raw.githubusercontent.com/tikv/tikv-operator/master/ \
  manifests/crd.v1beta1.yaml
```

2. Helm operator를 탐색해야 한다. 먼저 PingCap 리포지터리를 추가한다.

```
$ helm repo add pingcap https://charts.pingcap.org/
```

3. 이제 `tikv-operator`에 대한 네임스페이스를 생성한다.

```
$ kubectl create ns tikv-operator
```

---

2   https://github.com/tikv/tikv-operator/blob/master/docs/getting-started.md 사이트를 참고해 TiKV를 배포한다. – 옮긴이

4. operator를 설치한다.

```
$ helm install --namespace tikv-operator tikv-operator pingcap/tikv-operator \
  --version v0.1.0
```

5. 클러스터를 배포한다.

```
$ kubectl apply -f https://raw.githubusercontent.com/tikv/tikv-operator/master/ \
  examples/basic/tikv-cluster.yaml
```

6. 다음을 실행해 배포 상태를 확인할 수 있다.

```
$ kubectl wait --for=condition=Ready --timeout 10m tikvcluster/basic
```

이렇게 하면 1GB의 스토리지와 placement 드라이버[PD] 인스턴스가 있는 단일 호스트 스토리지 클러스터가 생성된다.

요구 사항에 맞게 클러스터 정의에서 **replicas**와 **storage** 매개변수를 수정할 수 있다. 중복성을 위해 최소 3개의 레플리카로 스토리지를 실행하는 것이 좋다. 예를 들어 kubectl edit ikv.org TikvCluster[3]를 실행하고 **replicas**를 4로, **storage**를 500Gi로 수정한다.

```
apiVersion: tikv.org/v1alpha1
kind: TikvCluster
metadata:
  name: basic
spec:
  version: v4.0.0
  pd:
    baseImage: pingcap/pd
    replicas: 4
    # storageClassName이 설정되지 않은 경우 쿠버네티스 클러스터의
    # 기본 스토리지 클래스가 사용된다.
    # storageClassName: local-storage
    requests:
      storage: "1Gi"
```

---

3 해당 명령어는 리소스 타입을 추가 명시해줘야 한다. kubectl edit TikvCluster.tikv.org basic 명령어를 이용해 편집 가능하다. – 옮긴이

```
    config: {}
tikv:
  baseImage: pingcap/tikv
  replicas: 4
    # storageClassName이 설정되지 않은 경우 쿠버네티스 클러스터의
    # 기본 스토리지 클래스가 사용된다.
    # storageClassName: local-storage
    requests:
      storage: "500Gi"
    config: {}
```

이제 500GB 스토리지 파티션의 replicas 4개를 얻을 수 있다.

etcd에 대해 더 살펴보기

우리는 이 책 전체에서 etcd를 (조용히) 활용했다. 여기서 etcd에 대해 자세히 이야기하는 시간을 가질 것이다.

etcd는 분산 시스템에서 사용하기 위한 강력하게 일관된(Raft 합의(https://raft.github.io))의 분산 키-값 저장소다. etcd는 네트워크 중단, 예기치 않은 노드 다운타임과 같은 장애를 잘 처리하고, 리더를 잘 선택하도록 설계됐다. etcd에는 간단한 API(그림 9-4)가 있고, 이 책에서 논의한 많은 시스템(예: 쿠버네티스, TiKV, 캘리코Calico 및 Istio)에서 이를 내부적으로 활용한다.

종종 etcd는 구성 값, 기능 플래그 및 서비스 디스커버리 정보를 키-값 형식으로 저장하는 데 사용된다. 클라이언트는 etcd를 통해서 저장된 항목의 변경 사항을 관찰하고 변경될 때 자체적으로 재구성할 수 있다. etcd는 리더십 선거와 잠금 용도에도 적합하다. etcd는 쿠버네티스의 서비스 디스커버리 백엔드와 Rook의 오케스트레이션에 사용된다.

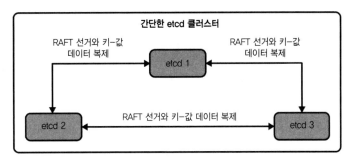

그림 9-4 etcd 운영 아키텍처

핵심 인프라에 etcd를 활용하려 한다면, 이 인프라가 안정적으로 실행되는 것이 얼마나 중요한지 빠르게 이해할 수 있다. etcd 클러스터는 인프라의 중요한 부분이므로, Azure 에서 안정적인 etcd 클러스터를 보장하기 위해 다음을 권장한다.

하드웨어 플랫폼

일관된 키-값 저장소 성능은 기반 하드웨어의 성능에 크게 좌우된다. 키-값 클러스터의 성능이 나쁘면 분산 시스템의 성능에 심각한 영향을 미칠 수 있다. etcd도 마찬가지다. 초당 수백 건의 트랜잭션을 수행하는 경우 성능 저하를 방지하기 위해 가상 머신에 관리형 솔리드 스테이트 드라이브^{SSD}를 사용해야 한다(프리미엄이나 울트라 SSD를 권장한다). etcd를 실행하려면 최소 4개의 코어가 필요하며 처리량은 CPU 코어의 증가에 따라 확장된다. 일반 하드웨어 페이지(https://oreil.ly/Tisu4)와 AWS 가이드(https://etcd. io/docs/v3.6/)에서 클라우드의 용량 계획과 하드웨어 구성에 대한 자세한 정보를 찾을수 있다(etcd는 현재 Azure와 관련된 가이드를 게시하지 않았다).

다음 Azure SKU에서 etcd를 실행하기를 권장한다.

- Standard_D8ds_v4(8코어 CPU)
- Standard_D16ds_v4(16코어 CPU)

이러한 SKU를 사용하면 프리미엄이나 울트라 SSD를 연결할 수 있으므로 클러스터의 성능이 향상된다.

이 책에서 논의한 모든 프로덕션 유스 케이스와 마찬가지로, 모든 Azure 컴퓨팅 인스턴스에서 가속화된 네트워킹을 활성화하길 권장한다.

오토스케일링과 자동 재조정

오토스케일링과 자동 재조정auto-remediation이 etcd와 어떻게 작동하는지 논의하지 않는 것은 태만이다. 용량 추가나 감소가 클러스터 성능에 부정적인 영향을 미치는 경우 의도하지 않은 결과가 발생할 수 있으므로 etcd에 대한 오토스케일링은 권장되지 않는다. 즉, 잘못된 etcd 인스턴스의 자동 재조정(자가 치유)을 활성화하는 것은 괜찮다. 쿠버네티스 클러스터에서 다음 명령을 실행해 etcd에 대한 오토스케일링을 비활성화할 수 있다.

```
$ kubectl delete hpa etcd
```

이렇게 하면 쿠버네티스에서 클러스터를 자동으로 확장하고 축소하는 데 사용되는 HPA수평 포드 오토스케일러가 비활성화된다. HPA에 관한 자세한 정보는 쿠버네티스 문서(https://oreil.ly/bI14A)에서 찾을 수 있다.

Azure 오토스케일링

Azure는 가상 머신 확장 집합과 Azure function을 비롯한 여러 제품에서 오토스케일링을 제공한다. 오토스케일링 기능을 사용하면 적절할 때 리소스를 효율적으로 확장하고 축소할 수 있다. 가상 머신 확장 집합을 사용하면 수평 확장 시 새 가상 머신을 사용할 수 있게 되기까지 최대 10분이 지연될 수 있다.

가용성과 보안

etcd는 컨트롤 플레인 서비스이므로 높은 가용성과 안전한 통신이 중요하다. 클러스터의 가용성을 보장하려면 클러스터에서 최소 3개의 etcd 노드를 실행하는 것이 좋다. 클러스터 처리량은 스토리지 성능에 따라 달라진다. 클러스터 노드에 정적 디스커버리 메커니즘을 사용하는 대신 etcd 클러스터링 가이드(https://oreil.ly/ASLjZ)에 따라 DNS SRV

레코드를 사용하는 것이 좋다.

etcd TLS

etcd는 클라이언트–서버와 피어(서버–서버) TLS^(전송 계층 보안) 암호화를 지원한다. etcd는 컨트롤 플레인 시스템이므로 활성화하는 것을 권장한다. 구현에 관한 자세한 내용은 여기서 다루지 않는다(인프라에 크게 의존하기 때문이다). 구성 옵션은 etcd 보안 문서(https://oreil.ly/U4OeV)에서 찾을 수 있다.

역할 기반 액세스 제어

etcd v2.1부터 RBAC^(역할 기반 액세스 제어)는 etcd API의 기능이 됐다. RBAC를 사용해 특정 사용자(또는 애플리케이션)만 etcd 데이터의 하위 집합에 액세스할 수 있도록 하는 액세스 패턴을 만들 수 있다. 전통적으로 이는 etcd에 HTTP 요청을 할 때 HTTP 기본 인증을 제공해 이뤄진다. etcd v3.2부터 `--client-cert-auth=true` 구성 옵션을 사용하는 경우, 클라이언트 TLS 인증서의 일반 이름^(CN, Common Name)이 사용자로 사용된다(사용자 이름/암호 조합 대신).

etcd의 RBAC 문서(https://oreil.ly/TMMOU)에서 etcd 데이터 공간에 RBAC를 적용하는 방법의 예를 찾을 수 있다.

요약

일반적인 오해에도 불구하고, Azure에서 대규모 데이터 시스템을 네이티브로 실행할 수 있다. 9장에서는 Azure 클라우드에서 클라우드 네이티브 데이터 시스템을 사용하는 것이 왜 유리한지 검토했다. 또한 Vitess(관계형), Rook(blob), TiKV(키-값) 및 etcd(키-값 구성/서비스 검색)의 네 가지 시스템을 다뤘다.

이러한 시스템은 온라인 데이터를 저장하고 제공하는 클라우드 네이티브 아키텍처의 기반이며 PaaS 컴포넌트를 활용하는 데 큰 이점을 제공한다. 이제는 관리에 적합한 소프트웨어가 무엇인지, 어떤 PaaS 서비스를 사용해야 하는지, 인프라에서 어떻게 구축해야 하는지 이해해야 한다.

클라우드, 특히 쿠버네티스는 스테이트풀 인프라를 실행하기에 훨씬 더 친숙한 곳이 됐다. Azure Gen2 스토리지 계정은 Blob 스토리지를 위한 훌륭한 리소스지만 클라우드 네이티브 소프트웨어는 오래 지속되는 대규모 스테이트풀 인프라를 구축하는 데 실제로 도움이 될 수 있다.

클라우드 환경에서 데이터를 저장하고 제공하는 방법을 이해했으니, 이제 실시간 메시징을 사용해 시스템 간에 데이터를 이동하는 방법을 알아보겠다.

메시지

10장에서는 클라우드 네이티브 아키텍처에서 메시징의 이점에 대해 논의하고 클라우드 네이티브 분산 시스템의 프로세스 간 통신의 기원과 진화를 이해할 수 있도록 메시징 패턴의 역사를 간단히 설명한다.

10장이 끝나면 최근 클라우드 네이티브 애플리케이션과 마이크로서비스에 사용되는 가장 일반적인 메시징 구현을 배포할 수 있을 것이다. 우리는 수년 동안 사용된 RabbitMQ와 Kafka와 같은 성숙한 메시징 솔루션의 기능을 비교하고 NATS에서 일반적인 메시징 패턴을 구현할 것이다. 책의 초점이 Azure에 맞춰진 만큼 테라폼을 사용해 Azure 메시징 제품을 관리한다. 또한 메시지를 생성 및 사용하는 것이 얼마나 쉬운지를 보여주는 Python 샘플 코드를 제공하고, Azure와 NATS에서 메시징 인프라의 배포를 검증할 것이다.

메시징의 필요성

애플리케이션과 시스템 컴포넌트가 거의 실시간으로 메시지를 전달하고 데이터를 교환하는 것은 클라우드에만 필요한 것이 아니며, 컨테이너 기반 마이크로서비스나 네트워크로 연결된 클라이언트/서버 애플리케이션에서도 새롭지 않다. 셸 프롬프트에서 명령을 파이프해본 사람이라면 누구나 메시징의 기본 형태인 프로세스 간 통신을 사용해본 적이 있을 것이다.

가장 기본적인 운영체제도 메시지를 전달하고 데이터를 공유하는 기능을 제공한다. 이 문제 공간(및 다양한 솔루션)은 1970년대로 거슬러 올라가며 2000년대, 특히 금융 서비스 산업에서 진화했다. 고객에게 주식 정보를 전달하고, 서비스 제공자와 다른 기관 간에 데이터를 교환하고, 주문을 처리할 필요가 있었다. 인터넷이나 엔터프라이즈 애플리케이션에서 가장 일반적으로 접하는 클라이언트/서버와는 달리, 메시징은 일반적으로 요청-응답 패러다임을 따르지 않고 송신자와 수신자 사이에 있는 중개자(브로커라고한다)에 의존해 통신이 비동기화된다. 이것이 왜 중요한지 곧 논의할 것이다.

2010년대에 클라우드가 성숙해지면서 가상 머신에서 실행되는 Amazon SQS와 Rabbit MQ 서버와 같은 메시징 관리 서비스의 사용으로 웹사이트의 안정성과 확장성이 높아졌다. 2010년대 중반까지 Kafka는 로그 집계, 클릭스트림 분석, 데이터 파이프라인과 같은 메시징 유스 케이스에서 널리 쓰이는 솔루션이 됐다. NATS는 경량이면서 고성능인 또 다른 메시징 구현체로서, 설치 공간을 더 작은 장치로 확장할 수 있고 운영하기 쉬워 에지 분석과 사물인터넷^{IoT} 유스 케이스에서 널리 쓰이고 있다.

큐와 메시징 게시/구독("pub/sub"으로 알려졌다) 패턴은 클라우드 공급자가 제공하는 초기 관리 서비스 중 하나였으며, Azure에는 Azure Event Grid, Azure Event Hubs, Azure Service Bus와 같은 여러 메시징 서비스가 있다. 이 메시징 서비스는 Java, .NET, Python 및 기타 SDK와 호환되는 표준 기반 프로토콜과 구현체를 제공한다. 이러한 서비스를 통해 기존 워크로드의 마이그레이션 또는 새로운 클라우드 네이티브 애플리케이션 개발이 가능하다.

그 역사를 더 자세히 알아보기 전에 인프라 내에서 또는 애플리케이션에서 메시징을 왜, 언제 사용해야 하는지 설명하겠다.

성능 및 처리량 향상

메시징 패턴(단순 큐이든 복잡한 게시/구독 패턴이든)을 사용하면 워크로드의 수평적 확장과 병렬화가 가능하다. Azure 가상 머신 확장 집합과 같은 가상 머신 오토스케일, 쿠버네티스를 통해 또는 클라우드 서비스를 통해 부하에 따라 생산자, 소비자 및 브로커를 스케일링할 수 있다.

복원력 증가

메시지를 교환하는 여러 발신자(생산자)와 수신자(소비자)를 가질 수 있으면 복원력이 향상된다. 또한 소비자가 처리하지 않는 동안에는 메시지가 큐에 누적된다는 사실(발신자는 계속 전송)은 메시지가 손실되지 않고 작업자에 대한 유지 관리를 수행할 수 있다는 것을 보장한다. 큐 패턴에 따라 시스템은 컴포넌트 간의 연결 오류와 생산자나 소비자의 애플리케이션 오류에서도 살아남을 수 있다.

비동기 작업 보장

비록 오늘날에는 Apache와 Nginx에서 두려운 502 게이트웨이 타임아웃 오류가 전처럼 자주 발생하지 않지만, 이러한 오류를 볼 때면 웹 서버의 응답 능력을 넘어서는 많은 수의 요청으로 인해 초기 웹사이트가 확장성 문제에 부딪힌 것을 생각하게 된다. 데이터베이스 클라이언트가 백엔드 데이터베이스에 연결하고 데이터베이스에 스레드가 부족하거나 소진되는 경우에도 동일한 원칙이 적용된다. 워커가 큐의 깊이를 기준으로 오토스케일링을 수행하면, 수요에 응답하는 메시지 처리 속도가 높아진다. 또한 메시지 큐는 더 작은 범위의 서비스 경계를 가능하게 하며, 이는 마이크로서비스 애플리케이션 아키텍처에서는 일반적이다. 마지막으로, 애플리케이션은 RPC나 REST API의 경우처럼 직접 통신하지 않기 때문에 표준 메시징 프로토콜을 구현한다고 가정하면 교환되는 데이터에 집중할 수 있다.

샘플 메시징 유스 케이스: 로그 수집(Ingestion)과 분석

메시지 큐를 아키텍처에 도입하는 실제 개선 사항 중 일부를 설명하기 위해, 구축하고 실행할 수 있는 서비스형 로그 분석 소프트웨어SaaS 솔루션을 설명할 것이다. 로그와 이벤트 처리는 메시징과 스트리밍 서비스를 구현하기 위한 일반적인 유스 케이스다.

이 제품은 온-프레미스 장치에서 시스템과 보안 로그를 수집 및 구문 분석해 전체 텍스트 검색엔진에 수집하고 보안 분석가가 네트워크에서 공격을 탐지하고 검색할 수 있도록 한다. 이 플랫폼에 대한 설명을 크게 단순화했지만 다음 예는 앞에서 나열한 메시지 큐를 도입할 때의 이점을 보여준다.

이 제품 아키텍처의 세 가지 세대를 살펴보고 메시징 사용이 어떻게 발전했는지 살펴보자.

1세대: 큐 없음

솔루션의 1세대는 그림 10-1과 같이 온프레미스 어플라이언스의 실시간 이벤트 모음으로, 로드 밸런서에 전송돼 여러 수집 및 검색 노드에 로그를 분산했다. 이는 (고객 사용패턴을 기반으로) 많은 수의 이벤트 때문에 수집 속도가 느려지고, 이로 인해 UI 검색에문제가 발생할 수 있는 밀접하게 결합된 아키텍처였다.

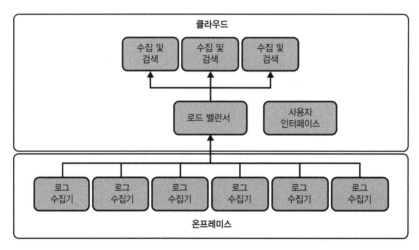

그림 10-1 1세대, 큐 없음

2세대: 클라우드 큐와 오브젝트 스토리지

이 솔루션의 두 번째 세대에서는 수집 API로 직접 전송하는 대신 클라우드 공급자의 오브젝트 스토리지와 메시지 대기열을 사용해 메시지 번들을 수집했다. 각 인덱스/검색노드에는 큐에서 메시지를 가져오는 경량 워커 프로세스가 있었다. 워커 프로세스에는그림 10-2와 같이 오브젝트 스토리지의 로그 번들에 대한 경로가 포함돼 있다.

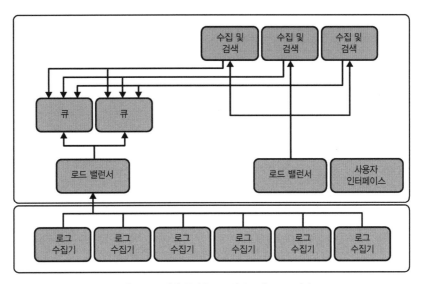

그림 10-2 2세대, 클라우드 큐와 오브젝트 스토리지

이 두 솔루션 모두 모놀리식 애플리케이션 아키텍처를 가지고 있으며, 이는 3세대 플랫폼에서 해결됐다. 또한 이 세대는 구문 분석 로직을 클라우드로 이전하여 온프레미스 고객팀의 운영 오버헤드를 줄였다.

3세대: 메모리 기반의 게시/구독 큐

3세대 플랫폼은 마이크로서비스 아키텍처와 고성능 메모리 기반 큐로 구현했다. 각각의 서비스는 큐를 통해 메시지를 처리하고 RDBMS 검색엔진 대신 문서 데이터베이스를 사용해 고급 분석을 제공할 수 있게 했다. 그림 10-3과 같이 장애와 성능 영역을 분리하고 시스템의 수평적 확장이 가능하다.

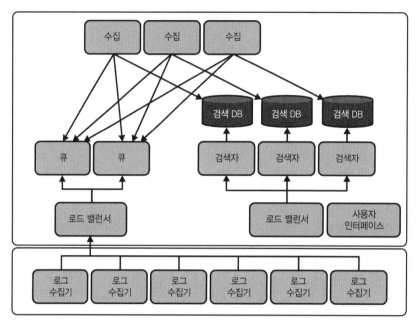

그림 10-3 3세대, 마이크로서비스 아키텍처와 수평적 확장 큐

메시징 시스템의 도입은 제품을 확장하는 데 필요한 핵심 컴포넌트가 될 수 있다. 앞의 예에서 메시징 시스템은 이벤트 처리를 확장하기 위해 사용됐다. 그러나 메시징 시스템은 분석, 로그 또는 실시간 처리가 필요 없는 형식화된 데이터 전송과 같은 목적으로도 사용될 수 있다.

메시징 플랫폼의 기본

소프트웨어 컴포넌트(클라이언트/서버 애플리케이션이나 단일 컴퓨터에서 실행되는 개별 프로그램)의 필요성은 클라우드는 물론이고 심지어 인터넷보다 앞서 있다. 가장 기본적인 범용 운영체제와 임베디드 운영체제를 제외한 모든 운영체제는 서로 다른 프로그램 간 데이터를 주고받을 수 있는 기능이 존재한다.

메시징 대 스트리밍

CNCF 랜드스케이프(그림 10-4 참조)에서 메시징 카테고리의 이름은 Streaming & Messaging이다. 하지만 10장에서는 주로 메시징에 초점을 맞출 것이다. Kafka, NATS 및 RabbitMQ는 스트리밍 기능을 제공하지만 Spark와 Flink와 같은 스트리밍 분석 플랫폼과 달리 기본적으로 활성화돼 있지 않으며 초기 유스 케이스에서는 이러한 메시징 플랫폼이 사용되지 않았다. 다음 절에서 메시징 개념에 관해 자세히 설명하지만 스트리밍 시스템에서 중요하게 고려할 사항이 있다. 작업은 여러 메시지에서 발생하며, 종종 집계나 필터링을 위한 메모리 작업 내의 시간이나 순서가 지정된 이벤트 윈도우에서 발생한다는 것이다.

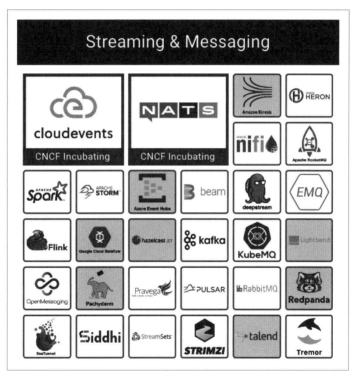

그림 10-4 CNCF 스트리밍 및 메시지 랜드스케이프

메시징 기초

최신 메시징 솔루션 간의 유사점과 차이점을 이해하면 작업이나 당면한 문제에서 어떤 도구가 가장 적합한지 결정하는 데 도움이 된다. 이 책 전반에서 살펴본 바와 같이 무언가를 구축하는 방법에는 항상 여러 가지가 있으며, 특정 인프라와 유스 케이스에서 도구의 기능이 테스트되고 검증될 때까지 올바른 경로를 선택하는 것은 항상 쉬운 결정이 아니다. RabbitMQ, Apache Kafka 및 NATS가 클라우드 네이티브 인프라와 애플리케이션에 어떻게 적용되는지 살펴보기 전에 메시징, 큐 그리고 스트리밍 시스템의 기본 개념과 공통 기능을 이해해야 한다.

생산자와 소비자

다른 사람과 의사 소통을 할 때처럼 메시지에는 항상 발신자와 수신자가 있지만, 메시지가 직접 전송되거나 전송되지 않을 수도 있고 응답을 받거나 받지 못할 수도 있다. 이메일을 보낼 때는 여러 중간 매개자가 있다(그림 10-5 참조). 이런 매개자에는 이메일 클라이언트, 이메일 공급자의 서버(중개자 역할을 하는 메시지 전송 에이전트[MTA]), 수신자의 서버(또 다른 MTA) 그리고 수신 이메일 클라이언트가 있다. 이 예에는 많은 소비자와 생산자가 있다. 이메일 클라이언트는 ISP의 메일 서버로 보내거나 생성하기 위해 메시지를 큐에 넣고, MTA는 보낸 메시지를 큐에 넣고 수신자의 MTA로 보내거나 생성한다. 그러면 수신자의 이메일 클라이언트는 ISP의 MTA에서 메시지를 수신/소비한다.

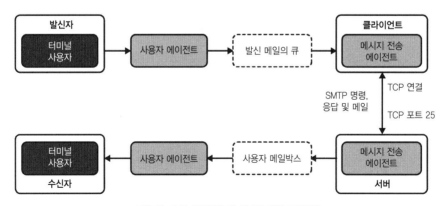

그림 10-5 큐 시스템의 예. SMTP 메일 프로토콜

네트워킹에는 유니캐스트, 멀티캐스트 및 브로드캐스트 전달 패턴이 있으며, 마찬가지로 메시징에서도 하나의 소비자가 하나의 생산자나 여러 소비자(예: 이메일)의 데이터를 처리하는 경우가 있다. 메시지는 플랫폼과 구성에 따라 소비자에게 푸시되거나 풀링될 수 있다.

브로커와 클러스터링

이전 이메일 예에서 보면 중간 컴포넌트인 MTA는 발신자와 수신자 사이에서 브로커 역할을 한다. 대부분 MTA 소프트웨어를 클러스터링할 수 있다. 클러스터에 있는 하나 이상의 브로커를 통해 발신자와 수신자는 서로 분리된다. 10장에서 논의한 메시징 구현체인 RabbitMQ, Kafka 및 NATS는 적어도 하나의 브로커가 필요하며, 대부분의 분산 시스템 프로토콜의 원칙에 따라 최소 3개의 브로커가 필요한 경우가 많고 일반적으로 (일관성 알고리듬을 위해) 홀수 개수여야 한다. 클러스터링에 대한 고려 사항에는 상태 복제, 리더 선택, 노드 구성원 동작 그리고 네트워크 장애(및 무서운 split-brain 문제) 발생 시 클러스터 분할이 있다.

클러스터에 대한 다른 고려 사항(빠르게 병목 현상이 발생할 수 있다)은 다운타임 없이 클러스터를 확장할 수 있는 방법이다. 클라우드 공급자가 인프라를 관리하도록 선택하는 이유는 개발자가 생산자/소비자 애플리케이션 개발과 최적화에 집중할 수 있도록 처리량이 높고 대기 시간이 짧은 메시징 클러스터를 유지 관리하는 데 따른 운영 오버헤드를 줄이기 위함이다.

견고성과 영속성

존재하지 않는 주소로 이메일을 보낸 적이 있는 사람은 일정 기간이 지나면 메일 서버로부터 메시지가 만료됐다는 오류 메시지를 받았을 것이다. 이는 메시지가 메일 클라이언트에서 발송된 후 외부 시스템에 저장된다는 의미이다.

메시징 유스 케이스와 저장, 처리되는 데이터 유형에 따라 중요도가 다소 높을 수 있고, 없어질 가능성이 높거나 낮을 수 있으며, 처리 전에 모든 메시지(또는 트랜잭션)를 저장하는 것이 중요할 수도 있고 그렇지 않을 수 있다.

TCP^{Transmission Control Protocol}와 UDP^{User Datagram Protocol} 클라이언트/서버 애플리케이션의 경우와 마찬가지로, 애플리케이션 계층과 기본 전송 계층에서 구현되는 오류 처리와 재시도 로직은 프로덕션 시스템을 구축할 때 고려해야 할 중요한 요소다. 메시징 시스템은 다양한 방식으로 생산자, 소비자 및 브로커에게 정보를 배포한다.

또한 메시지를 저장하는 데 사용되는 메커니즘은 시스템마다 다르다. 어떤 시스템은 메모리 기반 스토리지만 갖고 있어 특히 클라우드 환경에서 내구성이 떨어지며, 어떤 시스템에는 디스크 백업 솔루션을 사용해 클라우드 환경에서 문제가 발생하더라도 내구성 있고 안정적인 환경을 제공한다.

메시지 전달

소스와 대상 외에도 메시지 기반 플랫폼에 대해 알고 있어야 하는 세 가지 중요한 패턴이 있으며, 이를 10장에서 다룬다.

최소 한 번(At least once)

중복이 있을 수 있음을 나타낸다. 특히 소비자가 충돌해 메시지가 수신됐음을 브로커에게 알리지 않거나 메시지가 여러 소비자에게 전달될 수 있음을 브로커에게 알리지 않은 경우를 나타낸다.

최대 한 번(At most once)

메시지가 전송되지만 실제로 소비자가 수신하거나 승인하지 않는다고 가정해, 클라이언트에게 재전송의 부담을 준다.

정확히 한 번(Exactly once)

트랜잭션이 필요하고 메시지가 정확히 한 번 전달돼야 하는 매우 제한된 상황

메시징 아키텍처는 이러한 패턴 중 하나 이상을 지원할 수 있다. 브로커 그 자체나 소비자와 생산자 클라이언트 라이브러리에서 구성할 수도 있다.

보안

메시지 토픽에 포함된 데이터의 민감도는 다를 수 있으므로, 누가 토픽에서 생산하고 소비할 수 있는지에 대한 유연한 제어가 필요하다. 메시지 시스템은 생산자와 소비자 모두의 신원을 확인한 다음, 토픽에 읽기/쓰기 권한을 적용해야 한다. 또한 시스템이 보유하는 데이터는 유휴 상태에서 암호화돼야 한다.

이제 메시징의 몇 가지 기본 사항을 이해했으니, 일반적인 메시징 패턴 몇 가지를 살펴보자.

공통 메시징 패턴

최신 인프라에서의 세 가지 일반적인 메시징 아키텍처를 살펴본다.

심플 큐

생산자(P)는 큐(B)에 게시하고 소비자(C)는 큐에서 읽는다. 이때 메시지가 삭제되고, 다른 소비자는 메시지를 처리하지 않는다.

게시와 구독

그림 10-6과 같이 생산자(P)는 메시지를 보내고 모든 리스닝(구독된) 소비자(C)는 메시지를 수신한다. 확인 여부가 소비자에게 달려 있기 때문에, 소비자가 온라인 상태가 아니면 메시지를 놓칠 수 있다.

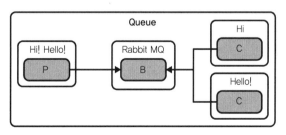

그림 10-6 간단한 pub/sub 메시지 시스템

견고한 큐

그림 10-7과 같이, 생산자(P)는 브로커(B)에 메시지를 보내고 (C)는 포인터를 기반으로 정렬된 목록의 메시지를 독립적으로 처리한다. 하지만 주어진 윈도우 내의 첫 번째 메시지처럼 목록의 알려진 지점으로 되감기할 수 있다.

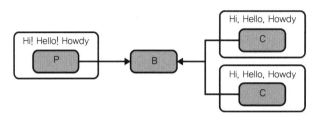

그림 10-7 견고한 정렬된 메시지 큐

지금까지 메시징 기본과 아키텍처에 대한 많은 이론을 다뤘다. 이제는 다양한 클라우드 네이티브 메시징 플랫폼을 알아보자.

대표적인 클라우드 네이티브 메시징 플랫폼 개요

이 절에서는 최신 인프라에서 보편화된 인기 있는 클라우드 네이티브 메시징 플랫폼에 관해 살펴본다.

RabbitMQ

RabbitMQ는 출시된 지 15년이 넘었고 클라우드와 마이크로서비스가 대중적으로 널리 채택되기 이전부터 사용해왔으며, 중요한 워크로드를 구동하고 컨테이너와 쿠버네티스 클러스터의 세계에서 지속적으로 관련돼 입증된 메시징 시스템이다. 그 이유 중 하나는 확장성, 동시성과 신뢰성을 위해 설계된 기능적 프로그래밍 언어인 Erlang/OTP로 개발됐기 때문이다. 따라서 매우 낮은 다운타임으로 매일 수백만에서 수억 개의 메시지를 처리하는 분산 시스템을 구축하는 데 이상적이다.

Apache Kafka

2010년, LinkedIn의 엔지니어들은 자신의 에코시스템의 복잡한 특성과 규모에 맞게 RabbitMQ를 확장할 수 없음을 깨달았다. Kafka는 메시징이 LinkedIn 기술 스택의 핵심이 되게 하기 위해 만들어졌으며 사이트 전체에서 하루에 수조 개의 메시지를 처리하도록 성공적으로 확장됐다.

10장의 뒷부분에서는 Azure Event Hubs에 관해 설명한다. 이 서비스는 Apache Kafka와 호환되며 애플리케이션에서 소비자/생산자 연결 문자열을 간단히 업데이트할 수 있지만, Kafka의 모든 기능을 사용할 수는 없다. 관리형 Kafka는 또한 Azure의 클라우드의 분석 서비스 제품군인 HDInsight(https://oreil.ly/lug99)의 일부이기도 하다. HDInsight는 이 책에서 다루지 않는다.

CNCF CloudEvents

CloudEvents(https://cloudevents.io)는 2017년 CNCF 서버리스 워킹 그룹 내에서 처음 시작됐다. CNCF는 "CloudEvents는 서비스, 플랫폼과 시스템 간의 상호 운용성을 제공하기 위해 이벤트 데이터를 공통 형식으로 기술하는 스펙이다"라고 얘기한다. 이 프로젝트는 큰 잠재력이 있지만(Azure Event Grids에서 지원됐다), 이 책에서 더 자세히 다루지는 않는다.

NATS를 사용해 클라우드 메시징 깊게 살펴보기

NATS(https://nats.io)는 CNCF에서 받아들인 또 다른 오픈소스 메시징 구현체다. NATS는 2011년에 처음 출시됐으며 초기에는 Cloud Foundry의 메시징과 서비스 디스커버리 계층이었고 Ruby로 구현됐다. 나중에는 Golang으로 다시 작성됐고 오늘날 매우 활발히 개발되고 있다. RabbitMQ나 Kafka만큼 인기가 있는 것은 아니지만 여러 운영체제, 프로세서 아키텍처, 공식 도커 리포지터리에서 사용할 수 있는 단일 바이너리 서버로 쉽게 배포할 수 있는 여러 옵션을 제공한다. 클라이언트 라이브러리는 널리 사용되는 모든 프로그래밍 언어에 사용할 수 있다. 단순성, 작동성, 성능 및 보안은 다른 메시징 구현에 비해 NATS의 장점으로 알려져 있으며 "최대 한 번" 제공으로 최소한의 기능만 쉽게 사용할 수 있다.

기본 pub/sub 프로토콜은 메시지 영속성persistence을 구현하지 않기 때문에 소비자가 메시지를 수신하려면 활성 상태여야 한다. 그래서 NATS는 삭제되기 쉬운 데이터와 센서 데이터와 같이 자주 업데이트되는 데이터를 교환하는 데 최적이다. 기본적으로 메시지는 멀티캐스트 네트워킹과 유사하게 해당 토픽을 수신하는 모든 구독자에게 라우팅된다.

낮은 메모리 사용과 매우 높은 성능을 감안할 때, NATS는 에지와 IoT 분석과 같은 유스 케이스에도 이상적이다. 단순성에 중점을 두고 경량으로 메시징을 구현했고, NATS는 비교적 정교한 인증과 권한 부여 기능을 가지고 있으며 기본적으로 계정을 통해 다중 테넌트를 지원한다. NATS Streams과 NATS JetStream은 메모리 영속성과 디스크 기반 영속성을 모두 지원한다. NATS pub/sub과 스트리밍은 처음부터 고가용성과 수평 확장성을 지원했으며, JetStream은 2021년 초부터 이를 구현하고 있다.

NATS 프로토콜 아키텍처

RabbitMQ와 마찬가지로 NATS는 여러 메시징 패턴을 제공하며, 그 기능은 초기 pub/sub 구현체에서 NATS 스트리밍(그림 10-8 참조), 최신 스토리지 서브 시스템인 JetStream으로 계속 발전했다. 2020년에 출시된 JetStream은 이제 NATS 2.2.x에서 사용할 수 있다. NATS에는 이제 기본 MQTT 프로토콜도 지원한다.[1]

기본 아키텍처는 게시/구독이기 때문에, NATS 생산자를 게시자라 하고 소비자를 구독자라고 부른다. NATS JetStream은 내부 소비자 추상화를 사용한다.

---

[1] NATS와 관련된 사항은 https://docs.nats.io/를 참고하고, 설치 및 구축과 관련된 사항은 https://github.com/nats-io를 참고한다. – 옮긴이

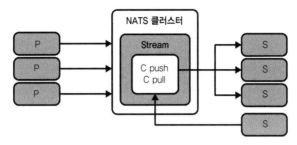

그림 10-8 기본 NATS 아키텍처

프로토콜이 얼마나 간단한지 확인하는 가장 좋은 방법은 NATS CLI를 사용해 게시자와 구독자 간에 메시지를 교환해보는 것이다.

예를 들어 보자. 다음 코드에서 생산자는 dog.food 제목^{subject}으로 "arf" 메시지를 보낸다.

```
$ echo "arf" | nats pub dog.food
16:10:43 Reading payload from STDIN
16:10:43 Published 4 bytes to "dog.food"
```

다음 코드에서 소비자는 dog.로 시작하는 모든 메시지에 대한 서비스를 구독한다.

```
$ nats sub dog.*
16:09:49 Subscribing on dog.*
[#1] Received on "dog.food"
```

다중 NATS 서버 클러스터링

NATS를 사용하면 여러 서버를 함께 클러스터링해 고가용성과 로드 밸런싱을 제공할 수 있다.

다음을 수행해 가장 간단하게 클러스터를 시작할 수 있다.

- 서버 시작 시 -cluster 인수로 클러스터 URL 구성
- 추가 서버 노드에 경로 지정

192.168.2.238과 192.168.2.247에 두 개의 Linux 서버가 있다고 가정하면 다음 명령을 사용해 클러스터를 구성할 수 있다.

```
nats-server -DV -cluster nats://192.168.2.238:4248
nats-server -DV -cluster nats://192.168.2.247:4248 -routes nats://192.168.2.238:4248
```

도커 NATS 서버 사용

RPM과 debs 외에도 Synadia는 예제 10-1과 같이 NATS 서버를 실행하는 가장 쉬운 방법인 도커 이미지를 배포하고 유지 관리한다.

예 10-1 도커를 사용해 NATS 실행

```
$ docker run -p 4222:4222 -p 8222:8222 -v ~/tmp/jetstream:/tmp/jetstream nats -js -m 8222
[1] 2021/06/26 21:23:21.572029 [INF] Starting nats-server
[1] 2021/06/26 21:23:21.572258 [INF]   Version:  2.3.0
[1] 2021/06/26 21:23:21.572289 [INF]   Git:      [56a144a]
[1] 2021/06/26 21:23:21.572311 [INF]   Name:     NDTRIDIRUYTNR5TKQCEKWFSVEKVPRPA2LICRPE
SRDOAFEDC
UPUSDKGX5
[1] 2021/06/26 21:23:21.572378 [INF]   Node:     N3Qm3ud7
[1] 2021/06/26 21:23:21.572399 [INF]   ID:       NDTRIDIRUYTNR5TKQCEKWFSVEKVPRPA2LICR
PESRDOAFEDC
UPUSDKGX5
[1] 2021/06/26 21:23:21.574923 [INF] Starting JetStream
[1] 2021/06/26 21:23:21.576592 [INF]     _ ___ ____ ___ ____ ___ ___   _   _  _ ___
[1] 2021/06/26 21:23:21.576622 [INF]  _ | | __|_   _/ __|_   _| _ \ __| /_\ | \/ |
[1] 2021/06/26 21:23:21.576631 [INF] | || | _|  | | | \__ \ | | |   / _|| / _ \| |\/| |
[1] 2021/06/26 21:23:21.576639 [INF]  \__/|___| |_| |___/ |_| |_|_\___/_/ \_\_|  |_|
[1] 2021/06/26 21:23:21.576647 [INF]
[1] 2021/06/26 21:23:21.576656 [INF]        https://docs.nats.io/jetstream
[1] 2021/06/26 21:23:21.576664 [INF]
[1] 2021/06/26 21:23:21.576672 [INF] --------------- JETSTREAM ---------------
[1] 2021/06/26 21:23:21.576697 [INF]   Max Memory:      2.06 GB
[1] 2021/06/26 21:23:21.576711 [INF]   Max Storage:     4.64 GB
[1] 2021/06/26 21:23:21.576779 [INF]   Store Directory: "/tmp/nats/jetstream"
[1] 2021/06/26 21:23:21.576800 [INF] -----------------------------------------
[1] 2021/06/26 21:23:21.579799 [INF] Starting http monitor on 0.0.0.0:8222
```

```
[1] 2021/06/26 21:23:21.580581 [INF] Listening for client connections on 0.0.0.0:4222
[1] 2021/06/26 21:23:21.581147 [INF] Server is ready
```

전체 명령줄 인수 전달이 가능하다. 이 경우, JetStream 영속성을 위해 ~/tmp 디렉터리에 마운트할 볼륨을 지정한다.

NATS 서버 모니터링

NATS는 그림 10-9와 같이 브라우저, 명령줄 또는 웹 브라우저를 통해 볼 수 있는 모니터링 엔드포인트를 제공한다.

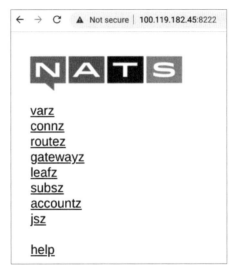

그림 10-9 NATS 모니터링 엔드포인트

다음은 NATS 모니터링 엔드포인트 출력 예다.

```
$ curl http://100.119.182.45:8222/varz
{
  "server_id": "ND6FZROVHED32BDLBTMCPXEN4LIKB2ROR3HO3GZ6DLDB64Z54SLG5GOD",
  "server_name": "ND6FZROVHED32BDLBTMCPXEN4LIKB2ROR3HO3GZ6DLDB64Z54SLG5GOD",
  "version": "2.2.2",
  "proto": 1,
  "git_commit": "a5f3aab",
```

```
"go": "go1.16.3",
"host": "0.0.0.0",
"port": 4222,
"connect_urls": [
  "192.168.2.247:4222",
  "192.168.122.1:4222",
  "172.17.0.1:4222",
  "100.119.182.45:4222",
  "[fd7a:115c:a1e0:ab12:4843:cd96:6277:b62d]:4222",
  "192.168.122.1:4222",
  "172.17.0.1:4222",
  "100.119.135.53:4222",
  "[fd7a:115c:a1e0:ab12:4843:cd96:6277:8735]:4222",
  "192.168.2.238:4222"
],
"max_connections": 65536,
"ping_interval": 120000000000,
"ping_max": 2,
"http_host": "0.0.0.0",
"http_port": 8222,
"http_base_path": "",
"https_port": 0,
"auth_timeout": 2,
"max_control_line": 4096,
"max_payload": 1048576,
"max_pending": 67108864,
"cluster": {
  "name": "xCQWcOMbOGCpM7ESUUctIc",
  "addr": "192.168.2.247",
  "cluster_port": 4248,
  "auth_timeout": 2,
  "urls": [
    "192.168.2.238:4248"
  ],
  "tls_timeout": 2
},
"gateway": {},
"leaf": {},
"jetstream": {},
"tls_timeout": 2,
```

```
  "write_deadline": 10000000000,
  "start": "2021-05-03T15:13:05.512147331Z",
  "now": "2021-05-03T15:41:53.509877951Z",
  "uptime": "28m47s",
  "mem": 12353536,
  "cores": 6,
  "gomaxprocs": 6,
  "cpu": 0,
  "connections": 1,
  "total_connections": 1,
  "routes": 1,
  "remotes": 1,
  "leafnodes": 0,
  "in_msgs": 117,
  "out_msgs": 115,
  "in_bytes": 67297,
  "out_bytes": 66346,
  "slow_consumers": 0,
  "subscriptions": 144,
  "http_req_stats": {
    "/": 3,
    "/accountz": 1,
    "/connz": 1,
    "/gatewayz": 0,
    "/leafz": 1,
    "/routez": 0,
    "/subsz": 1,
    "/varz": 2
  },
  "config_load_time": "2021-05-03T15:13:05.512147331Z",
  "system_account": "$SYS"
}
```

이런 HTTP 엔드포인트를 스크랩하기 위해 Telegraf와 같은 도구를 사용하고 이를 업스트림 메트릭 백엔드나 Prometheus exporter(https://oreil.ly/KBMRh)로 보낼 수 있다.

JetStream과 NATS 지속성

NATS는 2019년 NATS Streaming이라는 영속성 구현체를 도입했지만, 2023년 6월이 지나면 더 이상 사용되지 않을 것이다. JetStream이라고 부르는 2세대 구현체가 2020년 부터 개발됐고 향후 유스 케이스에서 선호되는 옵션이 될 것이기 때문이다. JetStream 은 별도의 깃허브 리포지터리가 있었지만, 이제 NATS Server 2.2.x에 통합되고 NATS CLI에 의해 지원된다. 이에 대해서는 곧 설명한다. NATS pub/sub는 "최대 한 번" 전달 만 제공하지만 JetStream은 "정확히 한 번" 전달이 가능하고 RabbitMQ 큐와 Kafka 토 픽의 동작과 더 유사하다(그림 10-10 참조).

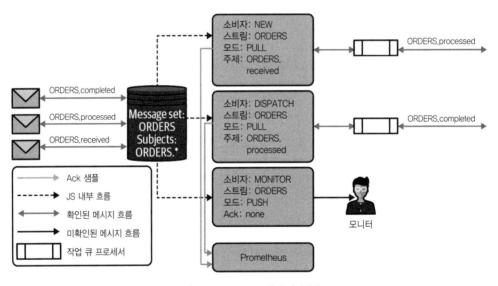

그림 10-10 JetStream 처리 아키텍처

NATS 보안

NATS 2.3.x의 인증, 권한 부여 및 암호화를 구성하는 방법에 대해 전체 장을 쉽게 작성 할 수 있다. 이 절에서는 지금까지 대부분의 예제에서 사용했던 안전하지 않은 기본[default] 값에서 기준을 높이는 데 필요한 기본 단계를 설명할 것이며, 이런 기본값은 프로덕션 배포에는 적합하지 않다. 강력한 ID와 시크릿 관리 인프라는 보안 클라우드 시스템의 기

초지만 이 책에서는 다루지 않는다. NATS는 세분화된 제어를 토픽별로 정의할 수 있는 강력한 권한 서브시스템을 제공하고(https://oreil.ly/nRsNI) 분산 ID 저장소를 사용한다.

Nkey 기반 인증

NATS는 여전히 토큰과 사용자 이름/비밀번호 인증을 지원하지만, 앞으로 Nkey 인증을 권장한다. 비대칭 암호화를 사용하고 공유 키를 일반 텍스트나 해시 형식으로 서버에 저장할 필요가 없다. 키 관리는 아주 간단하다.

키 쌍을 생성하려면, nkeys 저장소에 있는 nk(https://oreil.ly/KqI6d) 유틸리티를 사용한다.

```
$ nk -gen user -pubout
SUAGWCAMMXKR43EDIXVC5FEA5G3767ALGQR75N27NGPK37KZUURS7F32FE
UBFHQJERKEBE323BXQEVT6257CIRJ4CIC5LGT6R2LJ524GQTUQHXCUK3
```

공개 키("U"로 시작)는 서버에서 구성된다.

```
$ cat server.conf
net: 0.0.0.0
port: 4242

authorization {
  users: [
      { nkey: UBFHQJERKEBE323BXQEVT6257CIRJ4CIC5LGT6R2LJ524GQTUQHXCUK3  }
  ]
}
```

개인(또는 시드, 즉 "S" 접두사가 의미하는 것) 키는 디스크에 저장되고 NATS 클라이언트에 인수 또는 코드의 변수로 전달된다. 다른 중요한 자료와 마찬가지로, 이러한 키는 Azure Key Vault와 같은 외부 비밀 저장소나 쿠버네티스 시크릿으로 저장하는 것이 가장 좋다.

```
$ cat client.nkey
SUAGWCAMMXKR43EDIXVC5FEA5G3767ALGQR75N27NGPK37KZUURS7F32FE
```

```
$ nats -s nats://127.0.0.1:4242 --nkey client.nkey pub "foo"
12:57:17 Published 4 bytes to "foo"
```

TLS 인증

보안 인증(주체 권한을 구성한 방식에 따라 권한 부여 가능)이 있지만, NATS는 기본적으로
ASCII 일반 텍스트 프로토콜이기 때문에 Nkey만 사용하는 것은 네트워크 보안에 적합
하지 않다.

대부분의 클라우드 네이티브 프로토콜과 마찬가지로 NATS는 상호 TLS 암호화를 지원
한다. 일반적으로 TLS의 가장 큰 문제는 인증서와 키 관리인데, 이는 이 책의 범위를 벗
어난다. 데모 목적으로 mkcert(https://oreil.ly/x9CZf)는 엔드–투–엔드 암호화에 필요한
인증 기관[CA], 클라이언트, 서버 키 쌍을 생성하는 OpenSSL보다 쉬운 경로를 제공한다.

먼저 CA를 설정하고 ~/nats 디렉터리에 클라이언트와 서버 인증서를 생성한다.

```
$ mkdir ~/nats && cd ~/nats

# Create the CA
$ mkcert -install

# Create the server
$ mkcert -cert-file server-cert.pem -key-file server-key.pem localhost 127.0.0.1 ::1

# Generate a certificate for client authentication.
$ mkcert -client -cert-file client-cert.pem -key-file client-key.pem localhost \
  ::1 127.0.0.1 email@localhost
$ cp -av `mkcert -CAROOT`/* ~/nats
```

그런 다음 ~/nats 디렉터리 내에서 서버를 시작하고 TLS 인증서 매개변수를 추가한다.

```
$ nats-server -DV --tls --tlscert=server-cert.pem --tlskey=server-key.pem -ms 8222
```

마지막으로, 클라이언트와 연결한다.

```
$ nats --tlscert=client-cert.pem --tlskey=client-key.pem account info
```

서버에서 성공적인 TLS 연결이 표시돼야 한다.

```
[10108] 2021/06/28 14:46:40.126469 [DBG] 127.0.0.1:50192 - cid:11 - Client connection
created
[10108] 2021/06/28 14:46:40.126573 [DBG] 127.0.0.1:50192 - cid:11 - Starting TLS client
connection handshake
[10108] 2021/06/28 14:46:40.157446 [DBG] 127.0.0.1:50192 - cid:11 - TLS handshake
complete
[10108] 2021/06/28 14:46:40.157468 [DBG] 127.0.0.1:50192 - cid:11 - TLS version 1.3,
cipher
suite TLS_AES_128_gCM_SHA256
[10108] 2021/06/28 14:46:40.157584 [TRC] 127.0.0.1:50192 - cid:11 - <<- [CONNECT
{"verbose":false,"pedantic":false,"tls_required":true,"name":"NATS CLI Version 0.0.23",
"lang":"go","version":"1.11.0","protocol":1,"echo":true,"headers":true,
"no_responders":true}]
```

쿠버네티스에 NATS 배포

NATS는 Helm 차트를 사용해 빠르게 설치할 수 있다. 또한 Helm 차트는 NATS의 메트릭과 TLS 지원을 최대한 활용할 수 있는 Prometheus operator와 인증서 관리자를 설치한다.

1. Helm 리포지터리를 추가한다.

    ```
    $ helm repo add nats https://nats-io.github.io/k8s/helm/charts/
    $ helm repo update
    ```

2. 그런 다음 NATS 서버를 설치한다.

    ```
    $ helm install my-nats nats/nats
    ```

3. NATS 스트리밍 서버(stan이라고 한다)를 설치한다.

    ```
    $ helm install my-stan nats/stan --set stan.nats.url=nats://my-nats:4222
    ```

4. 이 단계를 마치면, 포드로 포트포워딩해볼 수 있는 Grafana Surveyor가 생긴다.

    ```
    kubectl port-forward deployments/nats-surveyor-grafana 3000:3000
    ```

5. 브라우저 내 http://127.0.0.1:3000/d/nats/nats-surveyor?refresh=5s&orgId =1에서 Grafana를 볼 수 있다.

도움말 배포는 다양한 Helm 구성 자료를 제공한다. NATS Helm 배포 구성 페이지(https:// oreil.ly/M6e3j)에서 자세한 내용을 확인할 수 있다.

Python에서 **nats-py** 패키지를 사용해 NATS에 대해 매우 간단한 방식으로 코딩할 수 있다. 다음 예제에서는 Python으로 기본 생산자와 소비자를 코딩한다. NATS는 테스트할 수 있는 퍼블릭 서버를 제공한다. 자체 환경에서 테스트하려면 `nc = await nats. connect("nats:// demo.nats.io:4222")`를 NATS 인스턴스의 주소로 바꾼다.

```python
import time

import asyncio
import nats
from nats.aio.errors import ErrConnectionClosed, ErrTimeout, ErrNoServers

async def run():
    # Nats 프로젝트는 공개 데모 서버인 'nats://demo.nats.io:4222'를 제공한다.
    # 다음 줄에 자신의 Nat 서버를 추가할 수 있다.
    nc = await nats.connect("nats://demo.nats.io:4222")

    async def message_handler(msg):
        subject = msg.subject
        reply = msg.reply
        data = msg.data.decode()
        print("Received a message on '{subject} {reply}': {data}".format(
            subject=subject, reply=reply, data=data))

    # coroutine을 통한 단순 게시자와 비동기 구독자
    sub = await nc.subscribe("foo", cb=message_handler)

    await nc.publish("foo", b'Message1')
    await nc.publish("foo", b'Message2')

    time.sleep(5)
    # Remove interest in subscription.
```

```
    await sub.unsubscribe()

    # NATS에 대한 연결을 종료한다.
    await nc.drain()

if __name__ == '__main__':
    loop = asyncio.get_event_loop()
    loop.run_until_complete(run())
    loop.close()
```

Azure 메시징 서비스

2000년대 중반에 상용 퍼블릭 클라우드 제품이 처음 제공됐을 때, 스토리지와 메시징 서비스(예: AWS S3와 AWS SQS)는 고객이 사용할 수 있는 최초의 서비스 중 하나였다. Microsoft Azure는 AMQP(https://oreil.ly/yOJj4)와 JMS(https://oreil.ly/3V3KH)와 같은 표준 기반 메시징 프로토콜, 10장에서 이미 살펴본 작업 큐와 pub/sub와 같은 패턴뿐만 아니라 클라우드별 구현체를 지원하는 여러 관리형 메시징 서비스를 제공한다. Azure에서는 "최소 한 번" 전송 옵션을 모두 제공한다.

Azure Service Bus, Azure Event Hubs, Azure Event Grid 중에서 선택할 때는 다음 기준을 고려해야 한다.

- 온프레미스 메시징 프로토콜과 플랫폼(ActiveMQ, RabbitMQ) 및 도구와의 호환성

- 다른 Azure 관리형 서비스와 통합 수준

- 정렬된 메시징과 트랜잭션의 필요성

- 이벤트 스트리밍 처리 기능

- 빅 데이터 파이프라인 사용

- 최대 수집 속도(초당 이벤트 수)

- 사용 가능한 비동기 이벤트 패턴

- 가격 정책

Azure 메시징 서비스를 사용하는 주요 이점 중 하나는 Azure IAM 기능과 시크릿 관리 기능을 활용할 수 있다는 것이다. 이제 Azure 제품을 자세히 살펴보자.

Azure Service Bus

Azure Service Bus는 ActiveMQ, RabbitMQ와 유사한 엔터프라이즈급 기능을 제공하는 관리형 큐 서비스다. 하지만 가상 머신에서 여러 브로커를 관리하거나 쿠버네티스에 배포하는 오버헤드가 없다. Azure Service Bus는 Azure Service Bus Premium (https://oreil.ly/qJKFS)을 사용하면 다중 가용성 영역에 확장할 수 있으며, 온프레미스 JMS 2.0 구현체에서 마이그레이션할 수 있도록 설계됐다.

Service Bus는 10장의 시작 부분에서 논의한 단순 메시지 큐와 게시/구독 패턴을 지원한다. 가장 일반적인 패턴은 소비자가 새 메시지에 대한 서비스 엔드포인트를 폴링하는 "풀 모델pull model"이다. RabbitMQ, Kafka와 마찬가지로 메시지가 전달되면 여러 소비자가 최대한 빠르게 메시지를 처리할 수 있어 여러 작업자 노드에 작업을 분산할 수 있다. Azure Service Bus는 AMQP 1.0(https://oreil.ly/AUSLy)을 구현하고 .NET, Java, Python, Go 등에 대한 잘 문서화된 SDK와 코드 샘플을 갖추고 있다.

Service Bus 개념

Azure Service Bus 추상화abstraction(참조 아키텍처는 그림 10-11과 10-12 참조)는 NATS 에서 사용할 수 있는 기능과 유사한 기능을 제공한다.

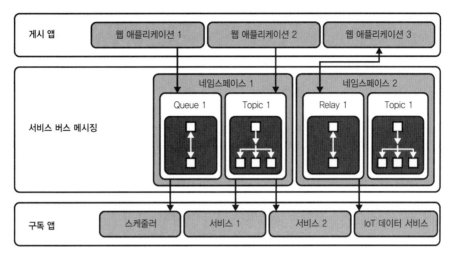

그림 10-11 Service Bus 참조 아키텍처

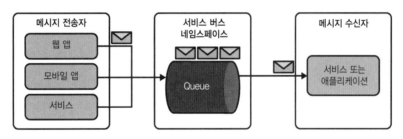

그림 10-12 간단한 메시징 아키텍처

네임스페이스 네임스페이스를 사용하면 마치 가상 네트워크가 가상 머신과 로드 밸런서와 같은 네트워킹 컴포넌트의 경계를 제공하는 것처럼 토픽, 큐 및 서비스를 메시징 컴포넌트의 컨테이너로 분할할 수 있다. Kafka는 이와 유사한 추상화를 제공하지 않지만, RabbitMQ 가상 호스트와 NATS 계정은 제공한다.

큐, 토픽 및 구독 Azure Service Bus 큐는 Kafka와 RabbitMQ 소비자 또는 NATS 풀 기반pull-based 소비자와 유사하게 풀링되는 정렬된 FIFO 메시지 세트를 제공하는 반면, 토픽은 주로 다수의 소비자와의 메시징을 위한 게시/구독 패턴과 일대다 통신을 위한 것이다. 구독을 사용하면 소비자는 필터링 규칙에 따라 메시지를 받을 수 있다. NATS JetStream과 마찬가지로, 메시지는 토픽 자체(NATS JetStream 스트림과 유사)가 아니라 구독(JetStream의 소비자와 유사)에서 검색된다.

테라폼으로 Azure Service Bus 관리

Microsoft는 Service Bus 관리를 위한 Python SDK를 제공하지만, 여기서는 Service Bus 네임스페이스, 큐 및 토픽 생성을 위해 테라폼을 사용할 것이다. 다음 코드 예제에서는 새로운 servicebus, namespace, queue 및 topic을 배포한다.[2]

```
provider "azurerm" {
  features {}
```

---

2   아래의 코드 예제는 Terraform v1.3.3에서는 유효하지 않다. Chapter9/azure/servicebus/terraform/main.tf의 내용을 다음과 같이 수정한다.

```
provider "azurerm" {
  features {}
}
resource "azurerm_resource_group" "example" {
  name            = "oracnia-servicebus-group"
  location        = "East US"
}
resource "azurerm_servicebus_namespace" "example" {
  name               = "oracnia-servicebus-namespace"
  location           = azurerm_resource_group.example.location
  resource_group_name = azurerm_resource_group.example.name
  sku                = "Standard"

  tags               = {
    source           = "terraform"
  }
}

resource "azurerm_servicebus_queue" "example" {
  name               = "oracnia-servicebus-queue"
  namespace_id       = azurerm_servicebus_namespace.example.id
  enable_partitioning = true
}

resource "azurerm_servicebus_topic" "example" {
  name               = "oracnia-servicebus-topic"
  namespace_id       = azurerm_servicebus_namespace.example.id
  enable_partitioning = true
}

resource "azurerm_servicebus_subscription" "example" {
  name               = "oracnia-servicebus-subscription"
  topic_id           = azurerm_servicebus_topic.example.id
  max_delivery_count = 1
}
```
— 옮긴이

```
}

resource "azurerm_resource_group" "example" {
  name     = "terraform-servicebus"
  location = "Central US"
}

resource "azurerm_servicebus_namespace" "example" {
  name                = "mdfranz-servicebus-namespace"
  location            = azurerm_resource_group.example.location
  resource_group_name = azurerm_resource_group.example.name
  sku                 = "Standard"

  tags = {
    source = "terraform"
  }
}

resource "azurerm_servicebus_queue" "example" {
  name                = "mdfranz-servicebus-queue"
  resource_group_name = azurerm_resource_group.example.name
  namespace_name      = azurerm_servicebus_namespace.example.name
  enable_partitioning = true
}

resource "azurerm_servicebus_topic" "example" {
  name                = "mdfranz-servicebus-topic"
  resource_group_name = azurerm_resource_group.example.name
  namespace_name      = azurerm_servicebus_namespace.example.name
  enable_partitioning = true
}
```

azure-cli를 사용해 생성된 리소스를 볼 수 있다.[3]

---

3   위에 코드에서 생성된 리소스를 참고해 아래의 명령어로 수정해 실행한다.
    `az servicebus queue list --namespace-name oracnia-servicebus-namespace -g \`
    `oracnia-servicebus-group`
    – 옮긴이

```
$ az servicebus queue list --namespace-name mdfranz-servicebus-namespace -g \
  terraform-servicebus
[
  {
    "accessedAt": "0001-01-01T00:00:00+00:00",
    "autoDeleteOnIdle": "10675199 days, 2:48:05.477581",
    "countDetails": {
      "activeMessageCount": 0,
      "deadLetterMessageCount": 0,
      "scheduledMessageCount": 0,
      "transferDeadLetterMessageCount": 0,
      "transferMessageCount": 0
    },
    "createdAt": "2021-04-14T02:24:28.260000+00:00",
    "deadLetteringOnMessageExpiration": false,
    "defaultMessageTimeToLive": "10675199 days, 2:48:05.477581",
    "duplicateDetectionHistoryTimeWindow": "0:10:00",
    "enableBatchedOperations": true,
    "enableExpress": false,
    "enablePartitioning": true,
    "forwardDeadLetteredMessagesTo": null,
    "forwardTo": null,
    "id": "/subscriptions/1bf91ee3-5b21-4996-bd72-ae38e8f26ce9/resourceGroups/ \
      terraform-servicebus/providers/Microsoft.ServiceBus/namespaces/ \
      mdfranz-servicebus-namespace/queues/mdfranz-servicebus-queue",
    "location": "Central US",
    "lockDuration": "0:01:00",
    "maxDeliveryCount": 10,
    "maxSizeInMegabytes": 81920,
    "messageCount": 0,
    "name": "mdfranz-servicebus-queue",
    "requiresDuplicateDetection": false,
    "requiresSession": false,
    "resourceGroup": "terraform-servicebus",
    "sizeInBytes": 0,
    "status": "Active",
    "type": "Microsoft.ServiceBus/Namespaces/Queues",
    "updatedAt": "2021-04-14T02:24:28.887000+00:00"
  }
]
```

```
$ az servicebus topic list --namespace-name mdfranz-servicebus-namespace -g \
  terraform-servicebus 4
[
  {
    "accessedAt": "0001-01-01T00:00:00+00:00",
    "autoDeleteOnIdle": "10675199 days, 2:48:05.477581",
    "countDetails": {
    "activeMessageCount": 0,
    "deadLetterMessageCount": 0,
    "scheduledMessageCount": 0,
    "transferDeadLetterMessageCount": 0,
    "transferMessageCount": 0
    },
    "createdAt": "2021-04-14T12:32:46.243000+00:00",
    "defaultMessageTimeToLive": "10675199 days, 2:48:05.477581",
    "duplicateDetectionHistoryTimeWindow": "0:10:00",
    "enableBatchedOperations": false,
    "enableExpress": false,
    "enablePartitioning": true,
    "id": "/subscriptions/SUBSCRIPTION/resourceGroups/terraform-servicebus/providers/ \
      Microsoft.ServiceBus/namespaces/mdfranz-servicebus-namespace/topics/ \
      mdfranz-servicebus-topic",
    "location": "Central US",
    "maxSizeInMegabytes": 81920,
    "name": "mdfranz-servicebus-topic",
    "requiresDuplicateDetection": false,
    "resourceGroup": "terraform-servicebus",
    "sizeInBytes": 0,
    "status": "Active",
    "subscriptionCount": 0,
    "supportOrdering": false,
    "type": "Microsoft.ServiceBus/Namespaces/Topics",
    "updatedAt": "2021-04-14T12:32:46.487000+00:00"
  }
]
```

---

4 위의 코드에서 생성된 리소스를 참고해 아래의 명령어로 수정해 실행한다.

```
az servicebus topic list --namespace-name oracnia-servicebus-namespace -g \
oracnia-servicebus-group
```

– 옮긴이

그림 10-13과 같이 Azure 콘솔에서도 리소스를 볼 수 있다.

그림 10-13 Service Bus 배포의 Azure 포털 화면

또한 네임스페이스에서 전체 메트릭을 볼 수 있을 뿐만 아니라, 특정 큐를 클릭해 스토리지와 메시지 크기에 대한 자세한 정보를 볼 수도 있다(그림 10-14 참조).

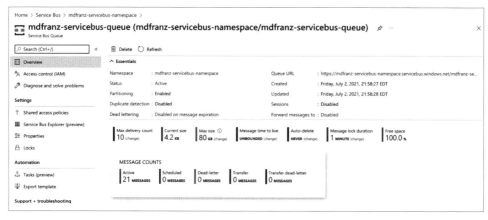

그림 10-14 Service Bus 큐의 Azure 포털 화면

Python에서 Service Bus 큐로 메시지 전송과 수신

이전 단계에서 인프라를 성공적으로 만들었다면, Azure CLI 명령을 실행해 사용할 수 있는 연결 문자열을 검색할 수 있다.[5]

```
$ az servicebus namespace authorization-rule keys list --resource-group $RES_gROUP \
  --namespace-name
$NAMESPACE_NAME --name RootManageSharedAccessKey --query primaryConnectionString wBY=
```

Azure는 모든 인기 있는 프로그래밍 언어로 Azure 서비스에 메시지를 보내고 받을 수 있는 오픈소스 라이브러리를 제공한다. 다음은 Python에서 간단히 생산자와 소비자를 만드는 예제다.

```python
from azure.servicebus import ServiceBusClient, ServiceBusMessage

import os
connstr = os.environ['SERVICE_BUS_CONN_STR']
queue_name = os.environ['SERVICE_BUS_QUEUE_NAME']

messages = ["Testing 1","Testing 2", "Testing 3"]

with ServiceBusClient.from_connection_string(connstr) as client:
  s = client.get_queue_sender(queue_name)
  r = client.get_queue_receiver(queue_name)

  print(s,r)

  for m in messages:
    s.send_messages(ServiceBusMessage(m))

  while True:
    print(r.receive_messages(max_message_count=1,max_wait_time=10))
```

---

5   아래 명령문 대신.
```
az servicebus namespace authorization-rule keys list --resource-group $RES_gROUP \
--namespace-name $NAMESPACE_NAME --name RootManageSharedAccessKey \
--query primaryConnectionString
```
을 입력해 연결 문자열을 검색할 수 있다. – 옮긴이

RabbitMQ 외에도 AWS SNS와 SQS에 익숙한 독자는 Service Bus를 간단히 이해하고 유사한 유스 케이스를 볼 수 있을 것이다.

Azure Event Hubs

Azure Event Hubs는 파티셔닝과 소비자 그룹에 대한 유스 케이스를 충족하기 위해 Apache Kafka의 일부 기능을 제공하도록 설계됐으며(그림 10-15 참조), 관리형 서비스다. 가상 머신이나 쿠버네티스에서 Kafka를 실행할 때 가질 수 있는 백엔드 인프라에 대한 가시성은 떨어지지만 Azure Blob Storage, Azure Data Lakes, Azure Stream Analytics와 같은 추가 데이터 서비스와 긴밀하게 통합할 수 있다. 또한 Azure는 클라이언트 라이브러리와의 호환성을 유지하기 위해 AMQP 1.0과 Kafka 1.0 프로토콜을 모두 지원한다.

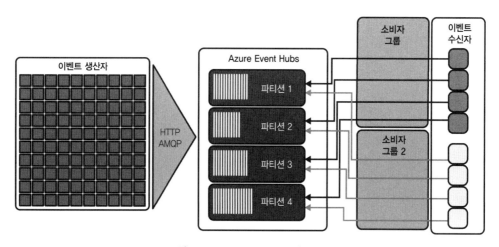

그림 10-15 Azure Event Hubs 아키텍처

Azure Event Hubs에는 Azure Service Bus에서 이전된 몇 가지 개념이 있다. 여기에서 신속하게 검토한다.

생산자

Azure Event Hubs에 메시지를 보내는 클라이언트다.

파티션

메시지는 메시지 복제본을 저장할 수 있도록 파티션 간에 샤딩된다.

소비자 그룹

생성된 메시지를 소비하기 위해 조정된 방식으로 일제히 작동하는 클라이언트다.

테라폼으로 Azure Event Hubs 관리

Azure Event Hubs에 메시지를 보낼 때 필요한 리소스를 프로비저닝하는 데 필요한 테라폼 코드는 이전에 Azure Service Bus에서 큐와 토픽을 구성하는 데 사용한 것과 매우 유사하다. Event Hubs 인스턴스가 속할 리소스 그룹과 네임스페이스를 선언해야 한다.[6]

```
provider "azurerm" {
  features {}
}

resource "azurerm_resource_group" "example" {
  name     = "mdfranz-eventbus-group"
  location = "East US"
}

resource "azurerm_eventhub_namespace" "example" {
  name                = "mdfranz-eventhub-namespace"
  location            = "East US"
  resource_group_name = azurerm_resource_group.example.name
  sku                 = "Standard"
  capacity            = 1
}

resource "azurerm_eventhub" "example" {
  name           = "mdfranz-eventhub"
  namespace_name = azurerm_eventhub_namespace.example.name
```

---

6 아래의 코드 예제는 Terraform v1.3.3에서는 유효하지 않다. Chapter9/azure/servicebus/terraform/main.tf의 수정 내용을 참고해 수정한다. – 옮긴이

```
  resource_group_name = azurerm_resource_group.example.name
  partition_count     = 1
  message_retention   = 1
}

resource "azurerm_eventhub_consumer_group" "example" {
  name                = "mdfranz-consumergroup"
  resource_group_name = azurerm_resource_group.example.name
  namespace_name      = azurerm_eventhub_namespace.example.name
  eventhub_name       = azurerm_eventhub.example.name
}
```

기본 소비자 그룹이 있기 때문에 소비자 그룹 생성은 선택 사항이다. 또한 여러 소비자 그룹을 가지려면 기본 SKU가 아닌 표준 SKU가 필요하다.

Azure Event Bus의 경우와 마찬가지로, Event Hubs 엔드포인트에 인증하는 방법은 여러 가지가 있다. 가장 쉬운 방법은 다음 예와 같이 연결 문자열을 사용하는 것이다.

```
$ az eventhubs namespace authorization-rule keys list --resource-group mdfranz-
eventbus- \
  group  --namespace-name mdfranz-eventhub-namespace --name RootManageSharedAccessKey
{
  "aliasPrimaryConnectionString": null,
  "aliasSecondaryConnectionString": null,
  "keyName": "RootManageSharedAccessKey",
  "primaryConnectionString": "Endpoint=sb://mdfranz-eventhub-namespace.servicebus.
  windows. \
    net/;SharedAccessKeyName=RootManageSharedAccessKey; \
    SharedAccessKey=jfMUbfQZX8UJglcCKLAeIp5CZVLcwcSGpuKdJX/CMzk=",
  "primaryKey": "jfMUbfQZX8UJglcCKLAeIp5CZVLcwcSGpuKdJX/CMzk=",
  "secondaryConnectionString": "Endpoint=sb://mdfranz-eventhub-namespace.servicebus. \
    windows.net/;SharedAccessKeyName=RootManageSharedAccessKey; \
    SharedAccessKey=gFy7SuuGjw12GfoHXd6UQeZdy5Y0xu/gStZtQUhaxsY=",
  "secondaryKey": "gFy7SuuGjw12GfoHXd6UQeZdy5Y0xu/gStZtQUhaxsY="
}
```

매개변수 EntityPath=mdfranz-eventhub, 즉,

Endpoint=sb://mdfranz-eventhub-namespace.servicebus.windows.net/;
SharedAccessKeyName=RootManageSharedAccessKey;EntityPath=mdfranz-
eventhubSharedAccessKey=jfMUbfQZX8UJglcCKLAeIp5CZVLcwcSGpuKdJX/CMzk=

는 연결 문자열에 추가해야 한다. NewHubfromConnectionString을 사용해 클라이언트를
생성하는 경우, Send 메서드가 이벤트 그리드 이름을 매개변수로 지정하지 못하므로 Entity
Path를 대신 추가해야 하기 때문이다.

Azure Event Grid

Azure Event Grid는 2018년에 상용 서비스로 릴리스됐으며, Azure 에코시스템 내의
다양한 대상으로 여러 이벤트 소스를 라우팅할 수 있기 때문에 Azure에서 제공하는 최
고의 메시지 브로커가 됐다. 방금 설명한 기존 메시지 서비스(Azure Service Bus와 Azure
Event Hubs)와 Azure Functions, Webhook, Logic Apps 그리고 목적을 가진(예: 사용
자가 애플리케이션과 상호작용하는 방법을 추적) 기타 내부 애플리케이션과 같은 추가 서비
스 및 엔드포인트(그림 10-16 참조)로 메시지를 보낼 수 있다. Azure Event Hubs는 이
벤트별로 과금되는 최고의 "서버리스" 제품이다.

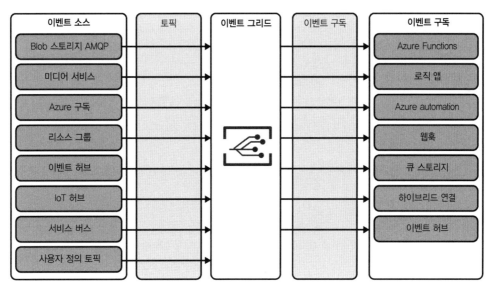

그림 10-16 Event Grid 에코시스템

그림 10-16에서 다른 시스템에서 사용하는 일반적인 푸시-풀[push-pull] 토폴로지와 반대되는 Event Grid의 푸시 특성에 주목한다.

Azure Event Grid는 지금까지 설명한 플랫폼과 약간 다른 용어를 사용한다.

도메인

도메인은 테넌트 내에서 유스 케이스를 분리하는 네임스페이스와 유사하다.

토픽

Event Grid의 경우, 두 가지 유형의 토픽이 있다. 그림 10-16의 왼쪽에 표시된 것처럼 Azure 시스템(Event Hubs, Blob Storage 등)에서 가져온 시스템 토픽과 Event Grid 스키마(https://oreil.ly/BYRxP)에 래핑된 사용자 지정 스키마인 사용자 지정 토픽 두 가지다.

Event Grid 배포와 사용

Azure 이벤트 그리드에는 다음 예제와 같이 최소한의 테라폼 배포가 있다.

```
resource "azurerm_resource_group" "example" {
  name     = "example-resources"
  location = "East US"
}

resource "azurerm_eventgrid_topic" "example" {
  name                = "my-eventgrid-topic"
  location            = azurerm_resource_group.example.location
  resource_group_name = azurerm_resource_group.example.name

  tags = {
    environment = "Production"
  }
}
```

토픽의 이름은 배포하는 Azure 리전에서 전역적으로 고유해야 하므로 이름을 변경한다. 이 테라폼 배포가 적용되면 https://〈event-grid-topicname〉.〈topic-location〉.

eventgrid.azure.net/api/events라는 이름으로 새 Event Grid 토픽이 생성된다. 우리의 경우 https://myeventgrid-topic.east-us.eventgrid.azure.net/api/events이다. `az eventgrid topic key list --resourcegroup example-resources --name my-eventgrid-topic`을 실행해 토픽에 대한 액세스 키를 찾을 수 있다.

다음은 `azure-eventgrid` Python 패키지를 사용하는 간단한 생산자이다.

```python
from azure.identity import DefaultAzureCredential
from azure.eventgrid import EventGridPublisherClient, EventGridEvent

event = EventGridEvent(
    data={"team": "azure-sdk"},
    subject="Door1",
    event_type="Azure.Sdk.Demo",
    data_version="2.0"
)

credential = DefaultAzureCredential("<access-key>")
endpoint = `https://my-eventgrid-topic.east-us.eventgrid.azure.net/api/events"
client = EventGridPublisherClient(endpoint, credential)
client.send(event)
```

Event Grid를 사용해 코딩하는 방법에 대한 여러 가지 훌륭한 예제는 Python용 Azure Event Grid 클라이언트 라이브러리(https://oreil.ly/i0SN1)에서 확인할 수 있다.

요약

새로운 애플리케이션이나 기존 애플리케이션으로 구현할 메시징 기술을 선택할 때 많은 선택 사항이 있다. 늘 그렇듯이 어떤 기술을 어떻게 실행해야 하는지에 대한 대답은 종종 "상황에 따라 다르다!"이다. 10장에서 논의한 오픈소스와 Azure 메시징 제품 사이에는 여러 기능이 중복돼 있다. 메시징 서비스를 선택하기 전에 내구성, 규모 및 보안 요구 사항을 이해하면 메시징 인프라를 성공적으로 배포할 수 있다. 이제 인프라의 마지막 부분인 서버리스 컴퓨팅으로 가 보자.

## 11장

서버리스

지금까지 우리는 온프레미스 개념과 이에 맞는 클라우드 기반 개념을 논의하고 구현하는 데 주로 집중했다. 11장에서 클라우드 컴퓨팅에 기반을 둔 서버리스로 알려진 새로운 유형의 컴퓨팅 아키텍처에 대해 자세히 알아볼 것이다. 특히 Azure function 앱, Knative, KEDA 및 OpenFaaS를 포함한 서버리스 플랫폼을 살펴볼 것이다.

서버리스 컴퓨팅 소개

컨테이너와 마찬가지로, 서버리스 컴퓨팅과 이를 통해 수행할 수 있는 작업에 대해서는 과장 광고와 같은 측면이 있다. 11장에서는 서버리스 컴퓨팅의 기능과 장점을 살펴본다.

서버리스란?

여전히 많은 호스트 기반 개념이 있는 컨테이너와 달리, 서버리스는 소프트웨어 기능을 실행할 수 있는지만 고려하면 될 정도로 모든 것을 추상화한다.

서버리스는 애플리케이션을 빠르게 생성할 수 있고 인프라 관리를 걱정할 필요 없이 실행할 수 있는 기능으로 많은 인기를 얻었다. 또한 서버리스는 오토스케일링을 가장 중요한 기능으로 간주한다. 즉, 표준화된 프레임워크 배포 메커니즘을 사용해 코드를 작성하고 배포하는 것 외에는 걱정할 필요가 없다.

서버리스의 장점은 서버 유지 관리와 구성이 대부분 문제가 되지 않는다는 것이다. 또한 소프트웨어 기능을 자주 실행하지 않는 경우, 컴퓨팅 리소스(즉, 컴퓨팅)를 예약하지 않고 요청에 따른 비용을 지불하기 때문에 서버리스 기능이 훨씬 더 경제적인 옵션이 될 수 있다.

서버리스 환경은 앞서 언급했듯이 빠르게 혁신된 합리적인 새로운 환경이다. function 플랫폼을 제공하는 대규모 클라우드 공급자뿐만 아니라 Cloudflare, Netlify 및 Twilio 와 같은 다른 인터넷 회사도 서버리스 기능을 제공한다.

서버리스 Function이란?

서버리스 function은 트리거될 때 실행되는 작고 수명이 짧은^{short-lived} 프로그램이다. 서버리스 function은 HTTP(s) 요청, 타이머를 통해 트리거 할 수 있다. 또는 Cosmos DB 나 Service Bus 이벤트 기반의 function을 트리거해 Azure Event Grid를 통해 트리거 할 수 있다.

function은 일반적으로 하나의 독립된 목적을 가지고 빠르게 실행되며 종속성이 제한돼 있다. 또한 성능은 서버리스 function에 있어 이차적인 문제이므로 일반적으로 높은 qps^{초당 쿼리 수}를 제공하지 않는다.

연결하려는 퍼블릭 IP 주소만 반환하는 서비스인 https://icanhazip.com과 같은 유틸리티에 대해 들어 본 적이 있을 것이다. 이는 서버리스 function으로 쉽게 작성하고 배포할 수 있다.

```
async function handleRequest(request) {
  const clientIP = request.headers.get("CF-Connecting-IP")
  return new Response(clientIP)
}

addEventListener("fetch", event => {
  event.respondWith(handleRequest(event.request))
})
```

앞의 예제에서는 "fetch" 유형의 이벤트(HTTP GET)에 대한 이벤트 리스너를 만들고, 해당 이벤트가 트리거되면 handleRequest function이 호출된다. 이 function은 서버리스 함수에 요청하는 IP인 HTTP 요청 헤더 CF-Connecting-IP를 구문 분석한다. 그런 다음 function은 요청하는 IP 주소로 응답한다.

서버리스 살펴보기

앞서 언급했듯이 서버리스 환경은 새로운 환경임에도 시스템 개발이 빠르게 진행되고 있다. CNCF 서버리스 랜드스케이프(그림 11-1 참조)는 다음과 같은 여러 섹션으로 구성돼 있다.

도구
    서버리스 소프트웨어 구축을 지원하는 소프트웨어 프레임워크

보안
    서버리스 인프라 보안을 위해 특별히 설계된 소프트웨어

프레임워크
    서버리스 function 구축을 위한 소프트웨어 프레임워크

호스팅 플랫폼
    서버리스 function을 제공하는 퍼블릭 공급자

설치 가능한 플랫폼
    서버리스 function을 실행하기 위해 설치할 수 있는 소프트웨어

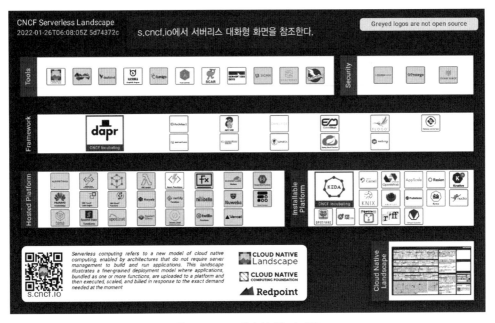

그림 11-1 CNCF 서버리스 랜드스케이프

여기서 자세히 다루지는 않겠지만 서버리스 제품을 제공하는 프레임워크와 주요 클라우드 공급자 외에 에지 네트워크 (또는 CDN) 공급자도 서버리스 또는 "에지 컴퓨팅" 기능을 제공하고 있다. 이는 Cloudflare와 같은 회사에서 매우 인기가 높다.

서버리스의 장점

서버리스를 알맞게 사용하면, 사용자에게 다음과 같은 주요 이점을 제공한다.

비용 절감

    function은 실행된 횟수나 시간에 따라 요금이 청구되므로 사용하지 않을 때의 클라우드 리소스 비용은 지불할 필요가 없다.

운영 오버헤드 제거

    function 모델의 단순성과 제한된 종속성을 감안할 때, function을 적극적으로 프로비저닝하거나 관리해야 할 필요성이 크게 줄어든다.

오토스케일링

function은 자동으로 확장되며 function 워커의 수를 늘리거나 줄이는 데 추가 작업이 필요하지 않다.

더 빠른 개발 주기

앞의 모든 이점을 함께 묶으면 엔지니어링 주기를 더 빠르게 가져갈 수 있고 개발자와 운영자의 생산성을 높일 수 있다.

서버리스의 잠재적 단점

서버리스에는 다음과 같은 단점이 잠재한다.

디버깅

모든 컴퓨팅이 완전히 일시적이고 수명이 짧은 경우 function 디버깅은 매우 복잡하다.

많은 기능

오토스케일링은 기본적으로 모든 서버리스 기능에 내장돼 있지만, 항상 여기에는 여러 부작용이 있다. 첫째, 성능에 부정적인 영향을 미칠 수 있으며 둘째, 연결 풀링 다운스트림 관리가 더 복잡해진다(특히 데이터베이스의 경우).

공급자 종속

모든 서버리스 플랫폼의 단점은 function 코드가 function을 실행하는 소프트웨어 플랫폼에 직접 연결돼 있다는 것이다. 이는 시간이 지남에 따라 이식성을 심각하게 제한한다.

이제 서버리스의 개념과 기술 사용의 이점에 대해 설명했으니, 서버리스 function을 실행할 수 있는 다양한 플랫폼에 대해 알아보자.

Azure Function 앱

Azure function 앱은 서버리스 애플리케이션을 제공하는 Azure의 플랫폼이다. function 앱은 다음을 비롯한 여러 프로그래밍 언어를 지원해 Linux 또는 Windows 환경에서 코드나 컨테이너를 실행할 수 있는 기능을 제공한다.

- .NET Platform (C#, F#)

- JavaScript and TypeScript

- Python

- Java

- PowerShell Core

Azure function 앱에는 스케일, 사용 가능한 기능, 가격에 따른 플랜이 있다. 이 글을 쓰는 시점에는 세 가지 옵션이 있다.

소비(Consumption)

function이 자동으로 확장되고 기능이 실행될 때만 비용을 지불하는 기본 플랜이다.

Functions 프리미엄(Premium Plan)

이는 사전에 예열된 작업자를 사용해 요청에 따라 자동으로 확장된다. 더 강력한 인스턴스에서 실행되며 일부 고급 네트워크 기능을 허용한다.

앱 서비스 플랜

이는 예측성이 높은 스케일링과 비용이 필요한 장기 실행 시나리오를 위한 것이다.

Azure Functions 호스팅 옵션(https://oreil.ly/rqWha) 문서 페이지에서 각 플랜에 관한 자세한 정보를 찾을 수 있다.

Function 앱 아키텍처

Azure의 앱 아키텍처(그림 11-2 참조)는 Cosmos DB, 스토리지 계정과 Azure Pipelines를 포함한 더 큰 Azure 제품군과도 잘 어울린다. Cosmos DB와 스토리지 계정과의 네이티브 통합은 다른 Azure 제품과의 쉬운 통합을 위한 매력적인 제품이다. 이 책에서 다루지는 않지만 Azure function은 Azure Pipelines의 지속적 통합/지속적 배포[CI/CD]와도 연결되며 Azure Monitor에서 모니터링할 수 있다.

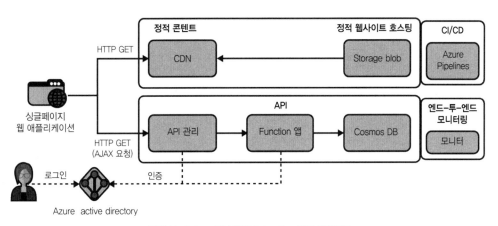

그림 11-2 Azure의 서버리스 function 참조 아키텍처

function 앱 생성 시, 스토리지 계정도 연결해야 한다. 이것은 임시 저장소로 사용할 수 있다. 각 앱은 생성 시 공개 HTTP(s) 엔드포인트로 프로비저닝되며 이를 통해 function에 접근할 수 있다. 프라이빗 엔드포인트를 사용해 function 앱을 보호할 수 있다.

Function 앱 생성

이 절에서는 Azure 포털을 사용해 function 앱을 생성한다.

1. 먼저 Azure 포털을 열고 Function App에서 **Create**를 클릭한다.

2. 이제 Function 앱의 기본 매개변수를 작성한다.

   a. serverless-test라는 새 리소스 그룹을 만든다.

b. 애플리케이션의 DNS 이름은 **ourtestfunctionapp.azurewebsites.net**이 될 것이다(Function app name에 ourtestfunctionapp을 입력한다).

c. 컨테이너 대신 코드(function)를 실행할 것이다.

d. 언어는 Python v3.9이다(Runtime stack에 Python을 선택하고 Version을 3.9로 선택한다).

e. function 앱은 East US(미국 동부) 리전에 배포할 것이다.

3. Hosting 탭에서:[1]

a. **functionsstorageaccount**라는 새 스토리지 계정을 생성한다. 스토리지 계정 이름은 전역적으로 고유하므로 고유한 이름을 선택해야 한다(이미 있다고 오류가 발생하면 앞뒤에 적당한 숫자나 문자를 넣어 오류가 안 나도록 한다).

b. 우리는 Python을 실행하려고 하기 때문에 Linux를 실행해야 한다.

c. 마지막으로, 이 예제의 목적을 위해 Consumption Plan을 활용한다.

4. 모니터링 탭에서:

a. Application Insights를 끈다.

b. 그런 다음 **Review + create**를 클릭한다.

이제 function 앱이 생성됐으니 function을 생성해야 한다. Visual Studio Code에는 Azure Functions라는 확장이 있어 function을 간단하게 생성, 테스트 및 게시할 수 있다.

1. Visual Studio Code를 설치하지 않은 경우, Visual Studio Code 다운로드 페이지(https://oreil.ly/GjiXf)에서 다운로드할 수 있다.

2. Visual Studio Code를 설치했으면 Azure Functions(https://oreil.ly/AZCC8) 확장을 설치해야 한다.

3. 화면 왼쪽의 활동 표시줄에서 Azure 아이콘을 클릭하면 Azure Functions 창이

---

1 현재의 Azure 포털과는 구성이 다르다. 아래 Operating System과 Plan은 Basics 탭에 있다. – 옮긴이

나타난다. **Create new project**를 클릭한다.[2]

4. 코드를 저장할 로컬 디렉터리를 선택해야 하는 대화상자가 나타난다.

5. 그러면 별도의 Visual Studio Code 팝업에 프로젝트 정보를 입력하라는 메시지가 표시된다.

   a. function 프로젝트의 언어 선택: Python을 선택한다.

   b. Python 별칭을 선택해 가상 환경을 생성한다. Python 인터프리터의 위치를 선택한다.[3]

   c. 위치가 표시되지 않으면 Python 바이너리의 전체 경로를 입력한다.

   d. 프로젝트의 첫 번째 function에 대한 템플릿을 선택: "HTTP trigger"를 선택한다.

   e. function 이름 제공: `HttpExample`을 입력한다.

   f. 권한 수준 선택: 누구나 function 엔드포인트를 호출할 수 있도록 하는 Anonymous를 선택한다. 인증 수준에 대해 알아보려면 Authorization keys(https://oreil.ly/00cHw) 설명서를 참조한다.

   g. 프로젝트를 여는 방법 선택: "Add to workspace"를 선택한다.

   h. 이 정보를 사용해, Visual Studio Code는 HTTP 트리거가 있는 Azure Functions 프로젝트를 생성한다. 탐색기에서 로컬 프로젝트 파일을 볼 수 있다. 생성된 파일에 관한 자세한 내용은 Generated project files(https://oreil.ly/osoat) 설명서를 참조한다.

6. 이때 프로젝트의 골격이 생성된다. 다음 코드를 HttpExample 파일에 추가한다. 그러면 function에 요청하는 클라이언트의 IP가 반환된다(icanhazip.com과 유사하다).

```
import azure.functions as func
```

---

2 왼쪽 하단의 WORKSPACE 페인에서 "+"를 클릭해 "Create Function…"을 선택한다. 그러면 "You must have a project open to create a function" 대화상자가 나오고, 여기서 Create new project를 클릭한다. – 옮긴이

3 Select a Python interpreter to create a virtual environment로 표시된다. – 옮긴이

```
def main(req: func.HttpRequest) -> func.HttpResponse:
    response = False
    if (req.headers.get('X-Forwarded-For')):
        response = req.headers.get('X-Forwarded-For').split(':')[0]
    else:
        response = "127.0.0.1"
    return func.HttpResponse(response)
```

7. 키보드에서 **F5** 키를 누른 다음 http://localhost:7071/api/HttpExample로 이동해 기능을 테스트한다.[4]

8. Azure에 배포하려면 Azure Functions 창에서 **Sign in to Azure** 버튼을 클릭해야 한다.

9. Upload^{업로드} 버튼을 클릭하면 이전에 생성한 앱에 function을 업로드할 수 있다.

이제 Azure 네이티브 제품을 살펴봤으니, 쿠버네티스에 배포된 function 앱에 대해 논의해보자.

Knative

Knative는 쿠버네티스를 기반으로 구축된 서버리스 플랫폼이다. 출시 당시 쿠버네티스 주변의 입소문을 타고 업계에서 초기에 인기 있는 플랫폼이었다. Knative의 장점 중 하나는 기능이 도커 컨테이너로 패키징되고 실행되므로, 기존 클라우드 환경과 통합 시 노력이 최소화된다는 것이다.

Knative 아키텍처

Knative에는 두 가지 작동 모드가 있다.

- Knative Serving(https://oreil.ly/3L09I)은 쿠버네티스를 사용해 서버리스 function

---

4   function 실행 시 Azure Core Tool을 설치하라는 경고가 나오면 learn more를 클릭해 Azure Function Core Tools(https://github.com/Azure/azure-functions-core-tools#installing)를 설치한다. – 옮긴이

이나 컨테이너를 배포하며 오토스케일(제로 포드 포함)을 완벽하게 지원한다. 또한 Gloo와 Istio와 같은 클라우드 네트워킹 솔루션을 지원한다.

- Knative Eventing(https://oreil.ly/D7qeV)을 통해 개발자는 이벤트 기반 아키텍처로 구축된 애플리케이션을 개발할 수 있다. 이벤트 배포 시, 응답할 이벤트 생성자(소스)를 지정할 수 있다.

쿠버네티스에 Knative를 설치하는 방법을 살펴보겠다.

쿠버네티스에서 Knative Serving 설치와 실행

이 절에서는 기본 Knative Serving 시스템을 실행한다.

1. 커스텀 리소스를 설치해 시작한다.

```
$ kubectl apply -f https://github.com/knative/net-kourier/releases/download/
v0.26.0/ \
        kourier.yaml
```

2. 그런 다음 serving 컴포넌트를 설치한다.

```
$ kubectl apply -f https://github.com/knative/serving/releases/download/v0.26.0/ \
        serving-core.yaml
```

네트워킹 통합(Kourier, Ambassador, Contour, Istio)을 사용하려는 경우, 네트워킹 계층 지침(https://oreil.ly/Fx6MN)을 따른다.

3. 이제 애플리케이션을 생성해야 한다. Python의 Flask 라이브러리를 사용해 간단한 애플리케이션을 생성한다.

```
Import logging
import os

from flask import Flask

app = Flask(__name__)
Log =

@app.route('/', methods=['POST'])
```

```
def hello_world():
    return f'Hello world. Data {request.data}\n'

if __name__ == '__main__':
    app.run(debug=True, host='0.0.0.0', port=int(os.environ.get('PORT', 8080)))
```

4. 이제 서버리스 애플리케이션이 포함된 도커 이미지가 필요하다.

```
FROM python:3.7-slim

RUN pip install Flask gunicorn

WORKDIR /app
COPY . .

CMD exec gunicorn --bind :$PORT --workers 1 --threads 8 app:app
```

5. 다음 명령어를 사용해 새 서버리스 이미지를 빌드하고 푸시한다.

```
$ docker push https://myharborinstallation.com/helloworld:v1
```

6. 이제 hello-world.yaml이라는 파일에 서버리스 서비스를 정의한다.

```
apiVersion: serving.knative.dev/v1
kind: Service
metadata:
  name: helloworld
  namespace: default
  spec:
    template:
      metadata:
        name: helloworld
      spec:
        containers:
          - image: docker.io/test/helloworld:v1
```

7. 다음을 사용해 function을 배포한다.

```
$ kubectl apply -f hello-world.yaml
```

8. 이때, 서버리스 function이 배포된다. 다음을 실행해 function의 URL을 찾을 수 있다.

```
$ kubectl get ksvc hello-world --output=custom-columns=NAME:.metadata.name, \
URL:.status.url
```

9. 다음 URL을 호출해 function을 테스트한다.

```
$ curl -X POST <URL found from above> -d "My Data"
Hello World: My Data
```

이제 기본 serving function을 실행했으니 Knative event를 살펴보자.

쿠버네티스에서 Knative Eventing 설치와 실행

이 절에서는 Knative 이벤트 컴포넌트를 설치하고 간단한 이벤트 시스템을 작성한다.

1. 커스텀 리소스를 설치해 시작한다.

```
$ kubectl apply -f https://github.com/knative/eventing/releases/download/v0.26.0/ \
  eventing-crds.yaml
```

2. 이제 serving 컴포넌트를 설치한다.

```
$ kubectl apply -f https://github.com/knative/eventing/releases/download/v0.26.0/ \
  eventing-core.yaml
```

이때 이벤트 컴포넌트가 설치된다. 이전 절의 도커 이미지를 재사용할 것이다. 그러나 HTTP 애플리케이션 서버에 게시하는 대신 Knative 내의 메시지 버스에 HTTP 메시지를 보낼 수 있도록 Knative를 구성한다. 메시지가 메시지 버스에 도달하면 Python 애플리케이션 서버가 트리거된다. 더 복잡한 예에서는, Kafka 토픽을 이벤트 소스로 설정할 수 있다.

3. knative-eventing.yaml 파일을 생성한다.

```
# 이벤트가 활성화된 샘플 애플리케이션의 네임스페이스
apiVersion: v1
kind: Namespace
```

```yaml
metadata:
  name: knative-samples
  labels:
    eventing.knative.dev/injection: enabled
---
# 기본 브로커
apiVersion: eventing.knative.dev/v1
kind: Broker
metadata:
  name: default
  namespace: knative-samples
  annotations:
    # 참고: eventing.knative.dev/broker.class 주석을 설정해
    # 브로커의 클래스를 변경할 수 있다.
    # 기본 브로커 클래스는 MTChannelBasedBroker이지만,
    # Knative는 다른 클래스의 사용도 지원한다.
    eventing.knative.dev/broker.class: MTChannelBasedBroker
spec: {}
---
# hello-world app deployment
apiVersion: apps/v1
kind: Deployment
metadata:
  name: hello-world
  namespace: knative-samples
  spec:
    replicas: 1
    selector:
      matchLabels: &labels
        app: hello-world
    template:
      metadata:
        labels: *labels
      spec:
        containers:
          - name: hello-world
            image: https://myharborinstallation.com/helloworld:v1
            imagePullPolicy: IfNotPresent
---
# helloworld-python 앱을 노출하는 서비스
```

```
# Trigger의 구독자(subscriber)에 대한 부분이다.
apiVersion: v1
kind: Service
metadata:
  name: hello-world
  namespace: knative-samples
spec:
  selector:
    app: hello-world
  ports:
    - protocol: TCP
      port: 80
      targetPort: 8080
---
# helloworld-python 서비스를 트리거하는 Knative Eventing 트리거
apiVersion: eventing.knative.dev/v1
kind: Trigger
metadata:
  name: hello-world
  namespace: knative-samples
spec:
  broker: default
  filter:
    attributes:
      type: dev.knative.samples.hello-world
      source: dev.knative.samples/helloworldsource
  subscriber:
    ref:
      apiVersion: v1
      kind: Service
      name: hello-world
```

4. 쿠버네티스에 knative-eventing.yaml 구성을 적용한다.

```
$ kubectl apply -f knative-eventing.yaml
```

그러면 이벤트를 받는 **knative-samples**라는 새 쿠버네티스 네임스페이스와 Python 애플리케이션 서버(이벤트에 대해)에 메시지를 전달하는 메시지 브로커가 생성된다.

5. 이제 이벤트를 Knative 메시지 브로커로 보낸다. 응답은 다음과 같다.

```
$ curl -v "broker-ingress.knative-eventing.svc.cluster.local/knative-samples/
default" \
-X POST \
-d 'My data'

Event received. Context: Context Attributes,
  specversion: 0.3
  type: dev.knative.samples.hello-world
  source: dev.knative.samples/helloworldsource
  id: 536808d3-88be-4077-9d7a-6a3f162705f79
  time: 2021-11-09T06:21:26.09471798Z
  datacontenttype: application/json
Extensions,
  Knativearrivaltime: 2021-11-09T06:21:26Z
  knativehistory: default-kn2-trigger-kn-channel.knative-samples.svc.cluster.
local
  traceparent: 00-971d4644229653483d38c46e92a959c7-92c66312e4bb39be-00

Hello World Message "My data"
Responded with event Validation: valid
Context Attributes,
  specversion: 0.2
  type: dev.knative.samples.hifromknative
  source: knative/eventing/samples/hello-world
  id: 37458d77-01f5-411e-a243-a459bbf79682
Data,
  My data
```

KEDA

KEDA는 Kubernetes Event-Driven Autoscaling의 약자다. KEDA를 사용하면 들어오는 이벤트 수를 기반으로 쿠버네티스의 컨테이너를 조정할 수 있다. KEDA는 쿠버네티스의 추가 기능이며 Apache Kafka, Azure Event Hubs 및 NATS 스트리밍을 비롯한 다양한 이벤트 소스를 기반으로 확장하기 위해 HPA를 활용한다.

KEDA 아키텍처

일반적인 KEDA 아키텍처는 그림 11-3에 나와 있으며, 이 그림에서 KEDA는 쿠버네티스 API 서버, HPA 및 구성된 트리거 소스와 직접 상호작용한다.

KEDA 컴포넌트는 다음 역할을 수행한다.

Controller와 Scaler

컨트롤러와 스케일러는 메트릭 어댑터의 신호에 따라 포드 수를 늘리거나 줄인다.

Metrics adapter

메트릭 어댑터는 큐의 길이나 스트림 지연 정보를 에이전트에 제공하는 쿠버네티스 메트릭 서버 역할을 한다. 스케일러는 이 정보를 사용해 컨테이너를 확장하고 축소한다.

Scaler 문서(https://keda.sh/docs/2.4/scalers)에서 모든 KEDA scaler를 볼 수 있다.

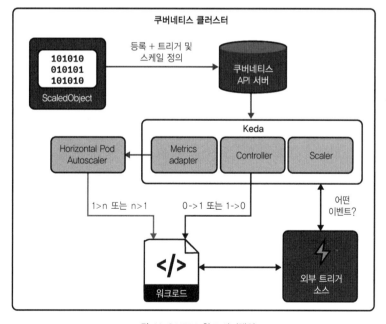

그림 11-3 KEDA 참조 아키텍처

쿠버네티스에 KEDA 설치

KEDA는 쿠버네티스에서 Helm operator를 사용해 설치하는 것이 가장 좋다. 지금부터 살펴보자.

1. KEDA Helm 리포지터리를 추가한다.

```
$ helm repo add kedacore https://kedacore.github.io/charts
```

2. Helm 차트를 설치한다.

```
$ kubectl create namespace keda
$ helm install keda kedacore/keda --namespace keda
```

이렇게 하면 쿠버네티스 클러스터는 function 배포를 위한 준비가 된다.

다음 예에서는 Azure Service Bus 큐를 사용해 PoC 이벤트 시스템을 구축한다. Python 스크립트를 사용해 Azure Service Bus 큐에 메시지를 생성한[produce] 다음 KEDA를 사용해 Python 소비[consumption] 작업을 확장한다.

1. Azure 문서(https://oreil.ly/XpeG3)에 설명된 수동 방법을 사용하거나 다음을 실행해 Service Bus 연결 문자열을 가져온다.

```
$ az servicebus namespace authorization-rule keys list \
    -n RootManageSharedAccessKey -g <group> --namespace-name <namespace> \
    --query primaryConnectionString -o tsv
```

2. 다음을 실행해 연결 문자열과 큐 이름의 Base64 인코딩 값을 가져와야 한다.

```
$ echo -n "<connection string>" | base64
$ echo -n "<queue name>" | base64
```

3. 이제 secret.yaml이라는 파일을 생성한다. servicebus-queue와 servicebus-connectionstring 값을 이전 단계에서 생성된 Base64 문자열로 바꾼다.

```
apiVersion: v1
kind: Secret
metadata:
  name: sample-job-secret
```

```
    namespace: default
data:
    servicebus-queue: <base64_encoded_servicebus_queue_name>
    servicebus-connectionstring: <base64_encoded_servicebus_connection_string>
```

4. ScaledJob을 생성할 keda.yaml이라는 두 번째 파일을 생성한다. 트리거되면 도커 이미지(docker.pkg.github.com/prabdeb/sample-pythonkeda-service-bus-scaler/consumer:latest)가 실행된다.

```
apiVersion: keda.sh/v1alpha1
kind: TriggerAuthentication
metadata:
  name: auth-service-bus-sample-job
spec:
  secretTargetRef:
  - parameter: connection
    name: sample-job-secret
    key: servicebus-connectionstring
---
apiVersion: keda.sh/v1alpha1
kind: ScaledJob
metadata:
  name: servicebus-queue-so-sample-job
  namespace: default
spec:
  jobTargetRef:
    parallelism: 1 # 원하는 최대 포드 수
    completions: 1 # 성공적으로 완료된 포드의 원하는 수
    activeDeadlineSeconds: 600 # 시스템이 작업을 종료하기 전에 작업이 활성화될 수 있는
                                 시간(초)를 지정한다. 값은 양의 정수여야 한다.
    backoffLimit: 6 # 해당 작업을 실패로 표시하기 전에 재시도할 횟수를 지정한다.
      Defaults to 6
    Template:e
      metadata:
        labels:
          app: sample-keda-job
      spec:
        containers:
        - name: sample-keda-job
          image: docker.pkg.github.com/prabdeb/sample-python-keda-service-bus-
```

```yaml
        scaler/
          consumer:latest
        env:
          - name: SERVICE_BUS_CONNECTION_STR
            valueFrom:
              secretKeyRef:
                name: sample-job-secret
                key: servicebus-connectionstring
          - name: SERVICE_BUS_QUEUE_NAME
            valueFrom:
              secretKeyRef:
                name: sample-job-secret
                key: servicebus-queue
      restartPolicy: Never
  pollingInterval: 30                              # 선택. 기본값: 30초
  successfulJobsHistoryLimit: 100                  # 선택. 기본값: 100.
                                                   # 완료된 작업의 개수를 유지해야 한다.
  failedJobsHistoryLimit: 100                      # 선택. 기본값: 100.
                                                   # 실패한 작업의 수를 유지해야 한다.
  #envSourceContainerName: {container-name}        # 선택. 기본값:
                                                   # .spec.JobTargetRef.template.spec
                                                   # .containers[0]
  maxReplicaCount: 100                             # 선택. 기본값: 100
  scalingStrategy:
    strategy: "custom"                             # 선택. 기본값: default.
                                                   # 사용할 확장 전략이다.
    customScalingQueueLengthDeduction: 1           # 선택. 사용자 지정 ScalingStrategy를
                                                   # 최적화하는 매개변수
    customScalingRunningJobPercentage: "0.5"       # 선택. 사용자 지정 ScalingStrategy를
                                                   # 최적화하는 매개변수
triggers:
- type: azure-servicebus
  metadata:
    # 필수: queueName 또는 topicName 및 subscriptionName
    queueName: <servicebus_queue_name>
    # 필수: 관리 ID로 인증할 Azure 서비스 버스를 정의한다.
    namespace: <servicebus_namespace>
    messageCount: "10" # default 5
  authenticationRef:
    name: auth-service-bus-sample-job # authenticationRef에는 podIdentity 또는
                                      # 연결 매개변수를 정의해야 한다.
```

5. 이제 다음을 사용해 두 파일을 쿠버네티스에 적용할 수 있다.

```
$ kubectl apply -f keda-config/jobs/secret.yaml
$ kubectl apply -f keda-config/jobs/keda.yaml
```

6. 다음을 실행해 ScaledJob이 준비됐는지 확인한다.

```
$ kubectl get ScaledJob
$ kubectl get TriggerAuthentication
```

7. 테스트 스크립트를 실행해 KEDA 배포를 테스트할 수 있다. 먼저 Python 환경을 설정해야 한다.

```
$ python3 -m venv .
$ source bin/activate
$ pip3 install logger
$ pip3 install azure-servicebus
```

8. 이제 Azure Service Bus 큐에 메시지를 보내는 프로그램을 만들어야 한다. connection_string과 queue_name을 수정해야 한다.

```python
import os
import sys
import time
import yaml
from logger import logger
from azure.servicebus import ServiceBusClient, ServiceBusMessage

def send_a_list_of_messages(sender):
    messages = [ServiceBusMessage(f"Message in list {i}") for i in range(1000)]
    sender.send_messages(messages)
    logger.info("Sent a list of 1000 messages")

def main():
    with open("azure-service-bus.yaml", 'r') as stream:
        config = yaml.safe_load(stream)

        logger.info("Start sending messages")
        connection_string = <FIXME>
```

```
        queue_name = <FIXME>
        queue = ServiceBusClient.from_connection_string(conn_str=connection_
        string, \
          queue_name=queue_name)

        with queue:
            sender = queue.get_queue_sender(queue_name=queue_name)
            with sender:
                send_a_list_of_messages(sender)
        logger.info("Done sending messages")
        logger.info("-----------------------")

    if __name__ == "__main__":
        main()
```

9. python3 send_message_queue.py를 실행한다. 이렇게 하면 1,000개의 메시지가 생성되고 Azure Service Bus 큐로 전송된다.

Azure Service Bus 큐에서 수집되고 처리되는 메시지를 볼 수 있다(그림 11-4).

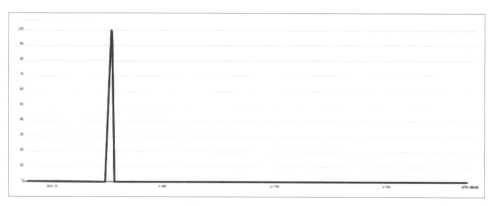

그림 11-4 Azure Service Bus 큐

다음 절에서는 독립 실행형 시스템과 쿠버네티스 클러스터 모두에서 간단하고 깔끔한 function을 제공하는 OpenFaaS를 살펴보겠다.

OpenFaaS

OpenFaaS는 어느 언어든지 상관없이 function을 작성하고 도커나 OCI 호환 컨테이너에 패키징할 수 있는 쿠버네티스를 위한 또 다른 이벤트 기반 function 서비스다.

OpenFaaS 아키텍처

OpenFaaS 참조 아키텍처(그림 11-5 참조)는 KEDA와 상당히 비슷하다. 그러나 OpenFaaS는 오토스케일 신호를 Prometheus의 메트릭에 의존한다.

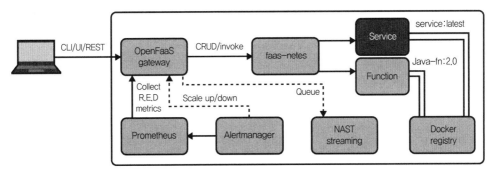

그림 11-5 OpenFaaS 참조 아키텍처

OpenFaaS 설치

OpenFaaS에는 세 가지 권장 설치 방법이 있다.

- arkade 사용하기

- helm 사용하기

- Flux나 ArgoCD로 설치하기

책의 나머지 부분과 일관성을 유지하기 위해 Helm을 사용해 OpenFaaS를 배포한다.

1. 네임스페이스를 생성한다(OpenFaaS 코어 서비스용과 function용).

```
$ kubectl apply -f https://raw.githubusercontent.com/openfaas/faas-netes/master/ \
  namespaces.yml
```

2. OpenFaaS Helm 차트를 추가한다.

```
$ helm repo openfaas add https://openfaas.github.io/faas-netes/
```

3. 마지막으로 OpenFaaS를 배포한다.

```
$ helm repo update \
 && helm upgrade openfaas --install openfaas/openfaas \
    --namespace openfaas  \
    --set functionNamespace=openfaas-fn \
    --set generateBasicAuth=true
```

4. 다음 명령을 실행해 administrator 암호를 검색할 수 있다. 이는 OpenFaaS 대시
   보드에 액세스하는 데 사용된다.

```
$ PASSWORD=$(kubectl -n openfaas get secret basic-auth -o \
  jsonpath="{.data.basic-auth-password}" | base64 --decode) && \
echo "OpenFaaS admin password: $PASSWORD"
```

이제 OpenFaaS가 설치됐으니, OpenFaaS function을 작성한다.

OpenFaaS Function 작성

이 절에서는 faas-cli를 사용해 서버리스 function을 빠르게 생성하고 배포한다.

1. OSX에서 `brew install faas-cli`를 실행하고, 리눅스에서는 `curl -sSL https://`
   `cli.openfaas.com | sudo sh`를 실행해 faas-cli를 다운로드한다.

2. 새 function을 저장할 폴더를 생성한다.

```
$ mkdir -p ~/functions && cd ~/functions
```

3. faas-cli를 사용해 새 Python function 프로젝트를 생성한다.

```
$ faas-cli new --lang python helloworld
```

이렇게 하면 세 개의 새 파일이 생성된다.

```
$ ls
```

```
helloworld/handler.py
helloworld/requirements.txt
helloworld.yml
```

handler.py 파일에 function을 작성한다. requirements.txt 파일은 표준 Python requirements.txt 파일과 동일하다. helloworld.yml 파일은 function에 대한 일부 boilerplate를 정의한다.

4. handler.py 파일에서 function를 정의한다. 이 function은 "Hello World! You said: "와 function 엔드포인트에 게시된 데이터를 출력한다.

```
def handle(req):
    print("Hello World! You said: " + req)
```

5. 마지막으로 helloworld.yml 파일에서, function에 대한 메타데이터를 정의한다. http://127.0.0.1:31112는 OpenFaaS gateway/API 서버의 기본 주소이다.

```
provider:
  name: openfaas
  gateway: http://127.0.0.1:31112
  functions:
    hello-python:
      lang: python
      handler: ./hello-world
      image: hello-world
```

6. 서버리스 이미지를 빌드하고 2장에서 생성한 Harbour 레지스트리에 푸시한다.

```
$ faas-cli build -f ./hello-world.yml
$ faas-cli push -f ./hello-world.yml
```

7. 쿠버네티스 클러스터에 배포한다.

```
$ faas-cli deploy -f ./hello-world.yml
Deploying: hello-python.
No existing service to remove
Deployed.
200 OK
URL: http://127.0.0.1:31112/function/hello-python
```

8. 이전 단계에서 테스트할 수 있는 URL을 출력한다. curl을 사용해 테스트한다.

```
$ curl -X POST 127.0.0.1:31112/function/hello-world -d "My name is Michael" Hello
world! My name is Michael
```

기본적으로 OpenFaaS는 초당 접속자 수[rps, request per seconds]를 오토스케일링을 수행하는 메커니즘으로 사용한다. Autoscaling 문서 페이지(https://oreil.ly/xcPFX)에서 OpenFaaS 오토스케일링 구성에 관한 자세한 정보를 찾을 수 있다.

이때 쿠버네티스에서 OpenFaaS 기능을 실행하게 된다. faasd를 사용해 쿠버네티스 외부에서 OpenFaaS를 실행할 수도 있다. OpenFaaS 배포 페이지(https://oreil.ly/ZZidU)에 더 많은 정보가 있다.

마지막으로, OpenFaaS는 쿠버네티스 HPA를 기반으로 구축됐다. OpenFaaS 쿠버네티스 자습서 페이지(https://oreil.ly/mpyme)에서 OpenFaaS 기능을 부하 테스트하고 오토스케일하는 방법을 자세히 알아볼 수 있다.

요약

서버리스가 모두에게 적합한 것은 아니지만, 적절한 상황에서 사용하면 많은 이점을 제공할 수 있다. 서버리스 환경은 계속해서 진화하고 있음에도 진입 장벽이 매우 낮은 흥미로운 기술이다. 11장에서는 Azure에서 서버리스 function을 실행할 수 있는 네 가지 방법을 살펴봤다. 먼저 Azure function 앱을 살펴본 다음 세 가지 주요 CNCF 프로젝트인 Knative, KEDA 및 OpenFaaS를 다뤘다. 여기까지 클라우드 네이티브 인프라의 주요 핵심 요소를 설명했다. 12장에서는 이 여정을 통해 배운 내용을 요약할 것이다.

12장

결론

책의 마지막 장에 도달했으니 지금까지의 여정을 요약해보자. 이 책 전체에서 우리는 Azure에서 클라우드 네이티브 인프라를 구축하고 실행하는 데 사용하는 리소스를 제공하는 것을 목표로 했다. Azure에 중점을 두었지만 동일한 지식을 적용해 다양한 클라우드 공급자 플랫폼에서 고유한 클라우드 네이티브 환경을 구축하고 운영할 수도 있다. 지금까지 배운 내용을 살펴보자.

클라우드의 도입으로 시간이 지남에 따라 인프라와 서비스 세계가 어떻게 진화했는지 되돌아보는 것으로 이 책을 시작했다. 클라우드가 제공하는 것을 최대한 활용하려면 클라우드에 소급적으로 적용하는 것이 아닌 클라우드 네이티브 솔루션을 개발해야 한다. 클라우드의 힘을 최대한 활용하기 위해 클라우드 네이티브가 어떻게 나아가야 하는지 이해했다.

2장에서, Azure를 사용해 최신 클라우드 네이티브 환경을 구축하기 위한 디딤돌을 소개했다. Azure 계정을 설정하고 앤서블, 테라폼 및 패커를 시작했다. 이를 핵심 도구로 활용해 자동화된 방식으로 프로덕션 서비스를 지원할 수 있다. Microsoft Azure를 클라우드 공급자로 선택했으며, 책 전반에 걸쳐 클라우드 네이티브와 Azure 서비스를 함께 사용해 어떻게 최신 인프라가 구축되고 지원되는지를 살펴봤다.

3장에서, 최신 클라우드 네이티브 세계의 기반이 되는 컨테이너와 컨테이너 런타임을 소개했다. 컨테이너 에코시스템을 구성하는 추상화 계층에 관해서도 논의했다.

4장과 5장에서, 강력한 오케스트레이터인 쿠버네티스로 넘어갔고, 이 중요한 도구를 최신 클라우드 인프라에서 어떻게 사용해 클라우드 네이티브 애플리케이션 플랫폼을 지원할 수 있는지에 대한 핵심적인 내용을 보여줬다. 쿠버네티스는 CNCF^{Cloud Native Computing Foundation}의 시작과 도입을 주도했으며 CNCF에서 졸업한 첫 번째 프로젝트였다. 이는 컨테이너화 세계를 더 능률적으로 만들었고 클라우드 네이티브 에코시스템을 더 많이 적용하게 했다. 우리는 이 시스템이 규모에 맞게 작동하도록 하는 다양한 컴포넌트와 개념을 살펴봤고 쿠버네티스 클러스터를 수동으로 만드는 방법과 Azure AKS를 관리형 서비스로 사용하는 방법을 배웠다.

이 시점에서 최소한의 클라우드 네이티브 인프라가 어떻게 생겼는지에 대한 기본 내용을 다뤘다. 다음 단계는 애플리케이션과 인프라의 인사이트를 얻는 방법을 추가하는 것이었다. 따라서 6장에서 관측 가능성의 세 가지 핵심 요소를 소개해, 이 거대한 인프라와 애플리케이션 스택의 인사이트를 제공했다. 관측 가능한 시스템을 구축하면 경계를 넘어 상호작용하는 복잡한 분산 시스템을 더 잘 제어할 수 있다. 6장에서는 관측 가능성과 클라우드 네이티브 환경에서 증가하는 요구 사항에 대해서도 살펴봤다.

관측 가능성의 세 가지 핵심 요소와 Azure를 통해 최신 분산 시스템을 로깅, 모니터링 및 추적하는 방법을 소개하고, Azure가 Azure Monitor로 일부 유사한 작업을 수행하기 위해 내장된 솔루션을 제공하는 방법을 간략하게 살펴보는 것으로 장을 마무리했다.

boundary와 border에 대해 이야기할 때, 동적으로 변화하는 환경에서 서비스 간 통신 문제에 직면하게 된다. 그래서 7장에서는 이를 해결하기 위해 서비스를 찾고 효과적으로 소통할 수 있는 수단으로 서비스 디스커버리와 서비스 메시를 도입했다. 또한 마이크로서비스가 있는 환경 전체를 효율적으로 제어하기 위해 서비스 메시와 프록시의 필요성을 주의 깊게 표현했다. 쿠버네티스 환경에서 kube-dns를 대체하는 기본 DNS로 CoreDNS를 도입했다. 서비스에 대한 유용한 인사이트를 얻기 위해 데이터 플레인으로 Envoy를 사용하고 Istio 서비스 메시의 전체 기능을 제공하는 Istio를 사용한 서비스 메시를 도입했다. 7장의 끝 부분에서, Istio 기반 서비스 메시에서 전체 관리 콘솔을 제공하는 Kiali를 보여줬다.

8장에서, 클라우드 네이티브 환경 네트워킹과 정책 관리 문제로 넘어갔다. 컨테이너 네트워킹 인터페이스 역할을 하는 캘리코와 플라넬 두 가지 주요 도구를 소개했다. 또한 개방형 정책 관리open policy management를 사용해 스택 전체에서 정책을 시행할 수 있는 방법에 관해서도 설명했다. CNI 표준과 이것이 플라넬과 실리움과 같은 플랫폼의 기반이 되는 방법을 검토했다. 이러한 시스템을 사용해 클라우드 인프라에 연결과 네트워크 보안을 제공하는 방법을 살펴봤다. 또한 Azure Policy를 통해 클라우드 인프라를 관리하기 위한 비네트워크 정책 메커니즘과 Open Policy Agent를 통한 애플리케이션 정책을 살펴봤다.

9장에서, 분산 데이터베이스로 Vitess를 사용해 클라우드 네이티브 환경에서 스토리지가 어떻게 인식되고 설계되는지 살펴봤다. 또한 자체 확장self-scaling과 자가 복구self-healing 같은 작업만으로 분산 스토리지 시스템 관리의 부담을 줄일 수 있는 광범위한 스토리지 오케스트레이터인 Rook에 대해서도 이야기했다. 9장에서는 Azure 클라우드에서 클라우드 네이티브 데이터 시스템을 사용하는 것이 왜 유리한지도 검토했다. 우리는 Vitess(관계형), Rook(blob), TiKV(key-value) 및 etcd(key-value 구성/서비스 디스커버리)의 네 가지 시스템을 다뤘다. 이런 시스템은 온라인 데이터를 저장하고 제공하는 클라우드 네이티브 아키텍처의 기반이며, PaaS 컴포넌트를 활용하는 데 큰 이점을 제공한다.

10장에서는 NATS, gRPC, Apache Kafka 및 RabbitMQ와 같은 기존 기술을 사용해 클라우드 네이티브 환경에서 메시징과 스트리밍 서비스를 구축하고 배포하는 방법을 설명했다.

마지막으로 11장에서 Azure에서 서버리스 기능을 실행할 수 있는 네 가지 방법을 살펴봤다. 먼저 Azure function 앱을 살펴본 다음 세 가지 주요 CNCF 프로젝트인 Knative, KEDA 및 OpenFaaS를 다뤘다.

클라우드 네이티브 인프라를 구축하고 사용하는 방법을 잘 이해했기를 바란다. 이제 Azure에서 자신만의 클라우드 네이티브 인프라를 구축하고 운영할 수 있는 지식을 갖게 됐다.

다음은 무엇일까?

CNCF(https://landscape.cncf.io) 랜드스케이프는 상당히 크다. 그리고 많은 훌륭한 회사에서 지속적으로 구축하고 지원하는 다양한 프로젝트를 포함한다(그림 12-1). 이러한 프로젝트는 처음부터 확장성과 안정성을 고려해 구축됐다.

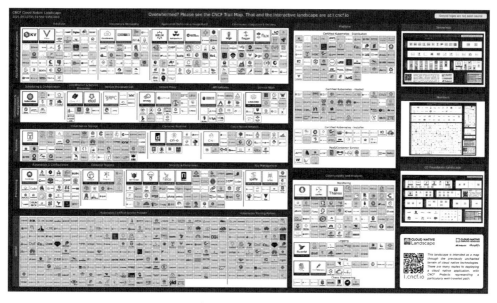

그림 12-1 CNCF 랜드스케이프

유스 케이스에 따른 클라우드 네이티브 환경을 구축하기 위해 CNCF 랜드스케이프의 다른 기술을 활용할 것을 적극 권장한다. 그리고 CNCF 서버리스 랜드스케이프도 살펴보길 바란다(그림 12-2).

CNCF 서버리스 랜드스케이프(https://landscape.cncf.io/serverless)는 서버리스 컴퓨팅과 관련 프로그래밍 모델 및 메시지 형식을 강조한다. 서버리스 컴퓨팅이 널리 사용됐지만 이 접근 방식으로 개발하려면 범위가 넓고 깊다. 워크로드가 비동기적이고, 산발적이며, 상태 비저장이자, 비즈니스 요구 사항의 변화가 매우 동적인 경우 서버리스 컴퓨팅을 살펴볼 수 있다. 또한 다양한 Azure 서비스를 사용해 CNCF 기술과 어떻게 비교할 수 있는지 확인할 수 있다.

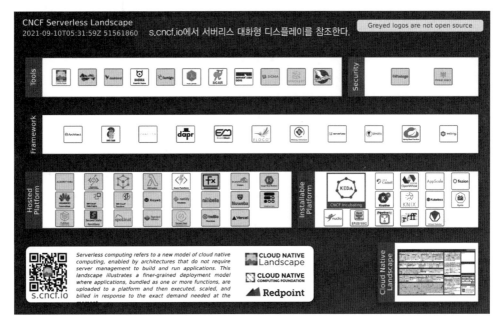

그림 12-2 CNCF 서버리스 랜드스케이프

이러한 프로젝트의 대부분은 오픈소스이며 커뮤니티에 적극적으로 기여하는 많은 엔지니어가 노력한 결과다. 오픈소스는 또한 이러한 프로젝트의 전반적인 디자인에 상당한 품질 관리를 제공한다. 이는 클라우드 네이티브 기술이 전 세계적으로 원활히 지원되고 쉽게 적용할 수 있음을 의미한다. 이러한 클라우드 네이티브 기술 중 많은 부분은 효율적으로 해결해야 하는 어려운 문제의 결과라는 점도 주목해야 한다. 따라서 복잡한 문제에 대한 올바른 해결책을 찾는 데 도움이 될 시스템을 깊이 이해하기 위해서는 때때로 과감하게 도전하고 어려운 질문을 하는 것이 마찬가지로 중요하다.

클라우드 네이티브 환경은 계속해서 성장하고 있으며, 진정한 잠재력을 최대한 활용하기 위해 더 많은 것을 살펴보길 바란다. 행운을 빈다.

찾아보기

Azure를 활용한 클라우드 네이티브 인프라

확장 가능한 클라우드 애플리케이션 구축과 관리

발   행 | 2023년 4월 28일

옮긴이 | 양 준 기 · 최 지 희
지은이 | 니샨트 싱 · 마이클 케호

펴낸이 | 권 성 준
편집장 | 황 영 주
편   집 | 김 진 아
            임 지 원
디자인 | 윤 서 빈

에이콘출판주식회사
서울특별시 양천구 국회대로 287 (목동)
전화 02-2653-7600, 팩스 02-2653-0433
www.acornpub.co.kr / editor@acornpub.co.kr

한국어판 ⓒ 에이콘출판주식회사, 2023, Printed in Korea.
ISBN 979-11-6175-752-0
http://www.acornpub.co.kr/book/cloud-native-infrastructure

책값은 뒤표지에 있습니다.